职业教育国家在线精品课程配套教材
全国高校就业创业金课配套教材

大学生
创新实践

——从创意到产品（第二版）

DAXUESHENG

CHUANGXIN

SHIJIAN

主编
钟铁铮　肖彦辉　樊　静

副主编
宋广莹　高红艳　李彩娟
赵亚琼　王　悦　任嘉欣

参编
巩建文　杨　萍

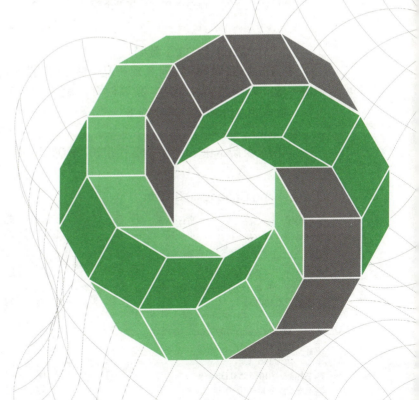

中国教育出版传媒集团
高等教育出版社·北京

内容简介

本书是职业教育国家在线精品课程、全国高校就业创业金课"大学生创新实战：从创意到产品"的配套教材。

本书深入贯彻落实党的二十大、党的二十届三中全会和全国教育大会精神，坚持立德树人根本任务，服务科教兴国、人才强国、创新驱动发展等国家战略，积极探索新时代拔尖创新人才培养新模式。本书编写以"三全育人"理念为指引，从"爱国为民、敢闯会创、勇于奋斗、崇尚劳动、创造大美"五个角度有机融入思政元素。本书基于创新产品"从0到1"的开发流程构建知识体系，共分五个项目二十五个任务，以"发现问题—解决问题—达成创业"的创新能力培养路径为主线；从创新教育与思政教育、创业教育、专业教育相结合的角度出发，实施项目化教学；采用"探寻岗位创新—融入创新场景—培养创新能力—涵养创新精神"的渐进式编写体例，强调创新素质能力培养的科学性、规律性和有效性。

本书采用"纸质教材＋数字资源"的开发方式，配有在线课程及一体化设计的数字化教学资源库，内容丰富、形式多元、功能完善。本书的知识点、技能点与相应数字资源耦合对应，寓教于乐，能有效激发学生学习的兴趣，提高学训实效。此外，本书依托先进的大语言模型技术，针对书中的知识技能点精准适配，只需扫码，即可畅享智能便捷的AI问答功能。

本书既可作为本科、专科层次职业院校开展创新创业教育的教学用书，也可作为社会学习者和企业用户开展创新实践的参考资料和培训教材。

本书配有教学课件等数字化资源，请登录"高等教育出版社产品信息检索系统"（https://xuanshu.hep.com.cn/）免费下载。

图书在版编目（CIP）数据

大学生创新实践：从创意到产品 / 钟铁铮，肖彦辉，樊静主编 . --2 版 . -- 北京：高等教育出版社，2025.

2. -- ISBN 978-7-04-064160-8

I. G640

中国国家版本馆 CIP 数据核字第 2025KQ6636 号

Daxuesheng Chuangxin Shijian

| 策划编辑 | 陈 磊 | 责任编辑 | 陈 磊 | 封面设计 | 赵 阳 | 版式设计 | 马 云 |
| 责任绘图 | 黄云燕 | 责任校对 | 陈 杨 | 责任印制 | 高 峰 | | |

出版发行	高等教育出版社	网　址	http://www.hep.edu.cn
社　址	北京市西城区德外大街4号		http://www.hep.com.cn
邮政编码	100120	网上订购	http://www.hepmall.com.cn
印　刷	北京市艺辉印刷有限公司		http://www.hepmall.com
开　本	787 mm×1092 mm　1/16		http://www.hepmall.cn
印　张	17.75	版　次	2023 年 10 月第 1 版
字　数	340 千字		2025 年 2 月第 2 版
购书热线	010-58581118	印　次	2025 年 5 月第 2 次印刷
咨询电话	400-810-0598	定　价	42.80 元

本书如有缺页、倒页、脱页等质量问题，请到所购图书销售部门联系调换

版权所有　侵权必究

物料号　64160-00

第二版前言

党的二十大报告指出:"我们要坚持教育优先发展、科技自立自强、人才引领驱动,加快建设教育强国、科技强国、人才强国,坚持为党育人、为国育才,全面提高人才自主培养质量,着力造就拔尖创新人才,聚天下英才而用之。"

编者的话

当今世界正经历百年未有之大变局,新一轮科技革命和产业变革深入发展,创新成为经济和社会发展的主导力量与重要源泉。"惟创新者进,惟创新者强,惟创新者胜",一个国家只有拥有强大的自主创新能力,才能在激烈的国际竞争中把握先机、赢得主动。"家无才不富,国无才不强",培养创新型人才是国家、民族长远发展的大计。

高校作为国家创新体系的重要组成部分和国家战略科技主要力量,不仅仅要向国家和社会输出科技成果,更重要的是为国家和社会输出人才,尤其是创新型人才。国务院办公厅发布的《关于进一步支持大学生创新创业的指导意见》(国办发〔2021〕35号)中强调:"深化高校创新创业教育改革,健全课堂教学、自主学习、结合实践、指导帮扶、文化引领融为一体的高校创新创业教育体系,增强大学生的创新精神、创业意识和创新创业能力。"在党和国家的关注和指导下,高校创新创业工作开展卓有成效,创新创业教育改革走深走实,正在为实现我国跻身创新型国家前列的目标提供源源不断的人才智力支撑。"风劲潮涌,自当扬帆破浪",在国家大力推动大学生高质量充分就业创业的背景下,越来越多的当代大学生投身创新创业洪流,在新岗位、新领域、新行业中创就一番事业,实现人生价值。

高水平的创新创业教材建设是开展高质量创新创业教育的基础工程,是培育新时代拔尖创新人才和创业新锐的重要依托。本书全面贯彻落实党的教育方针,深入贯彻落实党的二十大精神,以及党和国家对开展创新创业工作的重要部署和深化创新创业教育的有关文件精神,围绕创新创业教育核心探索高水平创新创业人才培养体系。本书以培养和激发学生的创业意识、涵养学生的创新精神、提高学生的创新能力为目标,通过"理实一体"的谋篇布局,以贴近学生的话语体系、丰富的实践案例、有效的技能训练,实现创新教育教学从课本到生活、从认知到实践的升华,最终助力学生从创新走向创业。

本书主要特点如下。

思政领航　导向鲜明

本书编写坚持落实立德树人根本任务,注重发挥教材思政育人功能的最大化,在讲授知识技能的同时,将习近平新时代中国特色社会主义思想、党的二十大精神全面融入课程教材,在潜移默化中塑造学生正确的价值观。本书在案例选取及栏目编排设计上有机融入"爱国为民、敢闯会创、勇于奋斗、崇尚劳动、创造大美"等思政元素,旨在以理想信念教育为精神坐标,引领学生明确时代担当,充分把个人理想追求融入党和国家事业之中,从而用实际行动为创新型国家建设贡献应有之力。

本书积极融入"新时代大学生创新创业价值观",以二维码栏目"荣耀时课"为依托,通过讲述一个个古今中国创新者的故事,引发学生共鸣,进而为其最终投身创新实践提供行为指引和行动力量。

问题导向　理念前沿

本书编写聚焦培养学生的问题意识,创新性地提出创新红房子[1]和创新绿房子[2]的概念,注重培养学生"发现—提出—分析—解决"问题的全过程能力,为学生提供从解决问题到达成创业高度的"正确打开方式",助推学生实现由创意到可行性创新产品的转化。

本书引入当下国际国内创新的共同语——设计思维[3],设计了六个创新思维训练、七个创新方法训练,并以此为基础,通过组建创新团队、搭建创新工作环境,依据设计思维的六个环节,最终完成课程的创新产品设计任务。

体例创新　构思巧妙

本书采用项目任务式的编写方式,项目间环环相扣、步步深入。"行成于思而毁于随",以认知篇("项目1　按下创新启动键——接受创新启蒙")开首,旨在加深学生对创新的认知,释放创新潜能,激发创新活力。"凡事预则立,不预则废",接下来以谋划篇("项目2　激活创新内驱力——开启创新思维""项目3　习得创新超群技——掌握创新方法"和"项目4　构筑创新共同体——做足创新准备")作为铺垫,力求让学生掌握必备的创新思维理论知识,提高创新思维能力,掌握创新工具技法;通过创新内部组织的建立与管理,以及环境的创设与营造,铸就创新成功的基石。"纸上得来终觉浅,绝知此事要躬行",最后以行动篇("项目5　绘就创新工笔画——开展创新设计")收尾,通过设计思维应用的六个任务环节的引入,以召唤已掌握的技能、适时解锁新技能的方式,引导学生顺利走完从创意到创新产品的"最后一公里"。

---

① 书中创新红房子用 🏠 表示。
② 书中创新绿房子用 🏠 表示。
③ 设计思维是斯坦福大学、中国传媒大学等高校及国际知名创新企业在探索、推动创新变革中引入的创新方式。

本书全部项目任务按照"任务初探(抛出主题任务,引发思考与探究)—场景导入(基于多维场景,开展应用分析)—知识解码(遵循必须、够用原则,储备基本知识)—基础训练(结合任务实际,掌握基本技能方法及流程步骤)—素质养成(融入思政元素,发挥育人功效)"的顺序展开,旨在达成"知识传授、能力培养、素质塑造"三位一体的人才培养目标。除项目1(创新认知内容)外,其余项目任务设有"拓展训练"栏目,旨在引导学生通过自主完成训练任务的方式,强化触类旁通、举一反三的能力。基于"学训练验"的开发理念,作为"落地篇"的项目5,通过升级训练任务难度(单独增设"挑战训练"栏目)的方式,使学生在协作完成高阶设计任务后,经受检验、收获信心的同时,达到创新的新境界。

此外,本书倡导跨界(专业)组建创新团队,通过优势互补、协同创新、共同发展,实现团队成员向多学科融合发展的 π 型人才进阶,最终达成全员更高质量就业创业的愿景。

本书由钟铁铮、肖彦辉、樊静任主编,主要负责教材大纲和编写思路的制定及统稿工作。具体编写分工如下:项目1由李彩娟负责编写;项目2由钟铁铮和赵亚琼负责编写;项目3由高红艳和任嘉欣负责编写;项目4由王悦负责编写;项目5由樊静和宋广莹负责编写。巩建文和企业专家杨萍负责案例汇集与改编。

本书在编写过程中参考并借鉴了国内外大量著作、杂志和网络文献的有益见解,在编写和出版过程中还得到了高等教育出版社陈磊编辑的大力帮助和悉心指导,在此一并表示衷心感谢。

由于编者水平有限,书中难免存在疏漏和不妥之处,敬请广大读者批评指正。

编　者

2025 年 1 月

第一版前言

创新是引领发展的第一动力,对推进中国式现代化具有重要支撑作用。创新既是推动科技进步的引擎,又是经济高质量发展的核心驱动力,更是国家竞争力的关键所在。高校作为培养人才的摇篮,肩负着提升拔尖创新人才自主培养质量的重任,为推进强国建设、民族复兴伟业提供坚实的人才支撑。对于高职院校而言,创新是双高建设的重要支撑,能够推动行业产业变革,催生新质生产力;同时,创新也是学生个人发展和职业生涯不可或缺的重要素质,能够激发他们的创造力、提升竞争力。在教育中不断注入创新元素,培养学生的创新意识、创新能力和创新精神势在必行。

高水平的数智化创新教材是奠定高质量创新教育基石的关键要素。本书全面贯彻党的二十大精神和党的教育方针,积极探索高水平创新人才培养体系。在职业性层面,本书紧密围绕岗位实际需求,实现专创融合,将创新理念与学科专业知识紧密交织,通过丰富的应用场景与岗位创新视野,引导学生运用创新思维解决专业领域的实际问题,提升其职业竞争力;在思想性方面,本书注重培养学生的正确价值观与创新精神,通过生动的案例与深刻的剖析,引导学生形成积极向上的创新观念,为其成为具有社会责任感和创新能力的优秀人才奠定基础;在时代性上,本书紧跟国家战略步伐与行业发展潮流,将最新的创新国际视野、国家政策导向与行业动态融入教材之中,确保学生能够把握未来发展趋势。

本书主要特点如下。

1. 思政引领,知行并进

本书坚持思政引领,全面落实立德树人根本任务,将习近平新时代中国特色社会主义思想、党的二十大精神全面融入课程教材,旨在塑造学生正确的价值观。课程思政的主线是"守正创新",在案例选取及栏目编排设计上,有机融入了"爱国为民、敢闯会创、勇于奋斗、崇尚劳动、创造大美"等思政元素。同时,我们以二维码栏目"荣耀时课"为依托,通过讲述引人入胜的故事、提供切实可行的行动方法以及传递积极向上的价值理念等多种形式,生动且直观地将思政元素融入学生的学习生活之中,培养学生知行合一的品质。

2. 数字引领,创新发展

本书充分利用数字信息技术,为学生搭建便捷、高效、互动的学习平台。这一特色不仅体现在学习资源的丰富性和多元性上,更体现在对学生数字化素养和创新能力的培养上。通过数字化与智能化技术的应用,实现了学习方式的变革,使学生能够更好地适应未来社会的发展需求。

3. 创意实践 产品落地

本书强调从创意萌芽至产品落地的全链条实践过程,深度融合职业应用场景于教材体系之中,旨在助力学生运用创新手段解决岗位上的实际问题。项目设计遵循循序渐进的原则,逐步引导学生踏入创新之旅。

本书由钟铁铮、肖彦辉、樊静任主编,主要负责教材大纲和编写思路的制定及统稿工作。具体编写分工如下:项目 1 由李彩娟负责编写;项目 2 由钟铁铮和赵亚琼负责编写;项目 3 由高红艳和任嘉欣负责编写;项目 4 由王悦负责编写;项目 5 由樊静和宋广莹负责编写。巩建文和企业专家杨萍负责案例汇集与改编。

本书在编写过程中参考并借鉴了国内外大量著作、杂志和网络文献的有益见解,在编写和出版过程中还得到了高等教育出版社陈磊编辑的大力帮助和悉心指导,在此一并表示衷心感谢。

由于编者水平有限,书中难免存在疏漏和不妥之处,敬请广大读者批评指正。

编　者

2023 年 6 月

认知篇——识时知务乘风起

谋划篇——厉兵秣马拾级上

行动篇——足履实地踏征程

认知篇

识时知务乘风起

人类解决世界的问题，靠的是大脑思维和智慧。

——爱因斯坦

项目

按下创新启动键

——接受创新启蒙

苟日新,日日新,又日新。创新,是一个民族进步的灵魂,是一个国家兴旺发达的不竭源泉,也是中华民族最深沉的民族禀赋。

党的十八大以来,习近平总书记在不同场合反复强调创新的重要性,频频谈创新,事事讲创新,处处谋创新。创新是习近平治国理政的核心理念之一,位居今日中国五大发展理念之首。坚持守正创新,是我们党百年来推进马克思主义中国化时代化得出的规律性认识,是中国特色社会主义新时代的鲜明气象,是习近平新时代中国特色社会主义思想的显著标识。

党的二十大报告中将创新放在了"实施科教兴国战略,强化现代化建设人才支撑"这一专章中,并列提出"科技是第一生产力、人才是第一资源、创新是第一动力"三个"第一"。面对激烈的国际竞争,我们必须把创新摆在国家发展全局的核心位置,只有坚持创新是第一动力,才能推动我国实现高质量发展,塑造我国国际合作和竞争新优势。

学习目标

>> 知识目标

理解创新、创意、创新能力及思维定式的相关概念和类型。

>> 能力目标

能够具有观察、发现生活中创新需求的意识,从需求萌发创新想法;能够清晰、正确地认识自己的创新能力水平;能够遇事深思明辨,避免陷入思维定式。

>> 素质目标

培养好奇心,养成发现、洞察、探索的创新习惯;培养界定问题、分析研究问题的创新能力;通过九个维度提升思维能力,打破思维定式。

学习地图

任务3　破除思维定式

任务初探　列举生活中的"常言道"

场景导入　场景1　生活中的思维定式
场景2　大家理解的思维定式

知识解码　密钥1　思维定式的概念
密钥2　思维定式的类型

基础训练　跳出思维的陷阱

素质养成　思维定式"破冰"计划

任务2　培养创新能力

改造校园中的"煞风景"　任务初探

场景1　生活中的创新能力
场景2　大家理解的创新能力　场景导入

密钥1　创新能力的概念
密钥2　创新能力的开发　知识解码
密钥3　创新人格的塑造

找到真实的自己　基础训练

创新能力提升计划　素质养成

任务1　发掘创新意识

任务初探　发现生活中的"不和谐"

场景导入　场景1　生活中的创新
场景2　大家理解的创新

知识解码　密钥1　创新的概念
密钥2　创新红房子与绿房子
密钥3　创新的分类

基础训练　捕捉创意的火花

素质养成　好奇心培养计划

项目1　按下创新启动键——接受创新启蒙

任务 **1** 发掘创新意识

📋 任务初探

发现生活中的"不和谐"

创新始于发现——发现生活中产品设计的不合理之处,发现商业服务中让用户不满意的地方,树立问题意识、坚持问题导向,以审视、挑剔的眼光看待身边的事物,善于观察并发现问题才是创造发明的正确"打开方式"。

在实际生活中,目光所及之处的不少产品,其设计的合理性经不起"细品"。

例如,因为插座上两孔间距过小,常常会出现插头"打架"(图1-1-1)的情形。

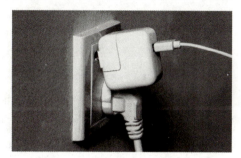

图 1-1-1 插头"打架"

思考一下,你在生活中还发现了哪些不合理的产品设计? 请列举其中的三个。

🔷 场景导入

― 场景1 生活中的创新 ―

你是否有过这样的经历? 躺在床上看书时举起的双手,一会儿就会酸麻胀痛,很不舒服,面对这个场景,你有怎样的感受? 可能认为这很正常,换个姿势就好,大家都这样,休息一会儿胳膊就恢复了……

但在这个场景中,一定有不少人想过:怎样能躺在床上舒服地看书呢? 这就是一个创造性需求。有了需求，还需要有所行动。于是，有人发明出利用折射原理制造的"懒人眼镜"（图1-1-2），满足躺在床上舒服看书这个需求。然而，这个发明能彻底满足人们的真实需求吗？其实未必。例如，戴上这个眼镜人们只能平躺着看书，那能不能发明一种侧着身体也能舒服看书的装置呢？这又是一个创造性需求，促使人们继续创新……

图1-1-2　"懒人眼镜"

点拨：正是因为人们不断地产生创造性需求，才促使大量的创造发明诞生，推动社会不断向前发展。

— 场景2　大家理解的创新 —

"创新"一词对于每个人都不陌生，无论是以创新为题的高考作文、公考题目，还是小到新菜品、新节目、新产品研发，大到科创成果、国之重器问世，创新就如袅袅轻烟一般萦绕在我们身边，寸步不离。但是究竟何谓创新？创新等同于发明吗？仔细思考，写下你对于创新的理解。

点拨："每个人心中都有一个哈姆雷特"，每个人对于创新有着不同的理解，有正解也有曲解。创新是每个人都可以参与的活动，而关于创新的模糊认知甚至误解，使得创新往往被部分人束之高阁。例如，有人认为创新是科学家、学者等杰出人物，解决各种高、精、尖领域中问题的行为；创新能力需要天赋，是少数人才具有的先天能力；创意是灵光一现的偶然事件，可遇不可求……事实上，"创新无处不在，创新无时不有"，创新不唯年龄、不唯学历、不唯职业，人人皆可创新。

知识解码

密钥1　创新的概念

创新,顾名思义就是创造新事物。"创新"一词在我国文献中早有记载,《广雅》中有"创,始也""新,与旧相对";《魏书》中有"革弊创新";《周书》中有"创新改旧"。和创新内涵相近的词汇有维新、鼎新(如"咸与维新""革故鼎新""除旧布新""苟日新、日日新、又日新")等。

英语中"Innovation"(创新)这个词起源于拉丁语,它原意有三层内涵:一是更新,就是对原有的东西进行替换;二是创造新的东西,就是创造出原来没有的东西;三是改变,就是对原有的东西进行发展和改造。

创新的形式多种多样——攻克一项新技术是创新,打造一个新产品是创新,解决一个难题也是创新;创新的舞台宽广辽阔——从科研院所到工厂车间,从偏远乡村到改革前沿,处处都是创新的沃土。

密钥2　创新红房子与绿房子

1. 创新红房子

创新红房子代表创新者需要保持好奇心,不断寻找产品或者服务中,用户[①]未被满足的、潜在未被发现的需求或存在的问题,这是一个"找茬儿"的过程,红房子是创新的开始。

2. 创新绿房子

创新绿房子代表创新者需要保持斗志,通过创意的流程和工具,解决红房子发现的问题,让用户的需求得到更好的满足,这是一个"熬炼"的过程,绿房子代表创新的实现。

密钥3　创新的分类

德勤·摩立特旗下从事创新咨询的德布林公司在研究了近2 000个最佳创新案例后,发现历史上所有伟大的创新都是十种基本创新类型的某种组合,并由此开发出"创新十型"框架(图1-1-3),为企业实施创新给出了参考方向。

---

① 用户,是指使用、体验某种产品或服务的人,可以是免费用户或付费用户,不一定购买、消费产品或服务——不一定买单,所以用户不一定等于客户。

图 1-1-3 "创新十型"框架

1. 盈利模式创新

盈利模式创新指公司寻找全新的方式将产品和其他有价值的资源转变为现金。这种创新常常会挑战一个行业关于生产什么产品、确定怎样的价格、如何实现收入等问题的传统观念。溢价和竞拍是盈利模式创新的典型例子。

2. 网络创新

在当今高度互联的世界里，没有哪家公司能够独自完成所有事情。网络创新让公司可以充分利用其他公司的流程、技术、产品、渠道和品牌。悬赏和众包等开放式创新方式是网络创新的典型例子。

3. 结构创新

结构创新指通过采用独特的方式组织公司的资产（包括硬件、人力、无形资产）从而创造价值。它可能涉及从人才管理系统到重型固定设备配置的方方面面。结构创新的例子包括：建立激励机制，鼓励员工朝某个特定目标努力，实现资产标准化，从而降低运营成本和复杂性，甚至创建企业大学以提供持续的高端人才。

4. 流程创新

流程创新涉及公司主要产品或服务的各项生产活动和运营。这类创新需要彻底改变以往的业务经营方式，使得公司具备独特的能力，高效运转，迅速行动适应新环境，并获得领先市场的利润率。流程创新常常构成一个企业的核心竞争力。

5. 产品性能创新

产品性能创新是公司在产品或服务的价值、特性和质量方面进行的创新。这类创新既涉及全新的产品，也包括能带来巨大增值的产品升级和产品线延伸。产品性能创新常常是竞争对手最容易效仿的一类创新。

6. 产品系统创新

产品系统创新指将单个产品和服务联系或捆绑起来创造出一个可扩展的强大系统。这类创新可以帮助公司建立一个能够吸引并取悦用户的生态环境，并且抵御竞争者的侵袭。

7. 服务创新

服务创新保证并提高产品的功用、性能和价值。它能使一个产品更容易被试用和享用，为用户展现他们可能忽视了的产品特性，解决用户遇到的问题并弥补产品体验中的不愉快。

8. 渠道创新

渠道创新包含将产品与用户联系在一起的所有手段。虽然电子商务在近年来成为主导力量，但实体店等传统渠道仍很重要，特别是在创造身临其境的体验方面。这方面的创新能手常能发掘出多种互补方式将他们的产品和服务呈现给用户。

9. 品牌创新

品牌创新有助于用户识别、记住公司的产品，并在面对竞争对手的产品或替代品时选择公司的产品。好的品牌创新能够提炼一种"承诺"，吸引买主并传递一种与众不同的身份感。

10. 用户契合创新

用户契合创新要了解用户的深层愿望，并以此来发展用户与公司之间富有意义的联系。这类创新开辟了广阔的探索空间，帮助人们找到合适的方式把自己生活的一部分变得更加难忘、富有成效并充满喜悦。

 **基础训练**

捕捉创意的火花

1. 训练清单

- 训练起点：理解创新的概念和分类，以及创新红房子和创新绿房子的含义。

- 训练内容：运用创新红房子和创新绿房子的视角，感受"免接触消毒器"的问世经历，深刻体会创新的含义和过程。

- 成果输出：探寻传统按压式免洗手消毒器存在的问题及解决方案，完成产品迭代升级。

- 技能习得：掌握创新红房子、创新绿房子的创新视角，并能灵活地加以运用。

2. 训练流程

在健康意识不断提升的当下，人们越来越重视公共环境中的个人卫生状况。从办公区到商场、从学校到医院，各个公共场所都设置了洗手间，甚至提供免洗酒精消毒器，降低人们在公共场所交叉感染病毒的可能性。

步骤1：观察生活中的点滴场景。

请选择你感受最深的一个场景（如在餐厅就餐、在商场试衣、在医院排队就医等）。

- -

步骤2：创新红房子——洞察发现用户在场景中的未被满足的需求。

深圳市一名在校生王嘉鹏看到,医生每次给病人看病前、后,都需要进行双手消毒,因长时间按压消毒器,导致手部红肿。他便与团队成员郑晨琪萌生了一个想法:是否能研发出一个免接触消毒器?

在随后多次的走访调查中,他们更加坚定了这个想法。"我们发现多位医院员工在一天工作之后,都会出现手部红肿、酸痛等症状,真的太辛苦了。"另一位团队成员倪伟皓说。郑晨琪还发现,有许多患者并不能很好地使用传统按压式免洗手消毒器:一些孩子喜欢按压消毒器,导致消毒液使用过量,产生了极大的浪费;一些患者不愿意接触公共场所提供的消毒器,认为在按压的时候就会产生交叉感染。

在你所选定的场景中,用户未被满足的需求还有哪些?

步骤 3:创新绿房子——思考如何使用创意和技术满足用户需求。

为了满足用户"免接触消毒器"的这个潜在需求,王嘉鹏的发明团队从画出草稿,到建立起 3D 模型,再到进行第一次试验……2021 年 10 月,第一代"免接触消毒器"终于问世,团队却苦恼了起来。"人们使用后给的评价并不高,因为产品是开放式的,浪费了不少消毒液不说,更使得消毒液弥漫在空气里,闻起来并不舒服。"于是,团队认真分析痛点,整改问题,做出第二代产品,并在此基础上进行尺寸优化,更新迭代,最终实现了第三代"免接触消毒器"的研发。

参与发明的团队成员倪伟皓和詹凯竣介绍,仪器采用"雾化消毒液+UVC[①]深紫外线"双重消杀,并加入了手势动作识别和激光距离感应技术,不仅仅实现快速启动,伸手即可消毒,更无须反复搓揉,三秒就能全覆盖手部。仪器还通过物联网技术,将百度 AI[②] 接入,实现了智能语音控制,全程免接触,进一步减少了病毒传播的可能性。

在你所选定的场景中,用户的需求应该如何得到满足? 你有哪些创意的点子,请罗列出来。

---

① UVC 即 Ultraviolet C,紫外线 C 段。

② 百度 AI 是指百度公司通过人工智能技术(Artificial Intelligence,AI)来实现更人性化和智能化的搜索引擎,是全球领先的人工智能技术服务提供商。

步骤4：探究创意和技术的商业价值可持续性。

有好的创意，并通过技术可以实现，但是如果技术成本高昂，价值不能充分体现，那么这样的创新是没有可持续性的，也不是真正的创新。

团队带着此项发明，参加中国国际"互联网＋"大学生创新创业大赛（现更名为中国国际大学生创新大赛）广东省分赛萌芽赛道决赛。此外，该产品目前正在申请三项知识产权和专利，并将尽快进行产品孵化，先投入到医院的使用中，再推广到学校等其他公共场所，真真正正做到学以致用。

① 你的创意需要针对哪些人进行测试？测试流程是怎样的？

说明：通过这个训练可以发现，创新不能只是"新"，因为有时独一无二的想法不是解决问题的最佳方式，它需要包含三大要素：用户的需求性、技术的可行性及商业的可持续性。

② 你的创意属于创新的哪种类型？

③ 参照本任务创新分类的内容，能否启发你从其他分类角度进行创新？

 素质养成

好奇心培养计划

好奇心是创新的前提，抓住好奇心就是抓住生活、学习、社会中的新奇事物和现象。正如腾讯董事会主席兼首席执行官马化腾所言，创新首先要保持好奇心，保持"问到底"的精神，看到不懂的东西，要尽可能去了解事情的来龙去脉。他建议年轻一代要保持好奇心，去了解事物的变化规律、演变进程，以及过程中存在的问题。那么如何培养好奇心呢？可以从以下几个方面展开实践。

1. 洞察变化

大学生应关注丰富多彩的日常生活，了解社会、科技等周围事物的变化，及时抓住自己的美妙遐想和创意灵感，

荣耀时课：
发掘创新
意识

在遐想产生的一刹那将其记录下来，充分满足自己的好奇心，使之变为现实，将自己投入社会发展的洪流之中，而不仅仅是做一个置身事外的看客。

2. 发现问题（创新红房子）

在一切发明与创新中，问题都是起点，任何技术的发明、社会的进步都始于问题的发现。只有发现问题，才能够触动人们的好奇心、猎奇心，激发他们科学探索的兴趣，并最终产生一系列的科学探索和科学创新；也只有发现问题，才能找到问题的关键所在，并抓住制约事物发展的关键点，用有效的技术进行发明和创造。

3. 积极探究（创新绿房子）

发现了问题还要积极探究问题，带着发现的问题进行观察、思考，寻求解决问题的方法，英国哲学家卡尔·波普尔（Karl Popper）提出，以问题贯穿科学发展过程的四段论模式，即"问题—猜测—反驳—新的问题"，其逻辑阐明在探索问题过程中不仅可以使创新能力得到提高，还可以使创新人格得到培养。

任务 2　培养创新能力

 任务初探

改造校园中的"煞风景"

寻找校园生活中设计不合理的产品。例如，校园公共座椅多为木质材料，防尘、防水、防晒的功能不甚理想，容易损坏和刮破衣服，腐坏的木质座椅如图 1-2-1 所示。

你能为校园公共座椅做一些创新改造吗？

图 1-2-1　腐坏的木质座椅

 **场景导入**

— **场景1　生活中的创新能力** —

在传统观念中,科学家、发明家的专利,公司的发展,产品的更新换代,当然还有每个人面对生活问题时的种种尝试,这些都需要运用创新能力。

小米公司的创始人雷军是一个聚焦于解决问题的精益创新者。当你想要升级一款手机产品,你会从哪里着手呢? 是从当今最流行的手机出发,还是从当下最尖端的手机技术着手? 雷军的做法:从手机社群的用户意见出发,网友认为哪个模块体验不好,小米就改进;网友认为哪个功能最受欢迎,小米就深入开发。以生活中的问题为创新的源泉,发现、解决问题就是实践创新。

> **点拨:** 古今中外,但凡在事业上有所建树、有所作为的人,可以说,都是创新能力很强的人。他们靠创新,开拓出了事业上的一片广阔天地。

— **场景2　大家理解的创新能力** —

创新能力是与生俱来的,还是后天培养的? 你会创新吗? 你能创新吗? 创新会不会很难? 请谈谈你对创新能力的看法?

> **点拨:** 其实创新能力是人类与生俱来的属性,虽然每个人的知识水平、思维能力有所不同,但是通过正确的引导和训练,掌握创新思维的方法,形成积极思维的习惯,则会挖掘出意想不到的创新能力。

知识解码

密钥 1　创新能力的概念

创新能力也称创造力、创造商数（创商），英文称作 CQ，即 Creativity Quotient 的简称。它是一个人的能力智商，与智商（Intelligence Quotient，IQ）和情商（Emotional Quotient，EQ）一起构成人类的三大商数。

创新能力是指每个正常人或群体运用已知的信息发现新问题，并寻求问题答案，创造某种新颖、独特、有社会价值（个人价值）的物质或精神产品的能力。创新能力也可以通俗地解释为发现和解决新问题、提出新设想、创造新事物的能力。

密钥 2　创新能力的开发

开发创新能力指在掌握大量知识和经验的基础上，塑造创新人格、开发创新思维、培养批判性思维、掌握创新方法，并将这些应用于解决问题之中。

密钥 3　创新人格的塑造

创新人格也被称为创造性人格，是指主体在后天学习活动中逐步养成的，在创造活动中表现和发展起来的，对促进人的成才及创造成果的产生起导向和决定作用的优良的理想、信念、意志、情感、情绪、道德等非智力素质的总和。

创新人格对个人的成才、创造活动的成功和创造成果的产生起导向作用、内在动力作用、长期坚持最终成功的作用。在科学和艺术史上，有些重大成果需要创造者数十年的奋斗才能够获得。在这一长时间的创造过程中，持之以恒、坚持到底的创新人格，对促使创造活动最终成功起到积极作用。

 **基础训练**

找到真实的自己

1. 训练清单

- 训练起点：理解创新能力的概念，以及创新能力开发和创新人格塑造的含义。

- 训练内容：通过自我意识的探索，找到真实的自己，进而发掘自我的创新能力。
- 成果输出：探寻自己和他人眼中的自己，更好地了解自己、引领自己。
- 技能习得：初步掌握自我认知的方法，并能灵活地加以运用。

2. 训练流程

蘑菇街 App 的创始人陈琪认为，在创业过程中，公司对于自己的发展水平评价定位是否准确，决定了公司未来的发展方向，他梳理出了互联网创业公司发展的六重境界，就好比人生修行的六重境界一样，分别是功能、内容、给用户带来的好处、品牌、生态系统、行业标准。实时审视目前公司的发展水平达到了哪一层境界，把这一层境界夯实，并以此来规划接下来的工作目标，只有不断积累，才能有所成长。

公司如此，个人更甚。清楚自己创新能力的强弱，可以使我们每个人正确认识、科学设计自己，从而更好地锻炼、发展、修正、完善自己。事业的成功乃至辉煌、伟大，要求一个人所从事的工作与自身的能力、兴趣、个性、风格和价值观念相结合。如果不了解自己属于何种素质、类型的人才，就不会做出正确的选择，不仅工作干不出色，事业不会有为，还会不自觉地浪费自己可贵的天赋。

自我意识是个人成长的第一步。了解自己让我们能够掌控自己的生活。自我意识帮助你看清自己——它能照亮你的盲点，让你能更有目的，而非没有方向地生活。

无论是在个人发展还是在职业发展上，增强自我意识都可以让你做出更明智的决定、更具创造能力、更善于合作。一定要了解自己，引领自己。

步骤 1：认清"你是谁"。

谈到对自我的认知，人们最初往往会给出一些显而易见的答案：名字、工作、人际关系、爱好等。随着练习推进，回答会变得越来越难，而这正是练习的关键——剥离我们的多层身份。

你是倾向于将你的身份与职业联系在一起，还是倾向于将你的身份与社会关系状况联系在一起？这个练习或许可以让你想起一些关于自己是谁的、被遗忘或隐藏的方面。意识到你的身份是流动和复杂的，这对提高自我意识至关重要。请尽量多地写出你的自我认知。

步骤 2：臆想他人眼中的你。

请写出我认为的别人眼中的我。

① 父母眼中的我：

② 亲戚眼中的我：

③ 老师眼中的我: _____

④ 同学眼中的我: _____

⑤ 过去的我(10 岁的我): _____

⑥ 现在的我: _____

⑦ 理想的我(通过努力能够达到的我): _____

⑧ 真实的我: _____

⑨ 伪装的我: _____

⑩ 幻想的我: _____

⑪ 未来的我(10 年之后的我): _____

步骤 3:探寻他人眼中真实的你。

和你的朋友、同学、室友等玩一个游戏,询问他们眼中的你是怎样的。在这个游戏中,坦诚至关重要,建议通过微信聊天的方式进行,而不是当面询问。最后将他们的回答与你自己的清单做比较,尝试回答以下问题。

① 你们的答案有什么相同之处? 又有什么不同之处?

_____

_____

_____

② 人们的回答有什么让你感到惊讶的? 为什么?

_____

_____

_____

③ 父母和同学的回答有何不同? 这说明你在不同的环境中表现如何?

_____

_____

_____

素质养成

创新能力提升计划

创新是灵光乍现的顿悟，更是日积月累的思考。作为大学生，培养和提升自己的创新能力，除需要强烈的兴趣和好奇心外，还需要坚韧不拔和百折不挠的意志。这里介绍一个提升创新能力的方法，具体包括以下内容。

1. 界定问题

发现生活中的不如意，面对"与人为敌"的设计，不妥协，只有正视它才可能改变它。

2. 分析和研究

尽量多地收集信息，知道自己缺少什么、拥有什么、可以利用什么，对相关信息进行详细分析和大量研究。整理出备选的行动方案，注意，所有的方案都是兼有利弊的，在分析过程中，创新者要比较各个方案之间的优点和缺点。

3. 结论和决策

根据分析结论和研究结果，得出总的结论，并参照其做出相应决策，以提升创新能力。在这一过程中，创新者需要想清楚每个问题，并记录下自己的想法。

荣耀时课：
培养创新
能力

 **任务 3 破除思维定式**

 **任务初探**

列举生活中的"常言道"

俗话说"没有免费的午餐"，难道免费的东西真的就不好吗？以往人们认为性价比是商家为用户提供服务的基础，但如今用户常用的百度、QQ、微信、360杀毒等都是免费的软件。这是因为与传统"谁消费谁买单"的商业模式不同，当今的互联网商业模式已经改变了思维定式，通过"第三方买单"进行盈利，生产商首先用免费吸引用户形成流量，然后用流量吸引广告商投资，最后用广告费反哺用户，不断循环，让广告商"请"用户使用免费的好产品。"三方市场"免费模式如图 1-3-1 所示。

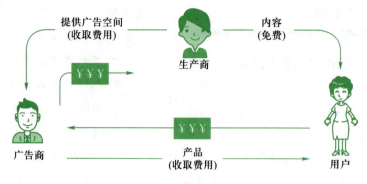

图 1-3-1　"三方市场"免费模式

在生活中,你还遇到过哪些思维定式?

🏠 场景导入

—— 场景 1　生活中的思维定式 ——

若学生的世界出现一种人工智能,只要输入关键字和指令,就能帮你把所有需要的资料梳理出来,甚至直接生成文稿,那么家长和老师会有什么反应? 从 ChatGPT[①]、文心一言等人工智能技术横空出世以来,来自教育行业的反对声音不绝于耳,家长和老师纷纷表示此些技术会让学生的自主学习能力降低,更加依赖人工智能,要求此类技术必须与学生隔离。其实,这种态度就是一种思维定式。斯坦福大学人工智能/机器人与未来教育项目主任蒋里却认为,这样的人工智能在未来社会里是常识,而面对常识,正确的态度是早接触、早学习,让学生掌握使用它的方法,从而站在巨人的肩膀上攀爬。

> **点拨:** 当我们遇到一种新的事物时,在还没有了解的情况下,就用以前的生活经验对其进行评判,这就是一种思维定式。当我们跳出思维定式时,仔细思考,换一个角度看待它,就可以得到不同的解答。

------

① ChatGPT 的全名为 Chat Generative Pre-trained Transformer,是 OpenAI 研发的一款聊天机器人程序。

— 场景 2 大家理解的思维定式 —

大家理解的思维定式包括:学习新知识时总要将其按照已有的经验进行归类;以及书本型思维定式,即对书本上的知识全盘接受;经验型思维定式,即解题时不由自主地按照以往的经验照搬等。请思考,在学习过程中,你有哪些思维定式? 你认为思维定式有哪些积极方面,又有哪些消极方面?

> **点拨**:思维定式是一种"惯性的思维方向",它像生活习惯一样可以帮助我们快速地应对一些特定情况;但同时会让思维活动变得僵化、封闭;甚至于在新情境下,思维定式会阻碍我们认识事物。

知识解码

密钥 1 思维定式的概念

思维定式是人脑中形成的一些固定的思维模式,这些模式的形成可能来自接受的教育、亲身的经历或经验、某些领域的权威专家或大众等,因此,也就相应地形成了书本定式、经验定式、权威定式和从众定式等类型。

密钥 2 思维定式的类型

常见的思维定式包括习惯型思维定式、书本型思维定式、权威型思维定式、从众型思维定式、经验型思维定式、自我中心型思维定式。

1. 习惯型思维定式

习惯型思维定式指人们习惯按照自己习惯的方式思考问题,这种习惯可能会限制他们的思维方式和创新能力。

2. 书本型思维定式

书本型思维定式指人们过于依赖书本知识和传统观念,认为这些就是正确的,这种思维定式容易使人们忽略现实情况和变化。例如，在某些领域，一些传统观念可能已经被新的技术和知识所取代，但是一些人仍然坚持这些传统观念。

3. 权威型思维定式

权威型思维定式指人们对于权威人士或机构的观点、意见和结论过于依赖，认为权威的就是正确的，这种思维定式容易使人们失去独立思考的能力。例如，在某些领域，一些知名专家或机构的观点会被广泛接受，而其他人的意见则可能被忽视。

4. 从众型思维定式

从众型思维定式指人们倾向于跟随大众的意见和行为，避免特立独行，这种思维定式容易使人们缺乏独立思考和创新能力。例如，在一个群体中，如果大多数人认为某个决策是正确的，那么其他人可能会跟随这个决策，而忽略自己的想法和需求。

5. 经验型思维定式

经验型思维定式指人们根据过去的经验、知识和感知，在头脑中形成一种固定的思维模式。这种思维定式的特点是在遇到类似的问题时，人们会自然而然地沿用过去的经验和知识进行思考和决策，而忽略了新的情况和变化。

6. 自我中心型思维定式

自我中心型思维定式指人们过于关注自己的利益和感受，忽略其他人的需求和感受，这种思维定式容易使人们缺乏全局观念和创新能力。例如，一些企业在设计产品或服务时，会更多地关注企业的需求，而非用户的需求。

 **基础训练**

<h2 align="center">跳出思维的陷阱</h2>

1. 训练清单

● 训练起点：理解思维定式的概念和类型。

● 训练内容：运用破除思维定式的视角，感受职场中的思维定式陷阱，深刻体会破除思维定式的重要性。

● 成果输出：破除职场思维定式，找到解决问题的多种方法。

● 技能习得：掌握破除思维定式的方法，并能灵活地加以运用。

2. 训练方法与应用

（1）摒弃否定性思维

假设，国庆前一天的下午，你接到所在公司项目组派发的临时任务——你的上司因公出差，只能委派你拜访一位 VIP 客户，并送感谢贺卡和小礼物。你的上司给了你一个模糊地址，由于飞机马上起飞,没来得及告诉你客户电话。

面对这项任务,你的第一反应是什么?

在现实生活中,很多人遇到困难就习惯说"没办法""不知道"。殊不知,困难是最锻炼人的,如果我们遇到困难就会停滞不前,那么这在本质上是我们没有激活内心的潜能,更不相信自己的能力与潜力。

内心强大从来不是天生的,而是来自我们驾驭环境的训练,更来自我们的思考与整合。在困难问题面前,永远不要说自己没有办法。

《致加西亚的信》这本书讲述的是:1898年美西战争爆发,古巴反抗军首领加西亚(Garcia)藏身大山,无人知道确切地点,美国急需与其联络,了解西班牙军队在古巴的部署情况,陆军中尉安德鲁·罗文(Andrew Rovine)受命送信。罗文接过信后,并没有问"加西亚在哪里? 我如何去? 找不到他怎么办? ……"罗文带着信直接上路了,他穿越战火硝烟,危机与死亡时刻相伴,虽无援助和监督,也绝不背信弃义,他在没人知道的地方找到了加西亚,出色地完成了任务。他忠诚、敬业与不惧艰险的勇气,激励着千千万万的人主动地完成职责,引导许多人走向卓越和成功。因此,我们遇到困难的时候第一反应应该是告诉自己:如果我们能在内心植入这种积极的理念,我们就会一次次变得更加强大。

面对这项任务,你的三个解决问题的方法是什么?

----

(2) 摒弃借口思维

你的其中一个解决问题的方法是联系公司的客户部,欲通过这个模糊地址大致锁定可能的 VIP 客户。但事与愿违,当你联系到客户部时,对方找了一个理由(例如,第二天就放假了,他们正在做季度总结会,没有时间为你查阅,并指责你不提前询问),无情地拒绝了你的请求,你此刻有何想法?

有一种弱者思维叫作"都是别人的错"。无论发生什么事情,他都会认为跟自己无关,而

是别人的过错所致。要知道,解决任何问题都是我们宝贵的成长机会,当我们习惯把责任推卸给他人时,我们也错过了自我反省与自我成长的良机。

每个人都需要明白,真正内心强大的人,会通过一次次承担责任让自己具备更强大的抗压力,而不会一次次逃避自己的责任,最后变得无所事事。每当问题产生时,我们都需要积极思考"我可以做些什么",争取最好的处理结果,同时事后进行反思,积极补救及整改。你思考得越有力度和深度,你就具备越强大的领导力,这是一个人从弱小变得强大的根本。

面对这种局面,你的三个解决问题的方法是什么?

你的解决方法是通过公司中德高望重的老李联系客户部,得偿所愿,很快老李便帮你拿到了这位 VIP 客户的具体地址和联系方式,你也顺利完成了任务。事后你反思的结果是客户部的工作人员拒绝你的原因在于对方在事务缠身的前提下,需要放下自己的工作去帮助你临时查阅,确实存在困难。总结方法有二:一是今后做好事前规划;二是同事之间日常要多交流,增进情谊。

(3) 摒弃畏难思维

上司在飞机落地后知道你圆满完成了任务,决定再委派你一项新的任务,让你到某市做两年客户代表,工作包括:为公司赢得更多的客户订单;推广公司最新的产品和服务;提供售后服务,解决客户在使用产品或服务中遇到的问题。

作为新入职的员工,你对公司的产品及有关业务不甚了解,面对这项艰巨的任务,你该怎么做?

这个世界的机会永远留给有准备的人,有些人面对机会,第一反应可能就是推掉,并且认为自己还没有准备好。许多人没有抓住属于自己的机会,恰恰是因为没有准备好,他们总认为机会还会再次有的,殊不知一次错过,可能就是终身遗憾。

永远不要推掉来自身边的机会,尤其是你心仪的机会。你需要在平时就开始下苦功夫,不断积累自己的才能,等到机会来临的时候一把抓住。从本质上来说,一个人要想抓住属于自己的机会,就需要靠自己努力争取。我们要想拥有一件东西,就需要时刻努力准备好,只有这样你才能成为那个最适合的人，也才能成就自己。

面对这样的机会，你的三个解决问题的方法是什么？

这时你突然想到老李曾和你提起的一件事：之前有位同事得到一次出国锻炼的机会，但是他对领导说自己还没准备好，大好机会拱手让人，代其出国的同事在三年间得到了全面锻炼，回国后很快晋升为公司部门总监，而他的职业发展之路停滞不前……你果断抓住这个机会，首先向上司表达了感谢；其次和上司确认了需要预先了解的岗位要求、业务内容、客户及公司产品（服务）等基础信息，在人力资源部办理交接手续，并联系该市的其他驻地人员；最后你清退了当地的租房，收拾行囊奔赴崭新的、充满挑战的工作岗位。

（4）摒弃抱怨思维

对于新的岗位你很不熟悉，老员工也因自己业务繁忙无暇带你熟悉工作流程，无人主动向你传授经验。三个月后，你的业务毫无进展，上司对你的工作状态不甚满意，还被人力资源部"约谈"，你将如何解释？

有一种思维定式叫作抱怨思维，这种抱怨让我们看不到生活中存在的各种机会。抱怨往往使人停留在固有的世界中，却从未发现宽广的世界。

如果你认为自己的领导不懂得识人，自己是如此优秀都没有发现。对于任何人来说，我们需要明白，任何的抱怨都不能让人看到各种可能性，更忘记了我们人生的主动权永远掌握在自己手中。当我们认为别人主导我们自己人生与命运的时候，就是忘记了自己有对自己人生的支配权。很多原生家庭不理想的人也能过得很好，这是因为，他们深谙"人生最关键在于自己"的道理。

面对这次谈话，你的三个解决问题的方法是什么？

我们在人生成长的路上,一定要学会戒掉以上四种思维定式,只有这样你才会发现,你的心力越强大,你就越能创造属于自己的世界。

素质养成

荣耀时课:
破除思维
定式

思维定式"破冰"计划

时代快速发展,新事物层出不穷,每个人都面临巨大的挑战和压力。唯有打破不合理的约定俗成,不断提升自己,才能无惧人生的风雨。同学们可以围绕以下九个方面尝试破除思维定式之"冰"。

1. 方向感:制订详细计划,明确工作目标

行走于世,很多人之所以能成功,靠的就是一个又一个的目标。一个人也只有越早清楚自己未来的方向,才能越早实现人生的价值。不妨从现在开始,给自己定下一个小目标。制订一份详细的计划,有条不紊地执行。有目标的人,即使走得慢,也比漫无目标徘徊的人走得快。

2. 专注度:保持精力专注,提升做事效率

工作时,只有把有限的精力放在最重要的事情上,专心致志,才能出色地完成工作。做一件事时,不妨排除一切外在干扰,集中精力,在固定的时间里只专注做好这一件事。我们有多专注,效率就有多高,事情就有多完美。

3. 想象力:保持好奇,展开对世界的探索

生活处处皆学问,很多时候推动你前进的,正是自己的好奇心。正如微信最开始的创建来源于张小龙的好奇心。凡事多问几个为什么,多去追根究底。当我们积极地感受生活中的一切,探索欲越强,想象力就越丰富多彩。生活奖赏的,永远是那些对世界充满好奇的人。

4. 获得感:不要害怕吃苦,坚持才有收获

在这个世界上,没有一份工作不辛苦,在成功的路上,并没有捷径,它往往洒满了汗水。如果避开了汗水,就要承受泪水。沉下心来,做一名长期主义者,稳扎稳打,稳中求进。用汗水浇灌的幸福,更持久芬芳。

5. 正能量:保持心态稳定,掌控自我人生

在生活中,我们无时无刻不在面临挑战,用怎样的心态去面对,就会产生怎样的结果。只有心态正确了,事情才能做正确,生活才能向好的方向改变。人活一世,会面临无数艰难险阻,面对苦难时,积极的心态就是我们手中的一把利剑。不必纠结当下,不必忧虑未来。心态对了,工作就顺了。

6. 熟练度:持续深耕自己,提升核心竞争力

人的精力和时间是有限的。我们无法将所有事情做到完美,但却能选择把人生过得精彩。不断精进,保持深耕,让自己练就好本事,拥有别人不可比拟的技术。把一件事做到最优,把自己的价值发挥到最大程度。只有拥有独一无二的核心竞争力,才能让自己无论走到什么位置,都能立于不败之地。

7. 精力值:合理释放精力,享受生活

精力,就是人生的加油站,想要跑得快,自然要加油。让自己保持每日至少八小时的充足睡眠,中午小憩30分钟,晚上不熬夜;按时锻炼身体,可以选择晨跑或者做瑜伽;合理饮食,少吃垃圾食品,多吃一些水果蔬菜。只有让身体处于最佳状态,我们才会有更多的精力放在工作上。只有掌控好自己的身体状态,才能拥有不疲惫、不焦虑的人生。

8. 执行力:拒绝拖延,立即行动

懒惰、拖延是成功路上最大的绊脚石。能成大事者,都是能克己、保持自律之人。不把事情拖到明天,今日事,今日毕,只有如此,才不会让工作一团乱麻,让生活过得"兵荒马乱"。逻辑思维联合创始人李天田说过一句话:"人生总有很多左右为难的事,如果你在做与不做之间纠结,那么,不要反复推演,立即去做。"只有做了,才有答案;只有错了,才有经验。

9. 创造力:打破思维惯性,实现认知升级

德国著名哲学家亚瑟·叔本华(Arthur Schopenhauer)曾说:"世界上最大的监狱,是人的思维意识。"思维、认知在很大程度上决定了一个人的成败。想要获得成功,就必须跳出"认知茧房",实现思维升级。只有不断提升创新能力,才不会被固定的思维模式所固化;只有打破常规习惯,才有可能在竞争日趋激烈的时代一骑绝尘。

谋划篇

—— 厉兵秣马 拾级上

能正确地提出问题就是迈出了创新的第一步。

——李政道

项目 **2**

激活创新内驱力

——开启创新思维

创新是全球经济发展的原动力,党的二十大报告再次强调,"坚持创新在我国现代化建设全局中的核心地位"并提出"加快实施创新驱动发展战略"的新部署和新要求。

爱因斯坦曾说:"人是靠大脑解决一切问题的。"头脑中的创新思维是人们进行创新活动的基础和前提,一切需要创新的活动都离不开思考,离不开创新思维。运用创新思维去看世界,可以跳出思维定式,以新颖独特的视角对现实问题进行思考,并提出有价值的创新想法和解决方案。

简言之,创新思维犹如一座人类思维的金矿,因此,我们要学好、用好创新思维,融会贯通,充分激发自己的创新潜能。

学习目标

>> 知识目标

了解六种创新思维的概念及特征。

>> 能力目标

掌握六种创新思维分析问题的方法,并且能够运用创新思维工具解决问题。

>> 素质目标

扩充自己的眼界,不给自己的人生设限,提升专注力,不断涵养持之以恒、积极进取的创新精神,提升深度思考、独立思考的能力。

学习地图

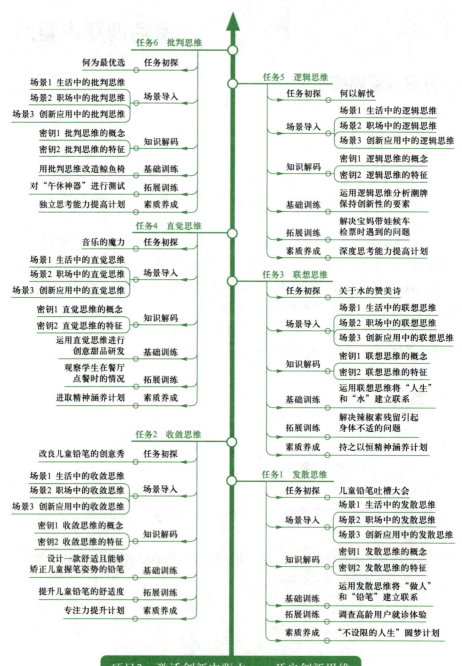

任务6　批判思维

何为最优选　任务初探

场景1　生活中的批判思维
场景2　职场中的批判思维　场景导入
场景3　创新应用中的批判思维

密钥1　批判思维的概念
密钥2　批判思维的特征　知识解码

用批判思维改造鲸鱼椅　基础训练
对"午休神器"进行测试　拓展训练
独立思考能力提高计划　素质养成

任务4　直觉思维

音乐的魔力　任务初探

场景1　生活中的直觉思维
场景2　职场中的直觉思维　场景导入
场景3　创新应用中的直觉思维

密钥1　直觉思维的概念
密钥2　直觉思维的特征　知识解码

运用直觉思维进行
创意甜品研发　基础训练

观察学生在餐厅
点餐时的情况　拓展训练

进取精神涵养计划　素质养成

任务2　收敛思维

改良儿童铅笔的创意秀　任务初探

场景1　生活中的收敛思维
场景2　职场中的收敛思维　场景导入
场景3　创新应用中的收敛思维

密钥1　收敛思维的概念
密钥2　收敛思维的特征　知识解码

设计一款舒适且能够
矫正儿童握笔姿势的铅笔　基础训练

提升儿童铅笔的舒适度　拓展训练
专注力提升计划　素质养成

任务5　逻辑思维

任务初探　何以解忧

场景导入
场景1　生活中的逻辑思维
场景2　职场中的逻辑思维
场景3　创新应用中的逻辑思维

知识解码
密钥1　逻辑思维的概念
密钥2　逻辑思维的特征

基础训练　运用逻辑思维分析潮牌
保持创新性的要素

拓展训练　解决宝妈带娃候车
检票时遇到的问题

素质养成　深度思考能力提高计划

任务3　联想思维

任务初探　关于水的赞美诗

场景导入
场景1　生活中的联想思维
场景2　职场中的联想思维
场景3　创新应用中的联想思维

知识解码
密钥1　联想思维的概念
密钥2　联想思维的特征

基础训练　运用联想思维将"人生"
和"水"建立联系

拓展训练　解决辣椒素残留引起
身体不适的问题

素质养成　持之以恒精神涵养计划

任务1　发散思维

任务初探　儿童铅笔吐槽大会

场景导入
场景1　生活中的发散思维
场景2　职场中的发散思维
场景3　创新应用中的发散思维

知识解码
密钥1　发散思维的概念
密钥2　发散思维的特征

基础训练　运用发散思维将"做人"
和"铅笔"建立联系

拓展训练　调查高龄用户就诊体验
素质养成　"不设限的人生"圆梦计划

项目2　激活创新内驱力——开启创新思维

任务 **1** 发散思维

任务初探

儿童铅笔吐槽大会

儿童在使用铅笔时会出现诸多问题,如血铅超标、笔芯易折断等。除此之外,你还能挑出哪些问题? 你有哪些改进的点子? 例如,在握笔舒适度方面还有哪些改良的空间?

场景导入

—— 场景 1　生活中的发散思维 ——

发散思维可以帮助我们解决生活中的麻烦。例如,自来水管道的油漆皮脱落,难看又容易积灰,该怎么解决这个问题呢? 可以重新涂油漆、网购遮挡器、用白色马克笔涂抹、用饮料瓶包裹、用白色橡皮泥覆盖……思考解决方案的过程其实就会自然而然地用到发散思维。又如,在家务劳动中,我们要烹饪一条鱼,我们先要解决用哪种做法来烹饪鱼的问题,因此可以围绕"一条鱼的吃法有多少种"来进行发散思维,可以煎、炸、烧、蒸、醋熘,还可以腌制成咸鱼、晒制成鱼干等。同一条鱼也可以有不同的吃法,如鱼头烧汤、鱼身煎的"一鱼两吃",甚至"三吃""四吃"等。

> **点拨:**发散思维其实就是我们日常思考问题的过程,在生活中,我们围绕一个问题或情景迸发出许多的想法,其本质就是思维的发散,而我们要做的就是尽可能多地思考,只有想法数量够多,才更有可能找到最合适的点子。

— 场景2 职场中的发散思维 —

发散思维的应用范围很广,可以增强我们的问题意识,促进创新。例如,很多企业会通过召开"问题揭露会"的方式,集思广益寻找问题、解决问题。

以"雨伞会诊"为例,某企业组织 5~10 名员工,针对产品存在的各种缺陷,敢于揭丑,不断提出问题、分析原因,继而通过发散思维不断寻找解决问题的方法,实现产品改革。他们针对接打电话时撑伞不方便接听和收伞后容易滴水的问题进行产品革新,创新设计出手机交互式的蓝牙伞,并在伞上的配件内部装配海绵,当使用者拿着伞从雨中进入室内时伞上的水滴会储存在配件的海绵中,并且水滴被海绵吸收后能被有效地锁住,从而防止外漏。

假如你在一家房地产租赁和销售公司工作,经理让你观察用户对于楼盘的态度和意见。你在进行市场调研时,如果思维太局限,只是想着"他们不懂""他们不舍得买",那么在观察中,就会不自觉地聚焦于寻求与自己先入为主的预想相契合的点,失去了调研的真正目的。如果你运用发散思维,就会让你有机会完成从一名观察员到创新者的转变,因为发散思维会让你随时保持一颗好奇心,在观察、体验、访问用户时,从行为或细节中发散思考出用户背后动机的多种可能。

> **点拨:** 在职场工作中遇到问题时,使用发散思维可以为我们提供更多的分析角度,也可以拓宽我们思考的宽度,通过发散思维,我们能够换位思考,从角色的差异处找到新的方案、方法。

— 场景3 创新应用中的发散思维 —

设计思维是一种流程化的创新方法,其应用流程包括"探索问题—观察发现—重构需求—构思创意—制作原型—实施方案"六个任务环节(相关内容将在本书项目 5 做详述)。

发散思维是设计思维的核心。如图 2-1-1 所示,发散思维主要应用于设计思维的"探索问题""观察发现""构思创意""制作原型"四个环节;其典型创新工具——利益相关者地图将在"观察发现"环节得到应用。

☑ 探索问题　☑ 观察发现　☐ 重构需求　☑ 构思创意　☑ 制作原型　☐ 实施方案

⚙ 利益相关者地图

图 2-1-1　发散思维及其工具在设计思维流程中的应用环节

点拨:发散思维在创新应用中延伸出了许多的具体创新工具,但万变不离其宗,遇到问题时,只有多角度地思考,才能更好地应用这些工具。

知识解码

密钥 1　发散思维的概念

新手教程:
发散思维

发散思维是以解决问题为核心,不受原有条件束缚,从不同的角度与方向思考问题,以提出尽可能多的解决方案为目标的开放性思维方式。我们常说的一词多组、一事多写、一题多解,就是发散思维的表现。

密钥 2　发散思维的特征

发散思维具有流畅性、灵活性、独特性、多感官性等特征。

1. 流畅性

流畅性指思考者可以在短时间内根据需要思考的内容,快速生成尽可能多的想法,主要表现在思考者的思维速度和产生的想法数量上。

2. 灵活性

灵活性指发散思维可以让思考者跳出固有的思维框架,在思考问题时,能够触类旁通、随机应变,使思维朝不同方向进行延伸。

3. 独特性

独特性指每个人的知识、经验都为思维的发散创造了条件,因而即使是针对同一个发散源,个体的差异也会导致大家的思维结果不同。

4. 多感官性

多感官性指我们在发散思维时会受到听觉、视觉、嗅觉、触觉、味觉,甚至情感等诸多感官影响,所以更换环境、增加感官刺激可以影响发散思维的效果。

基础训练

训练攻略:
发散思维

运用发散思维将"做人"和"铅笔"建立联系

1. 训练清单

- 训练起点:理解发散思维的概念和特征。
- 训练内容:运用发散思维,将"做人"和"铅笔"建立联系。
- 成果输出:得出七个不同的"做人如铅笔"的思维结论。
- 技能习得:掌握发散思维的方法。

2. 训练方法

(1) 形态发散

以事物的形态为发散点,设想利用该形态的可能性。铅笔笔杆的形态可以用到哪里?如筷子、直尺、测量工具等。铅笔笔尖的形态可以用到哪里?如飞镖、子弹等。

铅笔和做人之间的联想:我们可以想到做人如铅笔,我们要像笔杆一样正直,否则就会断芯,断送整个生涯。

(2) 因果发散

把事物作为起因来发散,推测其可能产生的结果。例如,需要大量纸张造成森林减少、环境污染;铅笔越用越短,结果变为棋子;等等。把事物作为结果来发散,推测产生该结果的原因。例如,需要涂抹遮盖隐私信息,需要签字等。

铅笔和做人之间的联想:我们可以想到做人如铅笔,关键时期不糊涂,否则遇事就是口说无凭,需要立字为据;我们可以想到生命如同铅笔,会越用越短,我们要珍惜时间等。

(3) 结构发散

以事物的结构为发散点,设想具有该结构的事物或该结构的用途。例如,在野外遇险,可以抽掉笔芯将笔杆当吸管喝岩缝里的泉水;将铅笔截成一段一段的,抽去笔芯,拴上绳子,可以做成风铃、门帘;等等。

铅笔和做人之间的联想:我们可以想到做人如铅笔,我们默默付出,成就他人。

(4) 功能发散

以事物的功能为发散点,设想实现该功能的途径。例如,铅笔具有书写的功能,通过发散思维我们能够想到,自动铅、圆珠笔、钢笔、粉笔、眉笔等也具有书写的功能。

铅笔和做人之间的联想:我们可以想到做人要勤修自己,坦然面对竞争。

(5) 材料发散

以事物的材料为发散点,设想用途。例如,笔芯可作为导电介质,笔芯磨成粉可作为润滑剂,笔芯可作为化妆工具;削笔产生的木屑可作为引火材料、玩具填充物、装饰画等;等等。

铅笔和做人之间的联想:我们可以想到做人如铅笔,遇事多思考,左右逢源。

(6) 组合发散

以某事物为发散点,尽可能多地设想它与另一事物联结成具有新价值的事物的可能性。例如,铅笔与各种文具(橡皮、削笔刀、格尺、笔袋)组合,与各种书写工具(纸张、书本)组合等。

铅笔和做人之间的联想:铅笔和橡皮的组合,让我们发散想到做人要知错能改,就如铅笔靠橡皮改正错误;铅笔和削笔刀的组合,让我们发散想到做人要能够经受磨难,经过刀削的铅笔才能用,人经磨难方成才。

(7) 关系发散

以某事物为发散点,尽可能多地设想它与其他事物的关系。例如,铅笔和墙壁的关系,可以把铅笔插入墙壁挂衣服等;铅笔和手的关系,不仅是书写关系,如果把铅笔绑在手上,那么还可以做尖锐的利爪;等等。

铅笔和做人之间的联想:铅笔靠着手来牵引,手给了铅笔方向,就如父母、老师、领导、朋友给了我们很多的指点。

3. 方法应用

(1) 图形发散

发挥视觉想象力,在五分钟内给圆圈图案(图 2-1-2)添加细节(如外部画几笔,变成太阳;内部加几个同心圆,变成靶心;等等。)尽可能多地画出形式多样的图案。

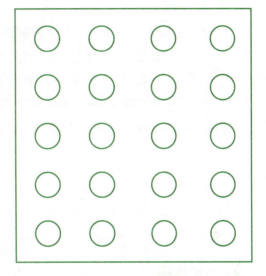

图 2-1-2 圆圈图案

(2) 词语发散

在五分钟内,将前后两个词语经过五个阶段建立起相关联想。

① 木头 → _____ → _____ → _____ → _____ → _____ → 足球。

② 天空 → _____ → _____ → _____ → _____ → _____ → 茶。

③ 大雨 → _____ → _____ → _____ → _____ → _____ → 鼠标。

④ 爆破 → _____ → _____ → _____ → _____ → _____ → 书本。

(3) 用途发散

发挥想象力,思考"一块红砖的用途",在图 2-1-3 中通过连线延伸出不同用途,在 10 分钟内写出尽量多的用途。

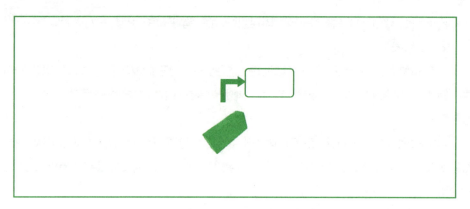

图 2-1-3　一块红砖的用途

4. 自我评价

针对发散思维的训练,其评价指标主要包括以下三个维度。

① 思维"量"的指标——单位时间内想出点子的数量越多,说明思维越流畅。

② 思维"质"的指标——单位时间内想出用途或点子的角度越多,说明思维越灵活。

③ 思维"奇"的指标——得出不同寻常的新奇想法,这是思维的最高层次。

根据三个评价指标,分别对所完成的训练项目进行点评。

🚀 拓展训练

调查高龄用户就诊体验

1. 训练清单

● 训练起点:掌握发散思维的方法。

● 训练内容:在掌握发散思维的有关知识点及应用场景的基础上,灵活运用其方法技巧,提升在实践项目中解决问题的能力,并掌握典型创新工具——利益相关者地图的绘制及应用,找出影响青少年参观博物馆体验的因素。

● 成果输出:完成影响青少年参观博物馆体验的利益相关者地图的绘制。

● 技能习得:掌握发散思维及其工具(利益相关者地图)的应用。

2. 训练流程

(1) 技能拓展——利益相关者地图

应用发散思维的典型工具是利益相关者地图,这是一种信息梳理工具,起于项目之初,用来分析项目或问题所相关和影响的人、公司、组织群体,是用来收集未知信息线索的工具。

例如,想要了解参观博物馆的青少年都有哪些影响其体验的利益相关者,我们可以很明显地找出项目的直接相关者,如博物馆工作人员、组织参观的学校老师、相伴而来的同学、其他参观者,这都可能影响青少年参观者的体验度。

通过发散思维,可以不拘泥于项目或问题的直接相关者,从不同角度发散出项目或问题的间接相关者。例如,从博物馆的展示设计角度,间接相关者有展览设计师;从参观活动举办方角度,间接相关者有教育管理部门;从参观活动的空间环境角度,间接相关者有博物馆的设施设备、博物馆周边的餐饮商业等。

通过发散思维,甚至可以发散出意想不到的隐藏相关者。例如,本问题中的隐藏相关者为家长,无论是参观前还是参观后与青少年的信息交流,其都会与青少年参观者的总体体验有利益相关。影响青少年参观博物馆体验的利益相关者地图如图 2-1-4 所示。这就体现了发散思维从问题出发、突破原有圈层、从不同视角探索信息从而解决问题的作用。

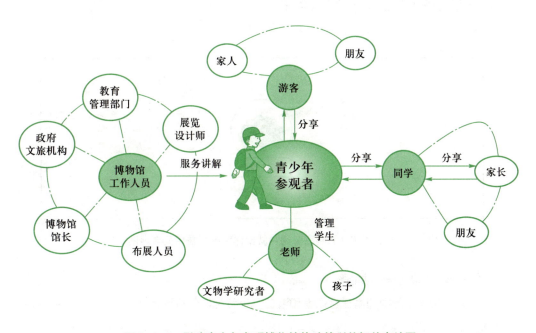

图 2-1-4　影响青少年参观博物馆体验的利益相关者地图

(2) 技能应用——调查高龄用户就诊服务流程及其就诊体验

❓ 创新红房子:你有过陪老人去医院就诊的经历吗? 他们在就诊中会遇到哪些问题?

🔔 **创新绿房子**：针对高龄用户去医院就诊问题，对其利益相关者进行用户群体分析。本问题中的利益相关者包括高龄用户在完成就诊过程可能涉及的人、公司和组织群体，通过分析，更好地采取策略，优化服务流程。

应用说明——需要深入用户体验的场景去观察，在观察之前需要列出要观察的对象。按照以下七个步骤完成利益相关者地图的绘制。

步骤1：确定委托任务的核心用户群体，在本问题中是高龄用户。

步骤2：将核心用户群体置于画面中间，并以简笔画形式出现。

步骤3：找到直接利益相关者，置于距离核心用户群体的第一环并配上简笔画。列出与核心用户群体有直接联系的其他组织，并将他们分布在用户周围，相关程度越大、影响越深，离核心用户群体越近，简笔画也可以画得越大。

步骤4：找到间接利益相关者，置于距离核心用户群体的第二环并配上简笔画。列出与直接利益相关者相关的其他组织或个人。

步骤5：将有联系的利益相关者两两连线。

步骤6：在连线的两侧明确两者之间的利益关系，并标明方向，如协助、竞争、合作等。

步骤7：确定最需要关注的组织，在它们之间用马克笔标出颜色。在本问题中，最需要关注的组织包括潜在合作者和潜在竞争者。

影响高龄用户就诊体验的利益相关者地图如图2-1-5所示。

图2-1-5　影响高龄用户就诊体验的利益相关者地图

(3) 训练成果——行动地图

把利益相关地图中的潜在合作者和潜在竞争者标注到行动地图（图2-1-6）中的阴影区域。

● 原始问题	● 利益相关者		● 为谁设计
	潜在合作者	潜在竞争者	

● 他是谁	● 他在哪里
● 他需要什么	● 他遇到了什么困境
● 关于他的一些事实	● 专家用户的情况是什么样的

● 我的感受

图 2-1-6　"调查高龄用户就诊体验"行动地图

素质养成

"不设限的人生"圆梦计划

发散思维有利于提升思维的广阔性和开放性，也有利于思维在空间与时间上的拓展和延伸。正如《醒着的世界及它的休眠状态》中所述，在纽约里士满有一所穷人学校，这所学校用发散思维让这些穷人的孩子明白，一支铅笔就有无数种用途，更何况有着眼睛、鼻子、耳朵、大脑和手脚的人呢？

发散思维启迪了我们的智慧，找到了更多解决问题的办法；通过上面的故事，我们更能够看到发散思维对人生的影响。

正如《有限与无限的游戏》这本书中展示的两种人生。一种是有限游戏的人生——有明确的开始和结束，考上好大学、找到好工作、升职加薪，既是开始也是结束，每场游戏都有裁判给你打分。另一种是无限游戏的人生——没有明确的开始和结束，也没有裁判和赢家，它的目的是享受游戏本身，并通过展示热爱吸引别人来参与游戏，30岁可以读研究生，40岁可以生孩子，50岁可以恋爱，60

荣耀时课：
发散思维

岁可以创业,70 岁可以运动竞技……

　　"海阔从鱼跃,天高任鸟飞",请不要给自己的人生设限! 只要我们愿意去尝试,勇敢去挑战,我们就可以创造属于自己的精彩人生。

任务 2　收敛思维

 任务初探

改良儿童铅笔的创意秀

　　请根据本项目任务 1 "任务初探"中对儿童铅笔提出的诸多问题,对儿童铅笔的众多问题进行归类。

　　如果让你设计一款儿童铅笔,你会重点解决儿童使用铅笔时的哪个问题? 请说明理由。

场景导入

— 场景 1　生活中的收敛思维 —

　　生活中的收敛思维有很多。例如,班级同学准备聚会,想出了很多点子,最后收敛为一个主意。又如,利用发散思维来解决自来水管道油漆皮脱落的问题,针对发散出来的重新涂

油漆、网购遮挡器、用白色马克笔涂抹、用饮料瓶包裹、用白色橡皮泥覆盖等众多方式,需要收敛思维对这些点子进行整理、分析、选择,找到最好的设想,最后根据美观性、易操作性、经济性,评估出用白色橡皮泥覆盖的方式。

> **点拨**:收敛思维的应用就是对众多想法进行排除选择的过程,通过不同的条件进行层层筛选,最终获得综合评价最好的想法。

── 场景 2　职场中的收敛思维 ──

某酒店市场营销部工作人员为了制定精准营销方案,需要将共情和观察阶段收集到的信息进行重构,洞察用户核心需求,以便明确工作方向。重构就是用一定的工具和方法,对共情和观察阶段得到的信息进行提炼、总结,认识到本酒店用户在入住体验过程中的困惑和真实需求,只有这样才能制定出精准的营销方案。

这时候就需要运用收敛思维对信息进行分类、提炼,找到最终的解决方案。例如,将收集到的信息按酒店的设施、服务等维度分类,也可按照用户的正向情绪评论和负向情绪评论分类。根据用户需求的重要性、紧迫性,或者用户提及率最高的要点进行提炼。

> **点拨**:在职场中,我们经常需要对杂糅的工作信息进行整理分析,收敛思维就是一种整理、分类的思维方法,能够帮助我们快速理清头绪,提高工作效率。

── 场景 3　创新应用中的收敛思维 ──

收敛思维与发散思维是两种截然不同的思维方式(共同构成设计思维的"两翼")。如图 2-2-1 所示,收敛思维主要应用于设计思维的"探索问题""重构需求""构思创意"三个环节;其创新工具——Why/How 楼梯将在"重构需求"环节得到应用,创意奥斯卡的学习及应用将在"构思创意"环节展开。

图 2-2-1　收敛思维及其工具在设计思维流程中的应用环节

点拨:收敛思维在创新应用中衍生出了一些创新工具,其作用是帮助我们理清思绪,缩小思考范围。

知识解码

新手教程:
收敛思维

密钥 1　收敛思维的概念

收敛思维指先将获得的若干信息或思路进行整理、分析、选择,再从中选出最有可能、最经济、最有价值的设想,加以深化和完善,使之具体化、现实化,并将其余设想中的可行部分也补充进去,最终获得一个最佳方案。

密钥 2　收敛思维的特征

收敛思维具有唯一性、逻辑性、比较性等特征。

1. 唯一性

唯一性指通过发散思维,我们得到了关于问题的多种方案,但最终我们需要在其中选择,不能模棱两可,通过不同的标准进行筛选,留下最合适的唯一方案。

2. 逻辑性

逻辑性指我们在应用收敛思维时,本质是一个对现有信息进行深入分析、去伪存真、仔细加工的过程,这个过程强调严密的逻辑性,要求我们能够冷静地进行科学分析。

3. 比较性

比较性指在收敛筛选的过程中,要不断对各个方案进行比较,只有这样才能选择出最合理的结果。

基础训练

训练攻略:
收敛思维

 设计一款舒适且能够矫正儿童握笔姿势的铅笔

1. 训练清单

- 训练起点:理解收敛思维的概念和特征。
- 训练内容:运用收敛思维,归纳儿童使用铅笔时的主要问题。

- 成果输出：为企业筛选出儿童铅笔的主要改良方向。
- 技能习得：掌握收敛思维的方法。

2. 训练方法

(1) 辏合显同法

辏合显同法就是把所有感知到的对象依据一定的标准"聚合"起来，显示它们的共性和本质。在发散思维中，我们运用七种训练发散思维的方法，围绕铅笔不舒适性进行发散。例如，握笔处太硬；笔太细握不到准确位置；铅笔与手指之间的接触面积较小，压强较大，在长时间握持书写手指会很不舒服；等等。运用辏合显同法，从铅笔舒适性着手，将我们想出来的问题根据铅笔的外观上与材质上、局部握笔位置、铅笔大小等进行信息分类，找到和书写有关的联想内容并进行收敛。

(2) 层层剥笋法

我们在思考问题时，最初认识的仅仅是问题的表层，属于肤浅的认知，通过层层分析，向问题的核心一步一步地逼近，抛弃那些非本质的、繁杂的特征，以便揭示出隐蔽在事物表面现象内的深层本质。例如，在改良儿童铅笔的项目中，首先追问为什么儿童抓握铅笔不舒服？因为硬、位置小、抓不到对的凹槽。然后追问，为什么硬？为什么小？为什么抓不到凹槽？因为铅笔的外壳是用椴木做的，因为儿童的手比较小，因为握笔时笔容易下滑。最后追问为什么握笔时笔容易下滑？因为铅笔太细、太滑。通过层层剖析，逐层发掘，发现在设计儿童舒适性铅笔时，握笔区的设计是我们需要重点考虑的问题。

(3) 聚焦法

聚焦法就是人们常说的沉思、再思、三思，指在思考问题时，有意识、有目的地将思维过程停顿下来，并将前后思维领域浓缩和聚拢起来。在创新训练中，我们先分类、再剖析，最终聚焦于解决儿童握笔舒适性的问题。

因此，收敛思维是成功者不可缺少的一种必备思维，不管你的思维发散到何种程度，都离不开主题，只有找到这些思维收敛点，才能帮助我们为信息的归属树立一个个明确的"靶子"，才能成功地到达目的地。

3. 方法应用

(1) 收纳有序生活

同学们宿舍桌子上有时会比较凌乱，书、玩具、电子设备、钥匙、日用品等各种物品混乱摆放在一起。请按照桌面上的物品，写出尽可能多的分类方式，如"自然物/人造物""彩色/白色""柔软/坚硬""常用物品/不常用物品""私人领域/公共领域"等，并将其分类。分类方法越多越好。

(2) 台灯的新功能

在生活中台灯主要用于照明、装饰等，随着技术进步，为台灯新功能的开发提供了可能性,请同学们用发散、收敛等思维形式,寻找台灯的新功能。

① 发散思维——寻找台灯的新功能。

请同学们运用发散思维,从形态发散、因果发散、结构发散、功能发散、材料发散、组合发散、关系发散等角度,寻找台灯能够增加的新功能,找得越多越好,并填于表 2-2-1 中。

表 2-2-1　台灯的新功能

序号	功能
1	
2	
3	
4	
5	
6	
7	
8	
9	
10	

② 收敛思维——创意评价。

请从独特性、可操作性、实用性、用户价值等角度对寻找出的台灯新功能进行评价,在表 2-2-2 中完成。

表 2-2-2　创意评价星级量化表

序号	功能	是否具有独特性	是否具有可操作性	是否具有实用性	是否具有用户价值
1		☆☆☆☆☆	☆☆☆☆☆	☆☆☆☆☆	☆☆☆☆☆
2		☆☆☆☆☆	☆☆☆☆☆	☆☆☆☆☆	☆☆☆☆☆
3		☆☆☆☆☆	☆☆☆☆☆	☆☆☆☆☆	☆☆☆☆☆
4		☆☆☆☆☆	☆☆☆☆☆	☆☆☆☆☆	☆☆☆☆☆
5		☆☆☆☆☆	☆☆☆☆☆	☆☆☆☆☆	☆☆☆☆☆
6		☆☆☆☆☆	☆☆☆☆☆	☆☆☆☆☆	☆☆☆☆☆
7		☆☆☆☆☆	☆☆☆☆☆	☆☆☆☆☆	☆☆☆☆☆
8		☆☆☆☆☆	☆☆☆☆☆	☆☆☆☆☆	☆☆☆☆☆
9		☆☆☆☆☆	☆☆☆☆☆	☆☆☆☆☆	☆☆☆☆☆
10		☆☆☆☆☆	☆☆☆☆☆	☆☆☆☆☆	☆☆☆☆☆

③ 选择一款你认为最有开发价值的新式台灯,并按表 2-2-2 的创意评价写出理由,在表 2-2-3 中完成。

表 2-2-3　新式台灯的开发理由

开发方案	是否具有独特性	是否具有可操作性	是否具有实用性	是否具有用户价值

(3) 酒店信息分类与总结

某酒店营销人员通过用户回访、搜集在线评论等方式获得用户评价,如图 2-2-2 所示。

图 2-2-2　酒店的用户评价

① 自拟分类标准并对用户反馈的信息进行分类,填于表 2-2-4 中。

表 2-2-4　酒店用户反馈信息的分类

分类标准	内容

② 根据用户的正面、负面评论整理酒店优劣势,并对其进行分析(表2-2-5),将需要解决的问题按照重要性进行降序排列(图2-2-3)。

表2-2-5　酒店的优劣势分析

酒店优劣势	内容分析
优势	
劣势	

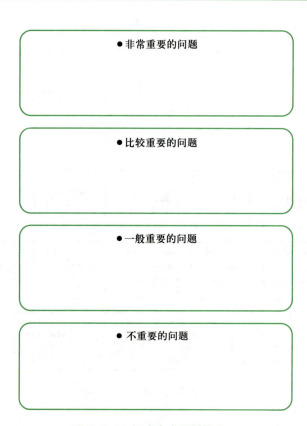

图2-2-3　酒店存在问题排序

③ 针对主要问题提出解决措施。

④ 针对主要优势点,撰写两条向用户推荐本酒店的理由。

----

4. 自我评价

以上是有关收敛思维的训练项目,三个训练项目的难度是依次增加的。一是收敛思维的基础练习分类;二是收敛思维的加强练习——评价和选择;三是收敛思维的升级练习,在前两个训练项目的基础上提炼关键信息进行策略输出。针对收敛思维的训练,其评价指标主要包括以下三个维度。

① 分类整合指标,在众多关键词中进行划分同类项,划分得越有意义,说明你的思维越清晰。

② 评价剖析指标,对分类项分析越深入,说明你的思维逻辑越强。

③ 有效解决指标,得出针对性的解决方案和措施,这是思维的最高层次。

根据三个评价指标,分别对所完成的训练项目进行点评。

🚀 拓展训练

提升儿童铅笔的舒适度

1. 训练清单

● 训练起点:掌握收敛思维的方法。

● 训练内容:在掌握收敛思维的有关知识点及应用场景的基础上,灵活运用其方法技巧,提升在实践项目中解决问题的能力,并掌握典型创新工具——Why/How 楼梯法的绘制及应用,提出改良儿童铅笔的创意方法。

● 成果输出:完成"改良儿童铅笔 Why/How 楼梯"图的绘制。

● 技能习得:掌握收敛思维及其工具(Why/How 楼梯法)的应用。

2. 训练流程

(1) 技能拓展——Why/How 楼梯

收敛思维能帮助团队评价、选择合适的解决方案,Why/How 楼梯则能通过不断追问 Why 探究问题本质,通过 How 收敛思维,找到解决方案。Why/How 楼梯又称抽象阶梯,是在设计产品时探索用户需求、寻找解决方案的一个方法。就像爬楼梯,我们向上爬楼梯时,不断问"Why——为什么",会往抽象的答案靠近,越往上层爬越能接近问题的本质。我们下楼梯时,开始问"How——如何",则是找到越来越具体的答案,逐渐落地收敛出可行的解决方案。Why/How 楼梯示意如图 2-2-4 所示。

我们以爬墙的小男孩(图 2-2-5)为例,说明 Why/How 楼梯的使用方法。

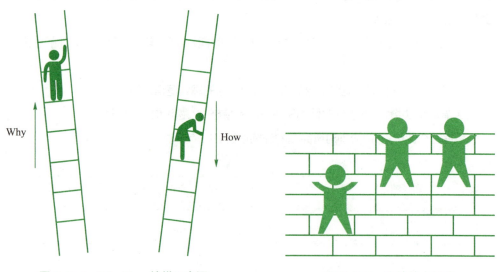

图 2-2-4　Why/How 楼梯示意图　　　　图 2-2-5　爬墙的小男孩

步骤1:针对这一具体场景提出问题。正在爬墙的小男孩需要什么? 例如,小男孩需要一把椅子。

步骤2:爬楼梯(Why)。他为什么需要这个呢? 这一层的回答很具体,即他想和另外两个小男孩一样,爬到墙上。

步骤3:下楼梯(How)。若想爬上去还有什么方法? 还可以给他梯子。

步骤4:爬楼梯(Why)。为什么他想爬上去? 因为他想看到对面。

步骤5:下楼梯(How)。若想看到对面还有什么方法? 使用电钻或望远镜也能满足目的。

步骤6:爬楼梯(Why)。为什么他想看到对面? 因为他想和另外两个小男孩互动交朋友,融入他的同侪。到达这一阶段后,问题已经从单一场景的需求上升到概括性的用户需求——从需要一把椅子或梯子上升到想融入同侪(辈分相同的人)。

步骤7:下楼梯(How)。若是想交朋友、融入同侪,还有什么方法? 或许可以给他一些玩具,这样另外两个小男孩就会被吸引,爬下来跟他玩。

步骤 8:爬楼梯(Why)。为什么要用玩具? 其实他需要的是一个"吸引人的话题"让他开启与同侪的互动。

"爬墙的小男孩"Why/How 楼梯如图 2-2-6 所示。

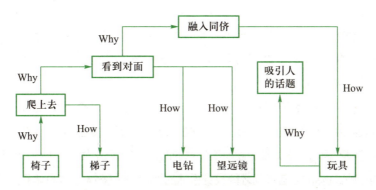

图 2-2-6　"爬墙的小男孩"Why/How 楼梯

由这个简单的练习可以发现,透过不断地挖掘、在 Why/How 楼梯爬上爬下,我们能够逐渐看清问题的脉络,并有意识地进行发散与收敛,得以跳脱僵固的思考框架探索不同可能性。

幸好一开始我们没有直接打造梯子,因为梯子并不是小男孩真正想要的,他的需求其实是"可以与同侪互动的引子/话题"。

(2) 技能应用——改良儿童铅笔

❓ 创新红房子:仔细观察儿童使用铅笔的过程,你会发现铅笔存在一些需要改良的地方,那么该如何提升儿童铅笔使用的舒适度?

❗ 创新绿房子:围绕儿童铅笔的舒适度问题,利用 Why/How 楼梯,不停地"爬楼梯""下楼梯",最终找到合适的解决方案。

应用说明:针对儿童铅笔改良项目。首先要了解用户需求,明确使用铅笔的是什么人,他们需要什么样的铅笔。

针对儿童铅笔的舒适度问题,可以选择用 Why/How 楼梯来探索客户需求。用 Why "爬楼梯"时,要从儿童需求上升到人体工程学。用 How "下楼梯"时,要从外观、材质、局部握笔位置、大小等方面考虑满足用户需求。具体步骤如下。

步骤 1:确定目标人群。要给儿童设计一款舒适的铅笔。

步骤 2:针对项目提出问题,儿童为什么需要一款舒适的铅笔?

步骤 3:爬楼梯(Why)。这一步骤可以写用户比较具体的需求。什么样的铅笔握起来会比较舒服呢?

步骤4:下楼梯(How)。如何满足此需求。软一些的,有凹槽的。

步骤5:爬楼梯(Why)。这一步骤可以描述用户比较抽象、概括性的需求。儿童怎样才能很容易地找到握笔区,并且能与小手更贴合?

步骤6:下楼梯(How)。如何满足此需求。将握笔区做成环绕式螺旋设计,使儿童很容易地找到握笔区。

步骤7:爬楼梯(Why)。进一步洞察用户需求。笔太细,握笔时笔容易下滑。

步骤8:下楼梯(How)。如何满足此需求。设计出一款符合人体工程学的胖胖铅笔,材料选择 TPE[①] 软胶材质。

说明:首先,只要能找到用户需求即可,不是必须走完上述八个步骤,完成三步或五步都可以。其次,避免用名词回答爬楼梯(Why)提出的问题,尽量使用动词。例如,为什么儿童抓握铅笔不舒服? 因为铅笔太细太硬抓不到对的凹槽。最后,下楼梯(How)越具体越好,可以有实际的行动。例如,回答如何才能改变铅笔的细和硬时(How),要具体到握笔区的位置设计(如大面积凹洞设计、环绕式螺旋设计)和材料选择等。

根据以上内容和提示,制作"改良儿童铅笔"Why/How 楼梯(图 2-2-7),探索儿童铅笔的用户需求。

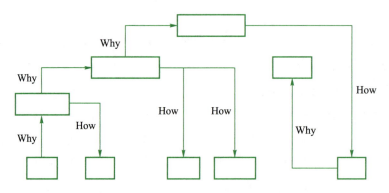

图 2-2-7 "改良儿童铅笔"Why/How 楼梯

(3) 训练成果——行动地图

完成"改良儿童铅笔"Why/How 楼梯训练,重构行动地图,在图 2-2-8 的阴影区域完成。

---

① TPE 即 Thermo Plastic Elastomer,热塑性弹性体。

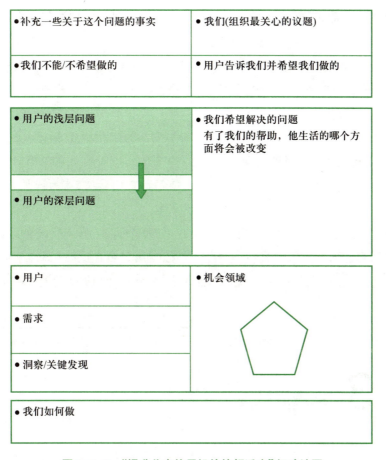

图 2-2-8　"提升儿童使用铅笔的舒适度"行动地图

 素质养成

专注力提升计划

关于铅笔的改良,你是否能挖掘到原有产品的核心问题?经过这个项目"发现问题到解决问题"的历程,你有什么体会?收敛思维在运用过程中,通过不断深挖根本进而找到解决问题的关键,这就告诉我们收敛思维需要有"专注一心、深耕一处、必有所成"的精神。

如何训练并提高专注力呢?这里不得不提到风靡全球的"番茄工作法",即"工作 25 分钟、休息 5 分钟"。其实,番茄钟① 的时长可以按照自己的习惯进行有针对性的调整,因为它的本意是劳逸结合。这里介绍几个番茄钟的训练方法。

荣耀时课:
收敛思维

---

① 番茄钟是一种时间管理工具,它可以帮助我们更好地专注于任务,并避免分心和拖延。一个番茄钟为一个时间段,长度为 25 分钟。

1. 使用"小番茄"刻意练习

一开始可根据自己的节奏设置适合的番茄钟。例如,先从专注5分钟开始,然后是10分钟、15分钟……在此期间辅以2~5分钟的休息。如此循序渐进,逐渐延长时间,达到自己的目标。

2. 使用新起点效应迅速启动

什么是新起点效应呢?你是否会在某些特殊时刻兴奋不已、动力十足呢?如开学第一天、新年第一天或某个纪念日当天……这些时刻赋予了我们一种与众不同的意义,让我们重塑活力,这就是"新起点效应"。

3. 降低切换的时间成本

处理完一个突发事件后,通常需要花费7~40分钟才能完全将注意力从上一件事情转回当前的任务中。因此,当遇到某些突发状况,不妨先花几秒钟为手头上的工作做个标记。这样做的目的是保证再回到当前工作时,能快速切换回此前的状态,有效降低切换的时间成本。

每个人都可以根据自己的需求情况,找到适合自己的"工作–休息"时长,设计属于自己的心流①番茄钟,逐步训练自己的专注力。

任务 3 联想思维

任务初探

关于水的赞美诗

广告公司承接了一款矿泉水的文案撰写任务,创意总监需要召开一场头脑风暴会,题目是尽可能多地想出关于"水"的联想词汇,为了更好地完成这个任务,你在会前先进行一场思考,关于"水"你能联想到哪些词汇?

---

① 心流(flow),在心理学中是指一种人们在专注进行某行为时所表现的心理状态。

 **场景导入**

—— 场景 1　生活中的联想思维 ——

联想思维在我们的日常生活中经常被用到，是发明创造过程中必不可少的一种思维方式。例如，人们从步数想到距离，发明了计步器（图2-3-1），又从距离想到地图，设计出一种与地图上各地之间的距离相对应的计步器。这种计步器，可以记录自己跑过的每个地方，从而激起大家跑步的热情。在计步器上进一步联想，还会做出许多发明。例如，把计步器同定时器联想到一起，设计一种不仅能记距离、记时间，还能在预定的时刻发出哔哔响声，提醒运动者活动时间已到，以防运动者（尤其是年老体弱的人）跑过头的工具。又如，毛衣起球去除器（图2-3-2）的发明，借鉴了电动剃须刀的原理，用飞速旋转的刀片产生的吸引力，将毛球吸进刀网内，并将切断后的毛球收集在透明的容器里。

图 2-3-1　计步器　　　　　图 2-3-2　毛衣起球去除器

> **点拨：**联想思维在生活中的运用就是一种灵感的迁移，我们想象把这项事物的功能或效果嫁接到其他事物当中去，这个思考过程就是联想思维，而解决生活中常见问题的方法大多来源于此。

—— 场景 2　职场中的联想思维 ——

项目团队收到设计任务：设计一款果汁饮品的包装，能够让消费者一眼识别到饮品的果汁口味并产生强烈的兴趣。请团队运用联想思维完成创意解决方案。这时可用联想思维将水果外观、颜色、形状、触感等与饮品包装进行联想，设计出一款能打动消费者的饮品包装。

点拨： 联想思维在职场中的使用一般是以工作对象为关注点而进行的，此时应当注意我们的出发点必须放在对方身上，而不是想当然地进行联想，要"想其所想"，将对方关注的信息迁移链接到我们的工作中，提升工作的完成质量。

—— 场景 3 创新应用中的联想思维 ——

联想思维是设计思维的基础。如图 2-3-3 所示，联想思维主要应用于设计思维的"构思创意"和"制作原型"两个环节；其典型创新工具——启发卡片法和条件假设法将在"构思创意"环节得到应用。

图 2-3-3 联想思维及其工具在设计思维流程中的应用环节

点拨： 熟练掌握联想思维，就能够"天马行空"地进行思维拓展，可以帮助我们在创新应用的过程中，灵感迸发，解决问题。

知识解码

新手教程：
联想思维

密钥 1 联想思维的概念

联想思维是指从一种事物想到另一种事物的心理活动，这种联想可能是由于该事物的概念、方法、特点、形象等诸多信息的链接产生的，对这些信息进行处理，并将其联系起来思考，打开思路。

例如，某企业因生产需要，要从外地购买薄钢板。由于这些薄钢板被防锈油粘在一起，很难一张张分开。有一位操作工在玩扑克牌时发现：一幅整整齐齐的扑克牌只要用手一弯，就自动一张张分开了。由此他想到，钢板不是也可以这样做吗？于是，他设计了地槽，将钢板往槽里一放，中间向下弯曲，钢板自行一张张分开了。

密钥 2　联想思维的特征

联想思维具有连续性、形象性和概括性等特征。

1. 连续性

连续性指我们在使用联想思维时,通常思绪是由此及彼、直接连续地产生的,这个过程不需要刻意干涉。

2. 形象性

形象性指我们的联想始于某一具体事物或情形,是一种有具体表象的思维源,因而我们联想到的结果也会生动形象。

3. 概括性

概括性指联想到的结果一般直接呈现在我们脑海里,不需要顾及思考的细节和过程。

 **基础训练**

运用联想思维将"人生"和"水"建立联系

训练攻略:
联想思维

1. 训练清单

- 训练起点:理解联想思维的概念和特征。
- 训练内容:运用联想思维,将"人生"和"水"建立联系。
- 成果输出:得出五个不同角度关于"人生如水"的思考联系。
- 技能习得:掌握联想思维的方法。

2. 训练方法

(1) 相关联想

相关联想是由给定事物联想到经常与之同时出现或在某个方面有内在联系的事物的思考活动。例如,由"水"联想到茶,由茶联想到喝茶,由喝茶又联想到喝茶的过程,即从苦涩到甘甜的过程。

水和人生之间的联想:人生如水,喝茶就如同我们的生活,不会永远一帆风顺,也不会永远逆风不顺,所有的艰难就像是对每个人的一种考验,只有在不断的磨砺之中提升自己,才能延绵悠长、芳香四溢、苦尽甘来。

(2) 相似联想

相似联想是在性质上或形式上相似的事物之间所形成的联想。例如,与水性质相似的事物有海水,古人云:"海纳百川,有容乃大;壁立千仞,无欲则刚。"从大海联想到包容。

水和人生之间的联想:人生需要有海纳百川的情怀、包容世间万物的情操,以及容清纳浊的宽大度量和胸襟。

（3）对比联想

对比联想是由给定事物联想到在空间、时间、形状、特性等方面与之相反的事物的一种思考活动。例如，与水相反的事物是火，火代表希望。

水和人生之间的联想：正所谓"星星之火，可以燎原"，人生不怕苦难，只怕没有梦想。

（4）因果联想

因果联想指由事物的某种原因联想到它的结果，或者指由一个事物的因果关系联想到另外一种与它有因果关系的事物。例如，看到水，我们可以联想到大雨过后的彩虹。

水和人生之间的联想：人生阳光总在风雨后，奇迹总在厄运中，我们往往在坎坷的际遇里看到人世间最美丽的风景，不退缩，不放弃，坎坷会让我们的人生变得更加五彩斑斓，坎坷会让我们变得更加成熟、睿智、豪迈、精彩、勇往直前。

（5）类比联想

类比联想是对一件事物的认识引起对与该事物在形态或性质上相似的另一件事物的联想。例如，水被称为万物之源，它虽普通，却有自己的神奇之处——一滴水看起来很小，但它永远不会消失。天冷了，它会结成冰；天热了，它会蒸发成水汽。如果遇热或遇冷，它又会重新变成水。一滴水也许随一场大雨降下滋润大地，也许随小溪一起汇入大海，不论怎样，水滴虽小，却点点滴滴实现了自己生命的价值。

水和人生之间的联想：我们每个人的人生好比一滴水，我们汇聚在一起便组成了江河湖海，我们的人生虽然渺小，但都在努力地发光发热。

3. 方法应用

（1）"武松玩手机"词语接龙

从给定词语中挑选出一组词语进行接龙，接龙的两个词语之间要有联系。要求是第三个词语必须是武松，最后一个词语必须是玩手机。

给定词语：猫、飞机、玻璃、打火机、牵牛花、汽车、小麦、篮球、云朵、微博、老师、火车。

（2）创意大爆炸

🔍 **创新红房子**：运用发散思维，请你尽可能多地找出自行车的问题，如车座硬、飞轮易生锈、链条异响、脚踏脱落等。

针对自行车的问题，项目团队运用收敛思维进行了归纳和整理，最终评选出需要解决的问题：我们如何改良自行车，解决自行车不舒适的问题；我们如何改良自行车，解决自行车不安全的问题。请选择其中一个问题作为你需要解决的问题,进入绿房子。

　　🔼 创新绿房子:绿房子提供的工具是联想思维,即请使用冰块作为强制联系的对象。根据冰块的特点思考出如何解决自行车的问题。

　　具体方法应用如下。

　　① 列举冰块的特性,并填于图 2-3-4 中。

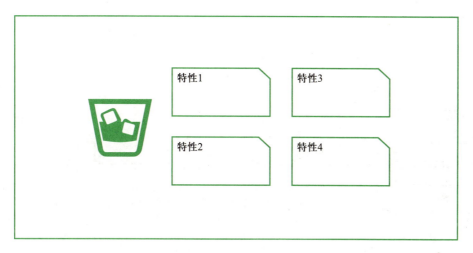

图 2-3-4　冰块的特性

　　② 将冰块的特性与自行车建立联想,给出改良方案,并填于图 2-3-5 中。

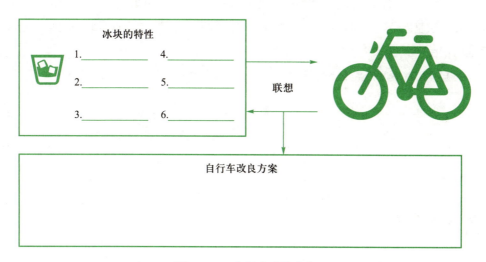

图 2-3-5　自行车改良方案

　　(3) 疯狂的石头

　　❓ 创新红房子:运用发散思维进行思考,周边的公园在哪些方面存在同质化、创意缺乏等问题?

创新绿房子：某市要建造一个以石头为主题的公园，请你以"石头"为创意出发点，运用联想思维工具，联想到更多的词、图形、物品等，并以此为公园内的路名、景致、休息区等提出建设性意见。以光滑的石头展开联想如图 2-3-6 所示。

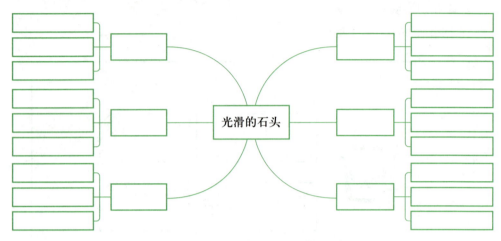

图 2-3-6　以光滑的石头展开联想示意图

4. 自我评价

以上是有关联想思维的训练项目：第一个是相似联想练习；第二个是强制联想练习（要给出创意方案）；第三个是以给定的事物展开联想。第一个训练项目侧重将两个以上的思维对象建立联系，帮助人们快速找到解决问题的答案；第二个训练项目扩展创新思维的空间，为创意提供基础；第三个训练项目侧重训练联想的速度和数量，全面提升联想能力，为创新思维打下良好基础。

根据联想的速度和数量，分别对所完成的训练项目进行点评。

 拓展训练

解决辣椒素残留引起身体不适的问题

1. 训练清单

- 训练起点：掌握联想思维的方法。
- 训练内容：在掌握联想思维的有关知识点及应用场景的基础上，灵活运用其方法技巧,提升在实践项目中解决问题的能力,并掌握典型创新工具——启发卡片法和条件假设法的应用,为"吃重庆火锅手上残留的辣椒素引起身体不适"的问题提出解决方案。

- 成果输出:完成"辣椒素残留引起身体不适"的启发卡片法创意解决方案。
- 技能习得:掌握联想思维及其工具(启发卡片法和条件假设法)的应用。

2. 训练流程

(1) 技能拓展——启发卡片法和条件假设法

联想思维能够让团队打开思路,使用相应的工具有利于联想思维应用。应用联想思维的工具有启发卡片法、条件假设法。这两种方法都是启发创意的工具。

① 启发卡片法。启发卡片法指在创意和头脑风暴陷入僵局时,尝试将事先准备好的卡片上的信息或内容与现有状况进行联系和联想,尝试得到新的点子,其中卡片既可以是从网上下载的 IDEO 卡[①],也可以是团队自己准备的卡片。

步骤 1:准备启发卡片。

　创新红房子:你印象中的电动剃须刀是什么样的? 随着生活水平的不断提高,人们对于小型家电的要求也越来越多样,电动剃须刀在智能、便携、环保、多功能等方面还能做哪些创意改变?

　创新绿房子:团队需要给某电动剃须刀做外观设计,在缺乏创意时可从图 2-3-7 中的卡片获取灵感。

图 2-3-7　启发卡片

---

① IDEO 卡是全球顶尖的创新设计咨询公司—— IDEO 公司为了给有追求的设计师和那些希望在工作中能擦出创意火花的人提供灵感而设计的。

步骤2:在创意和头脑风暴陷入僵局时,选择其中任意一张卡片。例如,创新训练中团队选择的是启发卡片中第一行、第一列的女士作为启发卡片。

步骤3:将该卡片与电动剃须刀进行联想,我们想到这个漂亮的女士可能心仪干净、绅士的男生。身材挺拔、穿燕尾服的男生看起来绅士,电动剃须刀可以设计成绅士的外形(图2-3-8)。

② 条件假设法。条件假设法常用的句式是"假如这样,会怎么样",指通过增加条件、情境来推动创意。在团队成员陷入困境,想不出有趣的点子时,新的条件、情境能够开拓新的视野,让大家的创新思维重新活跃起来。

图2-3-8　联想示意图

步骤1:明确当前想要进行创新的产品——童书。

步骤2:做一个事实清单,列出目前市面上常见童书的状态(表2-3-1)。

表2-3-1　童书事实清单

序号	当前状态
1	插画优美
2	内容有趣
3	交互性较差
4	纸质书
5	价格贵

❓ 创新红房子:针对当前市面上童书的现状,请同学们通过网上商城进行一个五分钟的调研,如为什么交互性较差?

❗ 创新绿房子:例如,某图书公司想要开发一本童书,通过条件假设法能让童书更有趣。

步骤3:对一个你认为重要的点进行短语描述,问"假如/如果……"例如,针对"交互性较差"进行短语描述:"假如童书能回答儿童问题会怎么样?""假如童书里的人物会动会怎么样?"

这种天马行空的想法往往会产出一些非常有趣的点子。

（2）技能应用——解决辣椒素残留引起身体不适的问题

某重庆火锅店发现食客吃完火锅后，手上会留有辣椒素，触碰到眼睛或身体部分会引起不适，他们委托项目团队帮助设计人员解决该问题。经过观察和分析，项目团队重构研究问题：怎样设计一款产品，解决食客吃完火锅后手上留有辣椒素的问题。接下来我们要提出创意，寻找解决方法。

步骤 1：准备一套启发卡片（图 2-3-9），也可以从网上下载 IDEO 卡或者自己制作卡片。

步骤 2：根据"去重庆火锅店吃饭的食客吃完火锅后，手上会留有辣椒素，触碰到眼睛或其他身体部位会引起不适，如何解决这个问题？"进行头脑风暴，在陷入僵局时选择使用卡片。

步骤 3：尝试将卡片上的信息或内容与现有状况进行联系和联想，组合后得到新的点子。

图 2-3-9　解决辣椒素残留问题的启发卡片

（3）训练成果——行动地图

完成行动地图中的创意命题、创意草图及创意描述部分（图 2-3-10），创意描述部分可以注明根据启发卡片法的什么图片受到哪些启发。

```
• 创意命题

┌─────────────────┬─────────────────┐
│ • 创意草图       │ • 创意描述       │
│                 │                 │
│                 │                 │
│                 │                 │
│                 │                 │
│                 │                 │
│                 │                 │
└─────────────────┴─────────────────┘
```

图 2-3-10　行动地图中的创意命题、创意草图及创意描述部分

 素质养成

荣耀时课：
联想思维

持之以恒精神涵养计划

关于"秋天"，大家能联想到什么？是"一叶知秋—见微知著"？还是"丰收—粮食—水稻—袁隆平—坚持不懈"？

事实上，联想思维除了要有"一叶知秋"的洞察力，还要有像袁隆平一样"十年磨一剑"的坚定与专注。袁隆平是如何走上杂交水稻研究之路的？一粒小种子又是如何改变一个世界的？

苏轼说："古之立大事者，不惟有超世之才，亦必有坚忍不拔之志。"切勿将坚持不懈化作一句口号，也切勿让"三分钟热度"成为你成功路上的绊脚石，让你的目标清晰可见，让你的努力跃然纸上，让榜样的力量激励你不断向前。

在很多时候，我们不知为了什么而坚持不懈，所以我们需要一个理由、一个目标。只有拥有理由和目标，才能让我们的坚持不懈有意义。

如果想要坚持做好一件事，就把目标划分成一个个小目标，每天记录打卡，使每天的努力清晰可见。每天完成的目标积少成多，从而成为坚持下去的动力。

古今中外凡有所成就的人，大多数拥有坚持不懈的毅力。找一个你特别钦佩的对象，读读他的传记，了解他是如何成功的，以他为榜样，用榜样的力量激励自己持之以恒地努力。

任务 **4** 直觉思维

 **任务初探**

音乐的魔力

请扫描右侧的二维码,听音乐,并说一说你听完后的第一感觉(愤怒、悲伤、欢乐、振奋等)。

链接:
音乐欣赏

场景导入

—— 场景 1　生活中的直觉思维 ——

在平常的学习生活中,你有没有被某种"神秘力量"击中的体验。例如,新生报到时,你看到某位同学感觉很有眼缘,相处之后发现彼此兴趣相投;考试时,总有一些题目可以不用进行仔细推导,凭长期训练而来的"题感"就能快速选出正确的答案。

> **点拨**:生活中的直觉思维可能是一种由生活经验帮助判断的"快思维",我们常说的"题海战术"就属于此类,经常训练可以提高直觉思维的正确率。

—— 场景 2　职场中的直觉思维 ——

某公益组织去山区为当地留守儿童提供"圆梦"服务,探寻山区儿童面临的生活和学习问题。按照惯性思路我们可能会认为这些儿童需要衣服、玩具等,但当该公益组织成员深入山区,看到那些孩子渴望被关爱的眼神后,直觉告诉他们,这些孩子更需要解决的是情感缺失问题。

　　点拨：在职场中，我们会习惯性地使用直觉思维进行判断，并沿着这个方向完成工作，然而直觉思维可能是错误的，在工作中更应当仔细分析实际情况，避免"想当然"产生的偏差。

— 场景3　创新应用中的直觉思维 —

　　直觉思维是设计思维的重要形式。如图 2-4-1 所示，直觉思维主要应用于设计思维的"观察发现""重构需求""实施方案"三个环节；其典型创新工具——影子观察法和沉浸式体验将在"观察发现"环节得到应用。

图 2-4-1　直觉思维及其工具在设计思维流程中的应用环节

　　点拨：我们将直觉思维应用在创新领域时，更加注重的是它的"真实性"，通过沉浸式的观察，让直觉告诉我对方的感受和需求，往往要比思考加工后的答案更加真实。

知识解码

密钥1　直觉思维的概念

　　直觉思维是指不受某种固定的逻辑约束而直接领悟事物本质的一种思维形式。广义上的直觉既包括我们的认知，也包括情感、意志活动；狭义上的直觉仅指认知活动，主要应用在我们认识、理解新事物时的直接判断。

密钥2　直觉思维的特征

　　直觉思维具有突发性、直接性、非逻辑性、或然性和局限性等特征。

1. 突发性

突发性指直觉思维的思考过程极短,如同闪现一般。例如,足球运动员临门一脚射门时,就是通过直觉思维来迅速判断射门的角度。

2. 直接性

直接性指我们应用直觉思维认识事物时,不依赖于严格的证明过程,直接连接到事物本质。

3. 非逻辑性

非逻辑性指直觉思维主要依靠我们的想象、洞察、猜测等非逻辑性因素进行判断。

4. 或然性

或然性指直觉思维的结果既有可能正确,也有可能错误。例如,足球运动员临门一脚,几乎毫无思考余地,大多凭经验与直觉。

5. 局限性

局限性指由于直觉思维与我们的经验、想象力等个人因素相关,故我们的能力局限会使得直觉判断出现错误。例如,若没有对患者进行周密的观察,凭借直觉做出判断,就可能误诊。

 **基础训练**

运用直觉思维进行创意甜品研发

1. 训练清单

- 训练起点:理解直觉思维的概念和特征。
- 训练内容:运用直觉思维,通过对用户的观察和感知,为甜品研发提出创意。
- 成果输出:得出甜品研发的不同创意。
- 技能习得:掌握直觉思维的方法及其工具(沉浸式体验)的应用。

2. 训练方法

(1) 直觉的生成必须要有相关知识的积累

直觉生成的相关知识包括经验知识和专业知识。例如,在创意甜品研发过程中,甜品师需要有丰富的制作甜品的经验,也需要有设计的思维,甜品既要注重口味,也要在造型和颜色上更具吸引力。

(2) 直觉的生成有其内在的机制

主体在问题的激发下,思维处于愤悱状态,进而对这一问题进行多方面、多层次的思索或考查,然而却百思不得其解,于是处于极度的困惑状态。在创意甜品研发过程中,甜品师会以食客给的评价内容为依据,如希望快速制作、希望有体验感、希望甜品低卡等需求。同

训练攻略:
直觉思维

时甜品师可以采用直觉思维的典型创新工具——沉浸式体验,把自己当成食客,身体力行地去体验顾客的世界,如等待排队时间较长,年轻顾客居多,偏爱现调、现榨、现磨为特征的饮品等。

沉浸式体验的过程需要甜品师不断尝试体验,将自己融入顾客之中,并将甜品及与之对应的内容相结合,这个过程如同一条曲线深入低谷。

(3) 直觉的生成要有一种特定的情境

在特定的情境中,观察到特定的现象,或者在突发性的压力下,主体思维愤悱状态的暂时缓冲使思维出现了突发性的脉动,这样直觉就产生了。这个过程可以理解为突发爆破的过程,犹如火山喷发的一刹那,思如泉涌。例如,基于灵感关键词"科技",满足快速、体验、自己制作、卡路里测量等功能,最终甜品店研发了一款类似于咖啡机的甜品机,顾客可以根据按键自由搭配选料形成自己的甜点,为了达到低卡的目的,选用植物性原料,如椰奶等。

直觉思维来自"长期积累",因此其需要理性思考来作为基石和铺垫。直觉思维的产生,就如同你打开了"新世界"的大门,豁然开朗。以上三种训练方法可以帮助同学们在百思不得其解之中得到顿悟。

3. 方法应用

(1) 请你"帮帮小王"

如图 2-4-2 所示,小王看到别人卖多功能拐杖,自己凭借直觉进一步改进拐杖,但并不成功,请你观察拄拐杖走路的老人,并回答以下问题。

当你第一眼看到拄拐杖的老人,你首先想到的是什么?

① 你觉得他平时会遇到哪些困难?

-----

② 你觉得他拄着拐杖会去哪里?

-----

③ 你觉得他平时都会去做什么?

-----

④ 你觉得他需要什么样的拐杖?

-----

(2)"感同身受"小练习

从下列选项中选择一种角色做沉浸式体验。

① 成为视力障碍者,并且完成找卫生间、上下楼梯等活动。

② 成为快递员,并且完成收单、送单等活动。

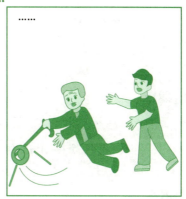

图 2-4-2　失败的拐杖改良方案

③ 成为电话推销员，并且完成给用户致电推销。

在表 2-4-1 中写下你的直觉感受。

表 2-4-1　直 觉 感 受

感受	描述
我的体验感受	
我的困难挫折	
我的欣喜发现	
我的希望建议	

4. 自我评价

在直觉思维训练中，我们的评价指标主要从信息有效性指标、观察冥想指标、直觉准确指标三个维度进行。直觉思维训练在专业领域判断中会被经常使用。例如，一个经验丰富的仓储管理人员，在咨询客户的仓库里走一趟，就能靠直觉得出客户仓储管理中的关键问题——是流程不合理，还是仓储人员的选用有问题。之所以不需要缜密分析，就能靠直觉得出结论,核心就在于他已经在大脑中存储了关于仓储问题的大量心理表征。

在日常生活中大家可以随时去训练自己的直觉思维。例如,在排队或用餐时有意识地训练自己观察周围的人、声音、颜色等,形成习惯后你的身体会帮助你记忆周边的一切信息,跟你的对话、行动、思维建立一个记忆关系网,那么当你再次到同一地点,见到一起用餐的朋友,你的记忆信息是以一个更加立体、细节的方式出现的,你能回忆、调用的信息也就更多,判断也就更准确。

根据评价指标,对团队的训练项目进行点评。

 拓展训练

观察学生在餐厅点餐时的情况

1. 训练清单

- 训练起点:掌握直觉思维的方法。

- 训练内容:在掌握直觉思维的有关知识点及应用场景的基础上,灵活运用其方法技巧,提升在实践项目中解决问题的能力,并掌握典型创新工具——影子观察法的应用,了解学生在餐厅点餐时的情况。

- 成果输出:运用影子观察法,完成"观察学生在点餐时的情况"行动地图的绘制。

- 技能习得:掌握直觉思维及其工具(影子观察法)的应用。

2. 训练流程

(1) 技能拓展——影子观察法

直觉思维在真实环境中会更准确,影子观察法是在真实环境中观察用户的一种有效方法,在应用影子观察法时我们常会用到直觉思维。影子观察法用在观察阶段,是一种贴近用户真实体验,获得更强同理心的工具。该方法要求研究人员像影子一样跟随被观察者完成一系列连续的任务。通常来说,影子观察法用于多场景切换的任务流中,团队成员要扮演"侦探"的角色,尽量不干扰被观察者,以避免他们偏离自然行为,在观察中直觉会给我们一些用户需求、用户感受等信息。例如,在某公益组织去山区为当地儿童提供服务,想要了解山区儿童需要解决的问题的项目中,如果我们跟随山区儿童一起生活,我们就能明显感受到他们的真实诉求。

(2) 项目技能应用——观察学生在餐厅点餐时的情况

某项目团队收到一个项目——"学生在餐厅点餐时的情况"。要完成该项目,需要用影子观察法跟随用户进行深入观察。在观察中注意直觉带给我们的信息。

❓ 创新红房子:面对学校食堂的众多窗口,你凭直觉怎么判断某一窗口的食物是好吃还是不好吃?

❗ 创新绿房子:利用影子观察法,通过学生的行为、言论、点餐情况等完善并验证直觉信息。

步骤1:选定目标用户群体,圈定用户所对应的场景并记录。

步骤2:选定跟随场所、时间。

步骤3:进入并观察场景特点,包括周围人群,记录关键要素。

步骤4:观察并记录用户最自然的动作和反应。

步骤5:拍照记录。

步骤6:在观察记录用户的同时记录直觉带给我们的信息。

步骤7:选择性地进行后续采访,完善用户观察并验证直觉信息。

(3) 训练成果——行动地图

完成以上步骤后,绘制行动地图(图2-4-3)中的阴影区域。

● 原始问题	● 利益相关者		● 为谁设计
	潜在合作者	潜在竞争者	

● 他是谁	● 他在哪里
● 他需要什么	● 他遇到了什么困境

● 关于他的一些事实	● 专家用户的情况是怎样的

● 我的感受

图2-4-3 "观察学生在餐厅点餐时的情况"行动地图

◆ 素质养成

进取精神涵养计划

荣耀时课：
直觉思维

有人说：讲台上，老师很严肃，那时是白色的；课下，老师很和蔼，那时是绿色的；学生获奖，老师很幸福，那时是金色的……每位老师都是平凡而伟大的，他们默默地、辛勤地工作，他们是多彩的释放者。如果让你用颜色来形容你的老师，他/她在你心目中是什么颜色的呢？

直觉思维无处不在。有经验的工人凭他的直觉，很快就能发现机器的故障，并予以排除；有经验的医生凭他的直觉，一下子就能识别病人所患的疾病；老农抓起一把土，就知道这块地种什么庄稼好。直觉思维在创造发明过程中的作用可谓无与伦比。这一瞬间的灵光，其实需要长期的知识储备和经验积累。在创新的道路上，我们会遇到无数的艰难险阻，但如何坚定地走下去，并付诸行动呢？要想保持这样的状态，必须要有明确的目标。然后把目标分解成一连串的小目标。小目标的设定，能够让你在前进道路上收获成功的成就感，这是坚持下去的动力。就如同你想要跑完1 000米，就需要先完成第一个200米，再一步一步规划自己接下来的目标。这里推荐一个方法，让大家看得到自己的目标，也看得到自己的努力。

首先，选择我们想要养成的六个目标习惯，如早起、读书、减肥等，把它们依次填进"打卡表"。

其次，设置一个固定时间，每天依次进行自我提问："我尽最大努力做……了吗？"

再次，根据你的表现，在对应的格子里填写数据，可以用"ABCD"表示程度，也可以用"1~10"表示分数，具体可以按照个人意愿来确定标准。

最后，持续坚持下去，然后逐渐减少旧的目标，以及增加新的目标。

希望通过这个方法，大家能够把自己制定的目标一个个地实现，与其说是一种方法，不如说更像是一种心理承诺，或者是一颗信念的种子，把它埋在我们身体里，通过让好习惯生根发芽，使我们成为一个为了目标坚定努力的人。

任务 **5** 逻辑思维

任务初探

何 以 解 忧

学校图书馆的利用率比较低,图书馆馆长委托你解决这个问题,你的解决思路是什么?请用解决方案流程图(图 2-5-1)列出你的思路。

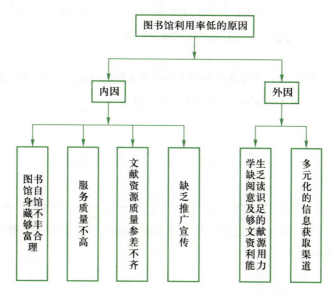

图 2-5-1 提高图书馆利用率的解决方案流程图

场景导入

—— 场景 1 生活中的逻辑思维 ——

在生活中,大部分人处于一种亚健康的生活状态中,人们意识到了这种生活方式的不正常,于是开始拒绝这种方式,倡导科学健康文明的生活方式:均衡饮食、戒烟限酒、适当运动、心理平衡。这就是我们的逻辑,首先通过思考得出往什么方面发展是不对的结论,然后开始有意识地尽量避免这种局面扩大化。

点拨：在日常生活中学习应用逻辑思维，可以提高我们思考和判断的能力，并且潜移默化地改变自身，在生活中创造精彩。

── 场景 2　职场中的逻辑思维 ──

人力资源部门需要解决某公司员工离职率高的问题，请你的项目团队讨论并分析离职率高的原因，制定出具有针对性的解决问题的策略。

为了汇总员工离职率高的原因，人力资源部门可以运用逻辑思维迅速理出头绪，先从大类来思考，导致员工离职率高的主要因素包括工资、晋升机会、工作压力、工作时长、工作获得感和趣味性、工作环境等。围绕大类继续细分，工资因素又可以分为工资低、工资涨幅小、工资拖欠等；而工资低继续可以往下细分，如期权少、工资相对业界水平较低、时薪低等。针对每种因素的占比，我们便可以提出相对应的解决方案。

点拨：逻辑思维是一种揭露事物本质特征的思维方式，可以帮助我们对繁杂、抽象的工作进行"抽丝剥茧"，理清思绪。

── 场景 3　创新应用中的逻辑思维 ──

逻辑思维是设计思维的一种高级形式。如图 2-5-2 所示，逻辑思维主要应用于设计思维的"探索问题""重构需求""实施方案"三个环节；其典型创新工具——5W1H 法将在"探索问题"环节得到应用。

图 2-5-2　逻辑思维及其工具在设计思维流程中的应用环节

例如，某潮牌需要分析用户的购买行为，以为下一步的产品设计和营销做支持。要完成此项目我们需要针对用户购买行为收集大量资料，如果贸然行动，则可能会浪费时间成本。如果运用 5W1H 法（图 2-5-3）收集资料，我们就能够有目的地收集到更多有效资料。5W1H 的具体内容为：购买潮牌的人是谁（Who）？他们为什么买（Why）？在什么场合穿戴潮牌（Where）？什么时候买（When）？买什么品牌（What）？如何买（How）？

利用5W1H法收集到资料后，需要对购买潮牌的人是谁（Who）进行分类（图2-5-4）。购买潮牌的人很多，影响采购角色更多，如果不对这些信息加以整理，我们很难提炼到有用信息，这时候就需要用逻辑思维对收集到的信息进行分类。

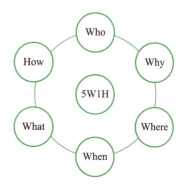

图2-5-3 5W1H法

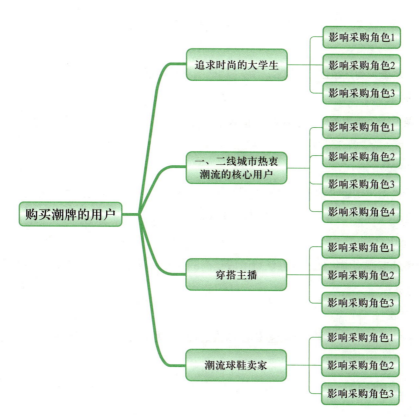

图2-5-4 购买潮牌的用户分类示意图

点拨：逻辑思维在创新应用中的作用相当于导航，通过严谨的分析判断，让我们逼近问题的中心。

知识解码

新手教程:
逻辑思维

密钥 1　逻辑思维的概念

逻辑思维是指有步骤地根据已有的知识及所占有的事实材料,导出新的认识或结论的思维过程,它是一种抽象的思维过程,需要我们能够拥有分析、综合、比较、抽象、概括等能力。

密钥 2　逻辑思维的特征

逻辑思维具有抽象性、逻辑性、凝练性和严密性等特征。

1. 抽象性

抽象性指逻辑思维舍弃了事物的非本质属性,而抽取出它们的本质属性,使认识从感性上升到理性。

2. 逻辑性

逻辑性指逻辑思维根据事物的内部规律,运用逻辑推理,对事物的后续发展做出判断。逻辑思维可以免除人们日常生活中的许多谬误和错误。

3. 凝练性

凝练性指逻辑思维把从感性认识阶段获得的感性材料,经过加工、制作、抽象、概括,上升到理性认识。

4. 严密性

严密性指逻辑思维要求遵循逻辑规律,推理证明过程严密、完整,不能有漏洞和疏忽。

基础训练

训练攻略:
逻辑思维

运用逻辑思维分析潮牌保持创新性的要素

1. 训练清单

- 训练起点:理解逻辑思维的概念和特征。
- 训练内容:运用逻辑思维,梳理出年轻人购买潮牌的真正原因。
- 成果输出:得出年轻人购买潮牌原因的结论。
- 技能习得:掌握逻辑思维的方法。

2. 训练方法

(1) 分析与综合

如本任务"场景导入"所述,5W1H 分析法通过 5W——何人(Who)、何事(What)、何地(Where)、何时(When)、何因(Why)层层剖析问题,帮助我们准确界定、清晰表述问题,发现解决问题的线索与创新机会,基于对问题的条理化分析,尝试寻找 1H——问题的解决方式(How)。例如,分析用户对潮牌的购买行为,为下一步的产品设计和营销做支持,如果运用 5W1H 分析法收集资料,即购买潮牌的人是谁(Who)？在什么场合穿戴潮牌(Where)？什么时候买(When)？他们为什么买(Why)？买什么品牌(What)？如何买(How)？我们就能够有目的地收集更多有效资料。

(2) 分类与比较

当我们需要把事情描述清楚,不得不使用大量资料来支撑时,我们就需要对这些信息进行归类分组,这里有以下三个步骤。

① 信息归类。将类似的信息进行连线分组。例如,将潮牌穿戴场合归类为正式(如出席走秀、街拍宣传海报、出席潮牌开业、街舞比赛等)和非正式(如逛街、聚会、上课等)。

② 归纳共性。观察每组信息,提炼共性,用一个词语或短语概括。例如,同样将潮牌穿戴场合按正式和非正式进行归纳。

③ 结构提炼。依据归纳出的共性进行分组,判断每组信息是否都属于同一范畴,是否需要补充或调整,最终得到这些信息的整体结构。

完成三个步骤之后,零散无规律的信息就会被提炼出一个清晰的结构,这样对应用信息场景的理解就更深刻了。

(3) 归纳与演绎

归纳与演绎即归纳推理,从大量个例总结出一般规律,常用于积累知识和经验。例如,通过观察发现大量喜欢穿潮牌的同学有相似表现:以 A 同学为代表,他平时在学校穿着校服,行为很低调,但是周末在滑板社活动中,身着潮牌的他玩着滑板,表现出青年人自信、个性的一面。由此推理出,穿着潮牌是青年人的一种态度和自信的表现。

(4) 逻辑递进

逻辑递进在表达与写作中运用较多,主要体现在先重要后次要,先总结后具体,先框架后细节,先结论后原因,先结果后过程,先论点后论据。因此在潮牌调研项目汇报中,你可以用以下结构来表达,会让你的表述更有逻辑性。

① 时间(步骤)顺序。按照时间顺序进行汇报时,你可以使用的表述方式:通过调研,发现了如下事实,"第一,……第二,……第三,……"或"首先,……然后,……再者,……"很多的时间顺序也是因果顺序。

② 空间(结构)顺序。按照空间顺序进行汇报时,你可以使用的表述方式:"前端—中端—

后端"。例如,对潮牌的地域进行分析,自北向南(北京—上海—广州)分别表现出何种特点,体现出你在分析问题时的空间顺序感较强。

③ 程度(重要性)顺序。例如,针对公司下一步进军潮牌市场的工作部署,你可以用"最重要—次重要—不重要"的层次来表述,体现工作的轻重。

无论是项目调研数据的分类梳理、重点问题的分析,还是完成工作汇报,都离不开逻辑思维的分析,运用好逻辑思维训练方法能帮我们界定好问题,提炼中心思想、分层提取要点。让你的表达观点鲜明、重点突出、思路清晰、层次分明、简单易懂,让受众能听明白、记得住。

3. 方法应用

(1)"猜职业"游戏

小王、小张、小赵三个人是好朋友,他们中的一人下海经商,成为商人;一人考上了重点大学,成为大学生;一人选择参军,成为军人。此外,小赵的年龄比军人大;大学生的年龄比小张小;小王的年龄和大学生的年龄不同,请推断这三个人谁是商人、谁是大学生、谁又是军人呢?

(2) 时间管理矩阵训练

时间管理矩阵是一个高效时间管理的工具,把时间按重要和紧急程度分成四个象限(图2-5-5)。可以作为一个短期(如一天)的任务计划,也可以作为一个长期的时间规划。本次训练项目针对整个大学生涯,我们把大学生涯中的所有事情按照重要和紧急程度划分为四个象限。请同学们按照如下步骤完成时间管理矩阵的逻辑思维训练。

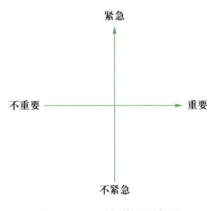

图 2-5-5　时间管理四象限

步骤1:罗列出大学期间所有你想做的事情。

步骤2:设想大学毕业时,你必须要实现的目标有哪些? 至少罗列出五条,如获得何种待遇的工资等。

步骤3:请把步骤1中想做的事情,按照步骤2的目标来衡量,分别填入图2-5-5中的四个象限。

步骤4:根据每个象限的重要和紧急程度,进行学习、工作安排。

① 急事,既重要又紧急的事情,显然我们应该马上就做。

② 要事,即重要但不紧急的事情,我们可以稍微放一下,有计划地执行。

③ 烦事,即不重要但是紧急的事情,我们需要在计划的时间内完成,但是可以放在自己精力一般的时候去做。

④ 杂事,既不重要又不紧急的事情,我们可以忽略。

(3) 分析大学生购买甜品的动机

❓ 创新红房子:学校旁边新开了一家甜品店,但是生意一直不瘟不火,店长请你来帮助他解决这个问题。请问你会怎么办呢?

🏠 创新绿房子:通过分析大学生购买甜品的动机,我们可以对大学生购买甜品行为层面的"需求"和目前存在的"障碍"进行梳理,寻找甜品改进的空间。

请同学们运用逻辑思维,按照图 2-5-6 中的步骤对大学生购买甜品的动机进行分析。

步骤1:分析购买甜品的大学生用户群体。

步骤2:选择要分析的某个用户群体的动机或需要。

步骤3:对得出的动机或需要进行拆解,列出其中包含的子动机或需求,拆分得越细越好。

步骤4:针对每个细分动机或需要,思考目前不能满足用户的障碍。

分析完动机后,完成行动地图(图 2-5-7)中的阴影区域的绘制。

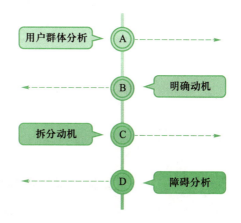

图 2-5-6　大学生购买甜品动机的分析步骤

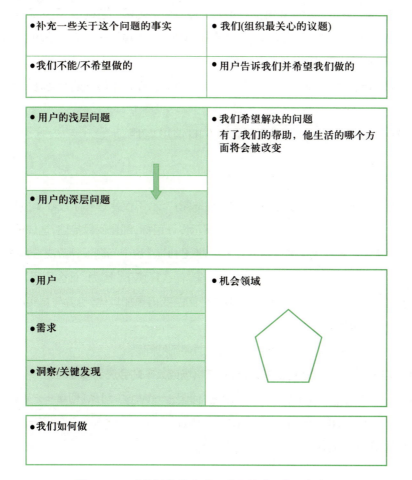

图 2-5-7　"分析大学生购买甜品的动机"行动地图

4. 自我评价

针对逻辑思维的训练,其评价主要看思维过程是否严密、准确,将分析、综合、比较、抽象、概括和具体化作为具体评判指标,分别对所完成的训练项目进行点评。

 拓展训练

解决宝妈带娃候车检票时遇到的问题

1. 训练清单

● 训练起点:掌握逻辑思维的方法。

● 训练内容:在掌握逻辑思维的有关知识点及应用场景的基础上,灵活运用其方法技巧,提升在实践项目中解决问题的能力,并掌握典型创新工具——5W1H 法的应用,梳理出宝妈带娃在候车厅检票时可能遇到的问题。

● 成果输出:运用 5W1H 法,完成"解决宝妈带娃候车检票时遇到的问题"行动地图的绘制。

● 技能习得:掌握逻辑思维及其工具(5W1H 法)的应用。

2. 训练流程

(1) 技能拓展——5W1H 法

作为逻辑思维工具之一的 5W1H 法用途非常广泛,不仅是理解阶段收集资料的工具,还是重构阶段在定义问题的基础上,扩充性展示设计目标,细化问题描述,达成设计共识的工具。例如,针对"解决大学生自习室人太多,需要排队"这个问题设计解决方案比较难,但如果使用 5W1H 法将其拆解为"'某个群体'在'什么环境下'因为'什么原因'做了'什么事情'而'遇到了哪些问题'",我们就能将这个问题变得更加具体,也就与真实用户更加相通,让解决方案有据可依。

(2) 技能应用——解决宝妈带娃候车检票时遇到的问题

🏠 创新红房子:带娃出行的妈妈群体,在机场或火车站会遇到哪些问题?

🏠 创新绿房子:运用 5W1H 法,从原因(何因——Why)、对象(何事——What)、地点(何地——Where)、时间(何时——When)、人员(何人——Who)、方法(何法——How)六个方面提出问题并进行思考。

要完成这个训练，我们需要准备大量视频、照片等素材。在搜集资料之前，我们需要先理清楚我们要观察、搜集哪些信息，列出待观察的信息条目，帮助团队在下一步观察中有条不紊地展开工作。

根据以下六个方面的问题，依次在团队内进行讨论并填空。

① Who。与设计项目相关的重要人物，可以通过利益相关人工具辅助展示，在其中重点标示出本研究的目标用户、导致问题产生的人、可能解决问题的人等。

----

② What。要解决的问题，有哪些关联问题需要解决？

----

③ Where。问题发生的环境和场景，解决问题的方法可能应用的相关环境因素有哪些？

----

④ When。定义问题发生的时间因素。是否有特定的时间段？该时间段内还发生了哪些事情？与解决问题可能相关的时间因素还有哪些？

----

⑤ Why。问题出现的原因，问题亟待解决的原因、影响问题解决的障碍等。

----

⑥ How。问题产生的过程，为解决问题所做的尝试等。

----

(3) 训练成果——行动地图

完成以上步骤后,完成行动地图(图 2-5-8)阴影区域的绘制。

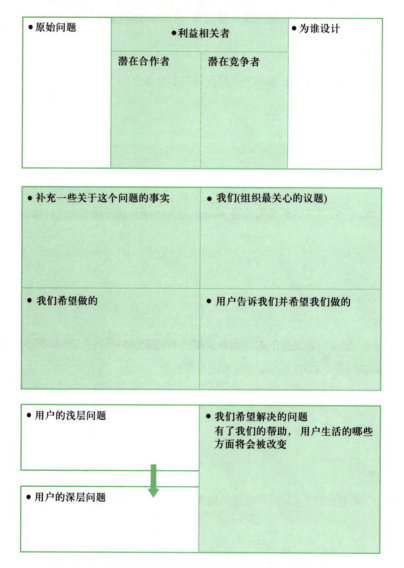

图 2-5-8　"解决宝妈带娃候车检票时遇到的问题"行动地图

素质养成

深度思考能力提高计划

逻辑思维是人脑的一种理性活动，正如本任务"基础训练"中的"时间管理矩阵训练"所述，高效能人士应该把时间和精力花在"要事"上，这样能有效地避免每日盲目处理"急事"。爱因斯坦曾经指出："作为一名科学家，他必须是一个'严谨的逻辑推理者'。"其实，无论是科学界还是其他行业，甚至是在日常生活中，如果你善于思考，用逻辑思维来分析问题，那么一定可以掌握事物的本质，有效地解决问题，成长为高效能人士。

信息爆炸的时代，快速发展的科技和社会，加速了人们工作和生活的节奏，也让我们很多人的思考逐渐变浅，速度逐渐变快。如何培养自己深度思考的习惯？分享给大家一个方法就是减少低密度信息获取。

荣耀时课：
逻辑思维

你有没有遇到这样的情况？无聊就去刷短视频，迷茫就去看励志文，"社恐"就去打游戏……用低密度的信息填补你的空虚、迷茫、"社恐"，试图给自己打造一个看似完美的理想生活，实则是放弃自我提升的机会。

当你感到迷茫的时候，以及空闲时间很多的时候，静下心来读点书，多去深度思考。

深度思考能够帮助我们发现底层逻辑和规律。当你拥有深度思考能力时，就不会只有焦虑，而是更有底气。

 **任务 6　批判思维**

 **任务初探**

何为最优选

你打算去野外露营，但只能带一双鞋子、一条裤子和一件衬衣，你觉得带什么样的鞋子、裤子、衬衣比较合适？为什么？

◆ 场景导入

— **场景 1　生活中的批判思维** —

"听我的,别考虑'专升本'了,'专升本'也是耽误时间,还不如找个好的单位去实习呢,我为了'专升本',就错过了一次大单位的面试,现在真的是后悔……""那个单位真不行,我是从那里出来的,如果单位好,我还出来干什么……"你对这些表述,应该不会陌生,在生活、工作中,总能听见这些"义正词严"的声音。这些所谓的"铁证",真的可信吗? 升本和实习两者冲突吗? 你们的目的相同吗? 他的情况和你一样吗(经验、学习能力、时间等)? 同理,怎么证明某家单位好不好呢? 你们会是同一个部门、同一个岗位吗? ……这样分析下去,你觉得他们的话对你还有说服力吗? 批判思维能够让你从复杂的信息中得到有理有据的结论,不管你看见、听见什么,都能通过自己的思考来做出判断,这才是重要的。寻找结论本身固然有意义,但是更有意义的是进行思考的过程。

> **点拨:**批判思维能够让我们在"众说纷纭"的声音中保持自我,能够敢于批判,就是在维护自己的逻辑思考能力,通过自己的思考做出判断,而不是被别人说服。

— **场景 2　职场中的批判思维** —

某化妆品公司根据前期用户调研生产出一款新色号的口红,在批量生产之前要对口红进行用户测试,观察用户接受度。如果该公司对新产品抱有不切实际的信心,相信产品一经推出就能引起消费者购买热潮,那么推出后很可能会因消费者反应冷淡而造成经济损失。运用批判思维,对新产品进行小范围测试,根据测试反馈对新产品进行修正,就能满足消费者需求,实现商业价值。又如,某多人在线战术竞技游戏(Multiplayer Online Battle Arena,MOBA)开发人员设计了一款新的"英雄",在正式推出该"英雄"之前要先上线体验,征求广大玩家意见,在此基础上对该"英雄"进行进一步优化。由于玩家数量众多,意见众说纷纭,开发人员不可能满足所有玩家要求,这时候就需要运用批判思维对这些意见进行分析和批判,进而优化该"英雄"。

> **点拨:**在工作中应用批判思维可以帮助我们在最小范围内预见可能出现的错误,避免重大损失,学会应用批判思维,接受批判的声音,可以提高工作效率。

— 　场景3　创新应用中的批判思维　—

批判思维是设计思维的前提。如图2-6-1所示,批判思维主要应用于设计思维的"重构需求"和"实施方案"两个环节;其典型创新工具——要点聚焦(Point Of View,POV)和反馈记录表将分别在"重构需求"和"实施方案"环节得到应用。

探索问题　　观察发现　　☑ 重构需求　　构思创意　　制作原型　　☑ 实施方案

⚙ 要点聚焦　　　　　　　　　　　　　　　　　⚙ 反馈记录表

图2-6-1　批判思维及其工具在设计思维流程中的应用环节

点拨:在创新应用中,批判思维体现在设计思维的"测试"环节,用最小的成本尽可能地预见可能出现的问题,帮助修正创意方案。

知识解码

密钥1　批判思维的概念

批判思维是对怎么想、怎么做进行决定的思维能力。批判思维主要对原有、现有的事物进行否定性的思考。批判不是只强调不好的方面,而是在对事物好的方面有选择地继承的基础上的一种提升和完善,只有这样的批判才是有意义、积极的批判。

新手教程:
批判思维

密钥2　批判思维的特征

批判思维具有反思性、逆标准性和真实性等特征。

1. 反思性

反思性指能够使用批判思维的人都是具有问题意识的,即对于认知本身可以提出新的看法和思考。

2. 逆标准性

逆标准性指思维者在思考的过程中已经对该事物产生了一套标准,并且认为该看法不符合此标准,于是提出批判性看法。

3. 真实性

真实性指通常在面对具有真实环境的问题时,我们会使用批判思维,真实问题能够更好地让我们提前针对问题本身构建出一套标准。

基础训练

训练攻略:
批判思维

用批判思维改造鲸鱼椅

1. 训练清单

- 训练起点:理解批判思维的概念和特征。
- 训练内容:运用批判思维,剖析鲸鱼椅存在的问题,并提出改进方案。
- 成果输出:得出鲸鱼椅迭代升级方案。
- 技能习得:掌握批判思维的方法。

2. 训练方法

(1) 磨炼提问技巧

你是否有过这样的经历? 在课堂上,老师针对一个现象让大家提问,有时自己根本提不出问题,当你说自己没什么可问的时候,是真的没什么可问的吗?

事实上,问题的提出首先基于内心敢于对假设质疑。马克思最喜爱的座右铭是"怀疑一切"。那应该如何对假设质疑呢? 比方说,爱因斯坦就曾对牛顿运动定律能够准确描述世界的假设提出过质疑。你可以想想还有哪些设想被我们认为理所当然,但是经过进一步的检验就可能"崩盘"的? 其次当你面对一个既定事实时,可以先去翻阅相关资料进行查阅认证。培养一定的敏感度,可以判断哪些信息需要进一步调查,哪些可以确定为真。最后学会发问,发问是批判思维的精髓所在。如果不知道该提什么问题,或者在一开始没有提出疑问,可能就无法接近真正的答案。

例如,我们首先不信奉运用联想思维研发出的鲸鱼椅(图2-6-2)是最完美的创意,其次增长人体工程学的知识,最后发问——鲸鱼内收尾鳍角度能否分散人体腰部的压力呢? 鲸鱼椅座椅表面能否不闷热呢?等等。

图2-6-2　鲸鱼椅

(2) 调整自己的视角

在提出问题之后,下一步就是调整我们的视角。

① 要明确自己是否存在偏见。有时人的判断有可能是主观的,经不起推敲,有时甚至带着恶意。针对

鲸鱼椅,要考虑我们的问题是自己主观见解,还是有事实依据,人体工程学能否用在这样的场合中。

② 站在对方的立场思考。同理心有助于培养批判思维。例如,站在椅子开发公司的视角,同质化的市场需要产品与众不同,站在对方的立场思考,可以帮助自己更好地了解对方的动机、期望和烦恼所在。

(3) 融会贯通付诸实践

所谓融会贯通,就是认清自己所有的选择,然后权衡利弊,将批判思维转化为尝试和行动,在尝试过程中认证自己的判断和选择。例如,鲸鱼椅的项目,从否认这个设计到改良设计,运用人体工程学原理改进鲸鱼尾翼的角度,对腰部形成一个完美的支撑。因为鲸鱼椅座椅表面坐起来闷热,所以将座椅表面改良为带气孔的乳胶,保证舒适性和通风散热性。批判思维要不怕失败,面对失败要无所畏惧,要懂得从失败中吸取教训,将失败的经历变成自己的优势。

通过以上三种训练方法可以培养我们的批判思维。通过磨炼批判思维能力可以培养自身强烈的求知欲,而且这种欲望将贯穿一生,让我们获益无穷。

3. 方法应用

(1) 纸飞机设计竞赛

以个人或小组(不超过 6 人)为单位,设计并创造一架纸飞机,这架飞机需要能够承载一元硬币(图 2-6-3),并且能飞行尽量远。

① 向同学们推销你的创意,时间严格限制在两分钟内。

图 2-6-3 纸飞机示意图

② 用思维导图(图 2-6-4)记录创意思路。

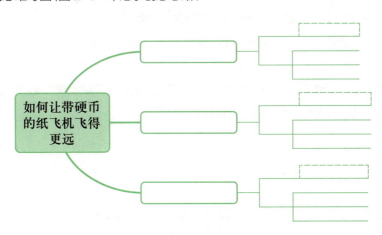

图 2-6-4 纸飞机创意思维导图

③ 制作原型并测试。

④ 测试过程全程录像并拍照上传原型和试测结果。

⑤ 按照团队选择飞行距离最远的前三名。

反思：即便经过创意、制作原型、测试等任务环节，但最终成功的产品总是少数，我们要接受失败，并在失败中总结经验，争取下一次的胜利。

(2) 设计任务"一屋不扫，何以扫天下"

劳动能够帮助大学生塑造健全人格、磨炼顽强意志、锤炼高尚品格，我们要自觉开展日常生活劳动，自我管理生活，提高劳动自立自强的意识和能力，养成良好的日常劳动习惯。项目团队接到一项委托任务：为大学生宿舍设计一款清扫工具，方便大学生清洁、维护宿舍卫生。

❓ 创新红房子：你认为优秀宿舍应该具备哪些条件？对保持宿舍干净整洁你有哪些建议？

❗ 创新绿房子：利用快速模型工具，直观测试并检验产品的创新性和实用性，针对问题及时做出改变。

步骤1：团队成员围绕委托任务进行创意，找缺点。

步骤2：根据创意结果制作快速模型。快速模型是当我们从创意阶段迈进测试阶段时，应迅速建立的简单模型。团队成员可以用现有的扫把、墩布、抹布等工具组装一个简单模型，也可以用瓦楞纸、卡纸、剪刀、记号笔、透明胶和其他物品，制作一个清扫工具的纸模型。

步骤3：在宿舍清扫中测试制作好的简单模型或纸模型。

步骤4：根据测试结果快速改进。

快速模型包括纸模型、电子模型、角色扮演等，我们可以用上述步骤3对清扫工具的纸模型进行测试，并用反馈记录表记录测试时收集到的反馈意见。

完成以上步骤后，完成行动地图(图2-6-5)阴影区域的绘制。

4. 自我评价

针对批判思维训练项目，我们的评价指标是能否正确把握测试反馈意见，并根据测试结果快速迭代。请从这两个方面对第二个训练项目进行点评。

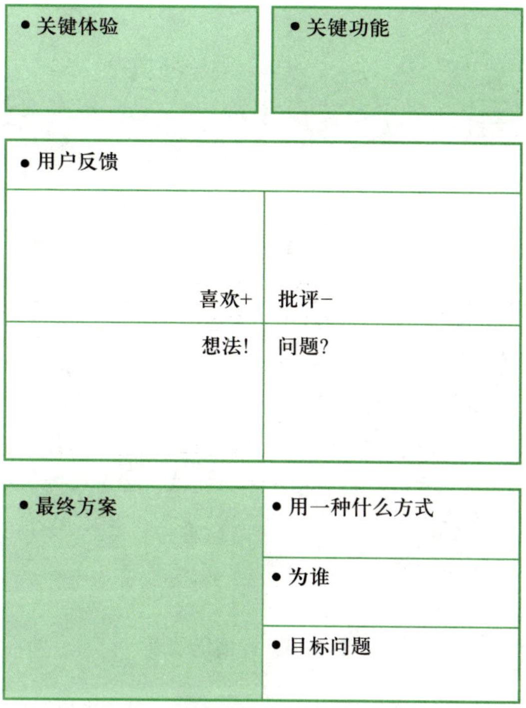

图 2-6-5　"一屋不扫,何以扫天下"任务行动地图

🚀 拓展训练

对"午休神器"进行测试

1. 训练清单

- 训练起点:掌握批判思维的方法。
- 训练内容:在掌握批判思维的有关知识点及应用场景的基础上,灵活运用其方法技巧,提升在实践项目中解决问题的能力,并掌握典型工具——反馈记录表,梳理出"午休神器"的改进方案。
- 成果输出:完成"测试'午休神器'"行动地图的绘制。
- 技能习得:掌握批判思维及其工具(反馈记录表)的应用。

2. 训练流程

(1) 技能拓展——反馈记录表

批判既包括自我对产品的批判,也包括用户对产品的批判。反馈记录表(图 2-6-6)是一个记录用户对产品的批判的工具,这是一个由喜欢、批评、问题、想法四部分组成的矩阵,用于分类用户关于产品和服务的感受,并利用用户反馈转化和捕捉更多新想法。

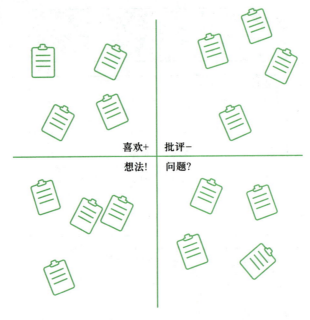

喜欢+ | 批评-

想法! | 问题?

图 2-6-6　反馈记录表

①"+"代表"喜欢",表示这个原型被用户接受的部分,须明确用户喜欢这个原型的哪个部分,为什么喜欢。

②"-"代表"批评",表示这个原型不被用户接受的部分,须明确用户不喜欢这个原型的哪个部分,为什么不喜欢。

③"?"代表"问题",表示用户对于这个原型保留或提出的疑问,用户感觉到困惑的地方,将来需要进一步改进的方面。

④"!"代表"想法",表示在测试中团队被启发的新想法。

例如,在制作宿舍清扫工具训练项目中,我们将制作的纸原型交给用户测试,并在反馈记录表中填写用户喜欢、批评纸原型的信息和用户提出的问题,以及我们在测试过程中得到的启发。请同学们将宿舍清扫工具原型测试中得到的反馈结果填写在反馈记录表(图 2-6-7)中。

(2) 技能应用——设计"午休神器"

项目团队收到一项委托任务:为准备"专升本"和考研的大学生提供一个能让他们在长时间学习后,可以趴在桌子上休息的产品。创意团队目前做出的产品原型是课桌午休枕,请你对自带的抱枕进行测试。

❓ 创新红房子:你平时用的课桌午休枕都具有哪些功能? 除做背靠、当枕头等外,还能开发哪些创意功能?

🔼 创新绿房子:利用反馈记录表对产品原型进行分析,捕捉更多新想法。

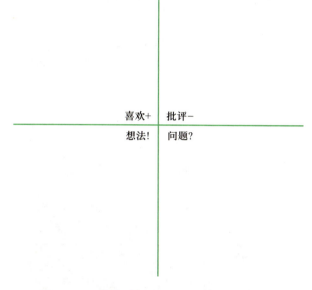

图 2-6-7 宿舍清扫工具原型测试反馈记录表

步骤 1：按照大学生使用课桌午休枕的流程将课桌午休枕分为携带、使用、闲置三个模块。

之所以做分模块原型，是因为复杂的解决方案中常包含多个需要探索的问题。假设我们设计了一个共享汽车系统，其中需要明确包括 App 用户界面、提车与还车、预约与取消、里程计费或时长计费、如何加油、如何支付停车费、如何确保车辆安全等各种各样的问题。原型可以回答一些问题，但不擅长一次性回答这么多的问题。

如果稍微转换角度，把复杂问题拆分成不同阶段的多个简单问题，然后专注于每个问题建立原型并逐个解决，对于问题答案的探索可能更有效率。在这种模式下，原型的对象是某个具体问题。

我们可以依据不同的原则拆分模块。例如，按照用户使用的流程或步骤进行拆分，或者按照所探究问题的种类将原型分为体验原型、功能原型、系统原型等。与快速原型相似，分模块原型更像是一种测试环节的思维方式，贯穿于整个原型与测试甚至整个设计思维流程中。

步骤 2：根据课桌午休枕携带、使用、闲置三种状态，设计原型方案。

步骤 3：根据三种原型方案，制作使用、携带、闲置时的分模块原型。

步骤 4：分别测试三种分模块原型。

步骤 5：利用反馈记录表记录反馈结果。

步骤 6：根据反馈记录表改进三种分模块原型。

（3）训练成果——行动地图

完成以上步骤后，完成行动地图（图 2-6-8）阴影区域的绘制。

● 关键体验	● 关键功能

● 用户反馈	
喜欢+	批评-
想法!	问题?

● 最终方案	● 用一种什么方式
	● 为谁
	● 目标问题

图 2-6-8 "测试'午休神器'"行动地图

 素质养成

独立思考能力提高计划

荣耀时课:
批判思维

任何人都不可能垄断真理,但总有人试图这样去做。即便你在某个领域钻研了数十年,你有着深厚的功力,你是所谓的权威,你的结论未必就是正确的。与之相反,你极有可能因你的权威身份而得出错误的结论。

批判思维的核心就是独立思考和质疑精神,它要求我们积极正面地质疑,以开放的心态平等对待不同角度的观点,避免自我中心或盲目从众。让我们在发表自己的观点时能经过深思熟虑,有理有据做出明智的判断,让我们有求真、求知、开放、公正的思维品质。

通过批判思维课程的学习,同学们会发现大学课程或项目的实践重要的不是你知道的事实,而是你判断事实的能力,或者说思考难题并找出解决方案的能力,这比你知道某些特定的知识更重要。批判思维提醒大家不盲从,要具有独立思考的能力,掌握提问的技巧和方法。平时我们遇到问题可以多问How,多尝试、多实践;多问Why,理解原因和初衷,多问Why not,尝试找到不同的想法,多和别人讨论,理解不同的思维和观点。

习得创新超群技

——掌握创新方法

　　高等教育是知识创新、传播和应用的主要基地,也是培养创新精神和创新型人才的摇篮,为党育人、为国育才,培养敢于创新、敢于竞争、有探索精神的新时代高素质人才是国家建设实现"两个一百年"奋斗目标和中国梦的迫切需要。因此,高等教育必须开展创新教育,方能培养出更多具有创新精神的拔尖人才。

　　创新教育的根源在于将创新思维奠基于大学生的思想本源,让学生能够突破原有思维定式,找到解决问题的新方向,解决传统思维不能解决的问题。创新思维重在思考的维度和方向,通俗地讲,是按照何种角度考虑问题,即解决了走哪条路能到达目的地的问题;而创新方法重在创造发明、科学研究或创造性地解决具体问题时的工具和流程,通俗地讲,是按照何种方法和程序解决具体问题,即解决了在这条路上如何能更顺利地到达目的地。可见,创新方法能启发创造性思维,提升创新效率。

　　少年强,则国强;少年新,则国新,授之以创新方法,是培养高素质的"三创型"(创新、创造、创业)人才的基础。

学习目标

》知识目标
了解七种创新方法的概念及应用步骤。

》能力目标
能够运用七种创新方法对问题进行分析,并形成创新想法;学会绘制思维导图及鱼骨图。

》素质目标
养成细致、缜密、周全的思考习惯;培养独立包容的人格品质;弘扬执着、专注、精益求精的匠人精神;培养在历史经验中寻找创新源泉的温故创新习惯;树立坚定的理想信念,保持奋斗韧劲;涵养团队精神,形成创新合力。

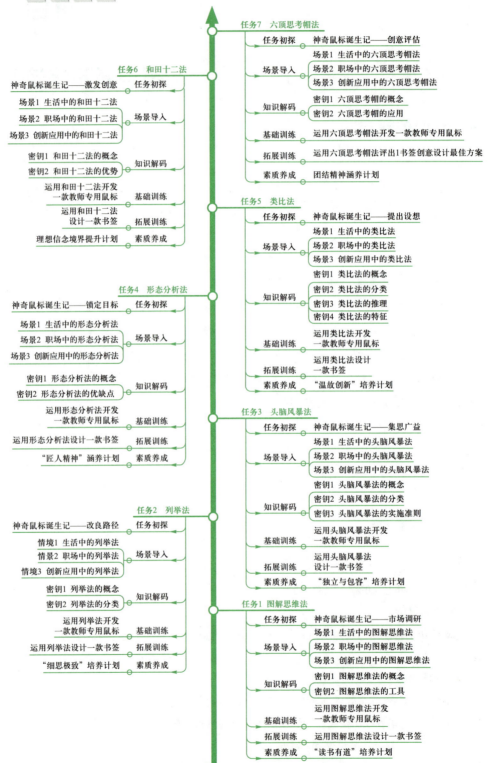

学习地图

任务7　六顶思考帽法

任务初探	神奇鼠标诞生记——创意评估
场景导入	场景1　生活中的六顶思考帽法
	场景2　职场中的六顶思考帽法
	场景3　创新应用中的六顶思考帽法
知识解码	密钥1　六顶思考帽的概念
	密钥2　六顶思考帽的应用
基础训练	运用六顶思考帽法开发一款教师专用鼠标
拓展训练	运用六顶思考帽法评出1书签创意设计最佳方案
素质养成	团结精神涵养计划

任务6　和田十二法

神奇鼠标诞生记——激发创意	任务初探
场景1　生活中的和田十二法	场景导入
场景2　职场中的和田十二法	
场景3　创新应用中的和田十二法	
密钥1　和田十二法的概念	知识解码
密钥2　和田十二法的优势	
运用和田十二法开发一款教师专用鼠标	基础训练
运用和田十二法设计一款书签	拓展训练
理想信念境界提升计划	素质养成

任务5　类比法

任务初探	神奇鼠标诞生记——提出设想
场景导入	场景1　生活中的类比法
	场景2　职场中的类比法
	场景3　创新应用中的类比法
知识解码	密钥1　类比法的概念
	密钥2　类比法的分类
	密钥3　类比法的推理
	密钥4　类比法的特征
基础训练	运用类比法开发一款教师专用鼠标
拓展训练	运用类比法设计一款书签
素质养成	"温故创新"培养计划

任务4　形态分析法

神奇鼠标诞生记——锁定目标	任务初探
场景1　生活中的形态分析法	场景导入
场景2　职场中的形态分析法	
场景3　创新应用中的形态分析法	
密钥1　形态分析法的概念	知识解码
密钥2　形态分析法的优缺点	
运用形态分析法开发一款教师专用鼠标	基础训练
运用形态分析法设计一款书签	拓展训练
"匠人精神"涵养计划	素质养成

任务3　头脑风暴法

任务初探	神奇鼠标诞生记——集思广益
场景导入	场景1　生活中的头脑风暴法
	场景2　职场中的头脑风暴法
	场景3　创新应用中的头脑风暴法
知识解码	密钥1　头脑风暴法的概念
	密钥2　头脑风暴法的分类
	密钥3　头脑风暴法的实施准则
基础训练	运用头脑风暴法开发一款教师专用鼠标
拓展训练	运用头脑风暴法设计一款书签
素质养成	"独立与包容"培养计划

任务2　列举法

神奇鼠标诞生记——改良路径	任务初探
情境1　生活中的列举法	场景导入
情景2　职场中的列举法	
情境3　创新应用中的列举法	
密钥1　列举法的概念	知识解码
密钥2　列举法的分类	
运用列举法开发一款教师专用鼠标	基础训练
运用列举法设计一款书签	拓展训练
"细思极致"培养计划	素质养成

任务1　图解思维法

任务初探	神奇鼠标诞生记——市场调研
场景导入	场景1　生活中的图解思维法
	场景2　职场中的图解思维法
	场景3　创新应用中的图解思维法
知识解码	密钥1　图解思维法的概念
	密钥2　图解思维法的工具
基础训练	运用图解思维法开发一款教师专用鼠标
拓展训练	运用图解思维法设计一款书签
素质养成	"读书有道"培养计划

项目3　习得创新超群技——掌握创新方法

任务 1 图解思维法

任务初探

神奇鼠标诞生记——市场调研

一家智能硬件公司拟开发一款鼠标,在开发之前需要进行市场调研,请你思考需要调研的主要内容,可用文字描述,也可以用图表形式罗列。

场景导入

—— 场景 1 生活中的图解思维法 ——

小美全家要开启"新加坡之旅",为了避免重现往年攻略不到位、路线安排混乱、严重耽误时间的窘境,门票售罄、酒店爆满,严重影响游玩心情与体验感等问题,小美决定提前做好规划准备。那么应该如何制订计划,规避问题呢? 在生活中我们经常遇到类似的场景,我们可以用图解思维法来化解。小美对出发前准备、出行方式、住宿、行程安排四个方面进行了深度思考与思维发散,很快脑海里出现了一张思维导图(图 3-1-1),旅行的美好憧憬瞬间出现在小美的心里。在生活中,从吸收知识、做出决策到解决复杂问题,思维导图都可以帮我们更高效、优质地实现目标。

点拨:"管理就是把复杂的问题简单化,混乱的事情规范化。"很多人在面临大量繁杂事务时,绞尽脑汁思绪仍混乱无措,而使用图解思维法可以将繁复的问题抽丝剥茧,从而使其变得简单。

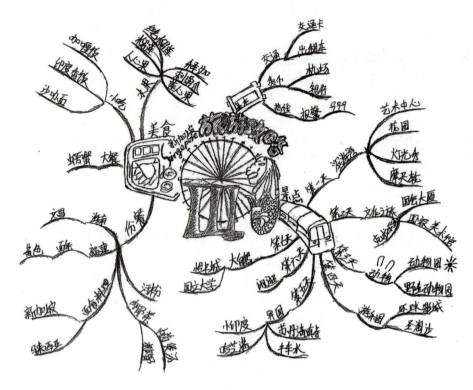

图 3-1-1　小美的"新加坡之旅"思维导图

── 场景 2　职场中的图解思维法 ──

创新团队收到委托任务:设计一款时钟。团队在收到设计委托任务后,一般会面临几种情况:一是团队成员对于该项目一筹莫展,这时需要用图解思维法,使团队注意力集中到设计项目上,围绕同一方向互相启发展开思考;二是团队成员用文字表述一件事的时候很容易偷懒,会把一些关键的、细节的问题忽略掉,图解思维法会帮助他尽可能地表达完整、清晰;三是团队成员有些模棱两可的表达,用图解思维法可使他的思路更清晰;四是团队中每个人对设计任务有不同的思考,可以用图解思维法把大家的想法进行统一梳理并使它逐步清晰,以便使每个人看到问题的全景。

> **点拨:**"不谋万世者不足以谋一时,不谋全局者不足以谋一域",图解思维法能帮助我们从整体认知上看待某件事,并能知悉这件事会产生的影响及影响这件事的其他因素。

── 场景 3　创新应用中的图解思维法 ──

图解思维法是理清创新设计思路的有效工具。该方法主要通过对项目已知和未知信息的梳理，为设计思维的"观察发现"环节指明待观察事项，以及探索信息关键词地图；该方法也可以应用于设计思维其他环节的成果简报，以展示已有进展和未尽事宜等。图解思维法在设计思维流程中的应用环节见图 3-1-2。

✅ 探索问题　✅ 观察发现　✅ 重构需求　✅ 构思创意　✅ 制作原型　✅ 实施方案

图 3-1-2　图解思维法在设计思维流程中的应用环节

> 点拨：在观察中应用图解思维法，主要是借助可视化的图像，明确已知信息和未知信息，进而找到问题的关键。

 知识解码

密钥 1　图解思维法的概念

图解思维法是将思维形象化、可视化的表达方法。该方法通过插画、图形、图表、表格、关键词等把信息传达出来，将人们的想法画出来，帮助人们有效地分析、记忆和理解问题，寻求解决问题的方案。

新手教程：
图解思维法

密钥 2　图解思维法的工具

图解思维法主要包括思维导图、逻辑型图解、矩阵型图解、过程型图解、图表型图解等工具。

1. 思维导图

思维导图是图解思维法的典型工具，适用于帮助我们对某一问题的各方面进行理解和记忆。它从思考的中心出发，提出解决问题的不同方案，运用图文并茂的技巧，把各级主题的关系用相互隶属的层级图表形式表现出来，将主题关键词与相关的层级图表联系起来，使主题关键词与图像、颜色等建立记忆链接。

2. 逻辑型图解

逻辑型图解有助于统揽全局，全面地、彻底地解决问题，基本形式包括逻辑树、金字塔。

3. 矩阵型图解

矩阵型图解基本形式包括参数型矩阵、箱型矩阵、情报型矩阵、检查型矩阵。

4. 过程型图解

过程型图解基本形式包括过程图、流程图。

5. 图表型图解

图表型图解基本形式包括 Excel 表格、饼图、柱图、圆环图、折线图、SWOT[①]型图解、透视型图解、模式型图解。

基础训练

运用图解思维法开发一款教师专用鼠标

训练攻略：
图解思维法

1. 训练清单

● 训练起点：理解图解思维法的有关知识点和应用场景。

● 训练内容：某科技公司为了开发一款新式鼠标，需要做市场调研，项目团队运用图解思维法为团队梳理调研思路。

● 成果输出：团队成员围绕鼠标进行信息交流和市场初调，并将目前掌握的信息绘制成思维导图。

● 技能习得：掌握图解思维法的原理及其工具（思维导图）的绘制。

2. 训练流程

步骤 1：确定中心主题。

通常用一句话描述目前所面对的设计问题，如"设计一款鼠标"。

步骤 2：画出起点。

① 完成方式：在白纸上或者思维导图的软件上。

② 首笔落点位置：画面中心位置。

③ 图像化表达：在白纸的中心位置画一款鼠标。

步骤 3：提炼关键词。

---

① 所谓 SWOT 分析，即基于内外部竞争环境和竞争条件下的态势分析，就是将与研究对象密切相关的各种主要内部优势（Strengths，S）、劣势（Weaknesses，W）和外部的机会（Opportunities，O）和威胁（Threats，T）等，通过调查列举出来，并依照矩阵形式排列，然后用系统分析的思想，把各种因素相互匹配起来加以分析，从中得出一系列相应的结论，而结论通常带有一定的决策性。

提炼关键词是绘制思维导图的核心,可以拓展主题。我们可以使用 5W1H 法帮助我们拓宽思路。鼠标设计的思考的方向可依据:Who——为谁设计鼠标,What——设计一款怎样的鼠标,When——在什么时间使用鼠标,Where——在什么场景使用鼠标,Why——鼠标需要满足什么功能,How——它是如何操作的、还能如何改进。

该步骤在绘制时应遵循以下原则。

① 第一个关键词的分支可从画面中的两点钟位置开始,顺时针画,阅读思维导图也从这个位置开始。

② 分支线条可用弯曲的线条。

③ 分支信息凝练成关键词,如 Who、What、When、Where、Why、How。关键词书写清楚、可用印刷体,便于联想和回忆。

④ 关键词写在分支线条上。

⑤ 从中心伸出的主干最好不要超过七条(大脑短时记忆一次能记住 5~9 条信息)。

⑥ 增加色彩,可以给不同分支绘制不同色彩。

步骤 4:为关键词创建下级关联信息分支。

围绕每个关键词,扩展已知和未知信息,形成关键词,绘制原则同步骤3。

① 关于 Who 分支(为谁设计鼠标),可以拟定用户群体:高龄用户、游戏爱好者、美妆达人、办公室文员、财务部人员、教师、学生等群体。

② 关于 What 分支(设计一款怎样的鼠标),可以分为两类:其中一类是当今市面上主要有的鼠标,另一类是我们可以为不同用户群设计的鼠标。

③ 关于 When 分支(在什么时间使用鼠标),可以分为不同的时间段:按一天可分为早晨、深夜、中午等;按季节可分为春、夏、秋、冬;按使用产品不同工序可分为开机前、开机时、开机后、关机;按日常时间块可分为常态固定时间、黄金时间、动态时间、碎片化时间。

④ 关于 Where 分支(在什么场景使用鼠标),可以分为:办公室、教室、宿舍、移动交通工具、户外、谈判场合、旅游地、会议室、咖啡吧、医院等。

⑤ 关于 Why 分支,可以分为:为什么用鼠标? 为什么不能有变动? 还能有什么别的方式? 为什么是两个按键? 为什么要做成这个形状? 为什么是右手使用? 为什么非做不可? 等等。

⑥ 关于 How 分支,可以分为:我们是怎样干的? 有没有别的方法可以达到目的? 到底应该怎么干? 等等。

第一版的思维导图可以按照团队的理解尽可能罗列,在选定了用户群体之后,绘制其余 4W1H 展开精准针对目标用户的精进版思维导图。例如,选定的用户群体是游戏爱好者,那么鼠标的精进版思维导图的分支,就可以围绕游戏爱好者来拓展,如他们的使用形式、时间、地点、原因及使用方式。

根据思维导图创建的 5W1H 关键词,在众多信息组合中,可以有不同组合。用户群体可以是美妆达人,该用户群体的鼠标使用地点可能是直播间,也可能是办公区或者是移动交通工具,细分用户群体的使用时间和目的也不尽相同。如果用户群体是高龄用户,则鼠标不需要具有复杂的功能,但是需要具有缓解手腕疲劳的功能;用户使用时间选择下午;用户使用地点或者场景是家里的写字台;用户使用鼠标的主要原因是高龄用户有摄影的爱好,需要用计算机和鼠标修饰摄影照片;高龄用户是如何使用鼠标的,是对于该用户群体的使用场景的描述,在描述中有未知信息,需要在步骤 5 中完善。

设定本训练选择的用户群体为大学教师,What——为大学教师设计一款怎样的鼠标? When——他们在什么时间使用鼠标? Where——他们在什么地点或者场景使用鼠标? Why——根据教师用户群体的特性,思考鼠标能满足用户什么需求或者具有何种功能? How——他们是如何使用的?

大学教师对于鼠标的 5W1H 关键节点还存在很多未知信息,需要我们在步骤 5 中完善。

步骤 5:完善未知信息。

对于思维导图中的未知信息,可以通过文献查阅、体验、观察等方式来补充完整。例如,在 What 分支中,目前有二级分支信息,我们已知的鼠标形式包括无线鼠标、有线鼠标,通过查阅线上商城平台,我们搜集到目前鼠标还有静音鼠标、续航鼠标、电竞鼠标(11 键可编程)、显示电量鼠标、带轨迹球可绘图鼠标、折叠式鼠标等。继而我们可以通过查看产品的评价信息、购买产品体验、观察使用过程等方式,进一步掌握这些鼠标的使用体验感受,从而把信息完善在思维导图中。

Who——受过较高学历教育、年龄层次在 30 岁到 45 岁之间的教师用户;What——关于设计一款怎样的鼠标,我们可以通过使用列举法对用户进行访谈,了解其对于鼠标设计的希望点;When——关于在什么时间使用鼠标,我们根据对教师群体的观察得出,按照日常时间块分类,选择常态固定时间(如晚上)、黄金时间(如工作的八小时);Where——关于在什么地点或者场景使用鼠标,我们根据对教师群体的观察得出,选择办公室、教室、家里、会议室、咖啡吧等休闲空间;Why——根据教师用户群体的特性,主要思考鼠标能满足用户什么需求或者具有何种功能? How——为目标用户设计的鼠标功能是否能够实现应用? 当下的生产工艺能否满足设计功能的实现? 目标用户是如何使用我们设计的鼠标的? 可以通过深入的用户访谈,以及列举法来补充该信息。最后梳理调研信息并完善思维导图。

"鼠标设计"思维导图如图 3-1-3 所示,据此确定了客户群体(Who、When、Where)特征。

3. 流程应用

了解了思维导图的概念和应用步骤,下面通过训练提升绘制思维导图的技能。

设计挑战:运用思维导图的方法,绘制本任务内容的课堂笔记。

步骤 1:确定中心主题。

步骤2:画出起点。

步骤3:提炼关键词。

步骤4:为关键词创建下级关联信息分支。

步骤5:完善未知信息。

训练成果——通过思维导图梳理课堂学习内容。

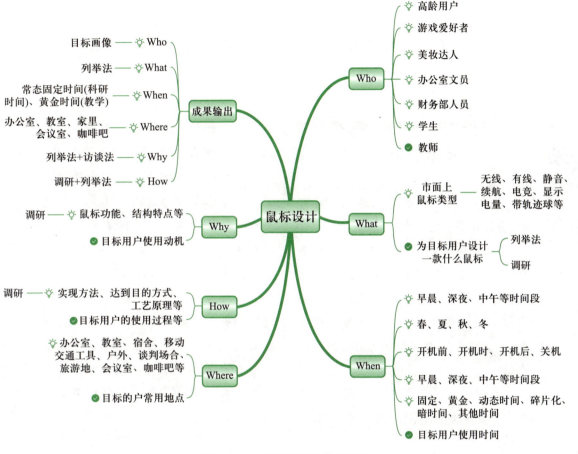

图 3-1-3 "鼠标设计"思维导图

拓展训练

运用图解思维法设计一款书签

1. 训练清单

● 训练起点:掌握图解思维法的原理及其工具(思维导图)的绘制。

- 训练内容：在掌握图解思维的有关知识点及应用场景的基础上，灵活运用其方法技巧，提升在实践项目中解决问题的能力。针对某书店委托的任务——设计一款书签，团队成员运用思维导图展开信息共享，完成初步的市场调研。

- 成果输出：团队成员围绕书签进行信息交流和市场初调，并将目前掌握的信息绘制成思维导图。

- 技能习得：掌握图解思维法及其工具（思维导图）的应用。

2. 训练流程

说明：自主完成该训练（详细流程参照本任务中的"基础训练"）。

 素质养成

荣耀时课：
图解思维法

"读书有道"培养计划

思维导图对于读书记笔记大有裨益，会让读书省时省力。

说到读书，先做个调查：除教科书外，你一年能阅读多少本书？2022年的一份国人阅读报告显示，国人阅读主要以知识技能提升与职业发展为主要目的，那么同学们，你阅读的主要目的是什么呢？

我们都知道读书有用，但是我们很多人不是不爱读书，就是读得慢。那么该如何读书呢？

首先是要带着目的读书。举个例子，你先闭上眼睛想想屋里有多少种蓝色物品，是不是没有什么思路？那么现在睁开眼睛环视四周有多少蓝色物品，然后闭上眼睛，再去算算蓝色物品的数量，这样是不是就容易多了。

其次是反复回看目录，有时看一本书并没有什么目的，或者需要解决什么问题，就是随便看看，这时就需要人为制造目的和问题，那么我们可以每次读几页就翻看目录，重温这章的内容，以及上下章的内容，使章节之间建立联系，其实这就是在大脑中做思维导图的过程。

再次是把看过的内容讲出来，这也被称为费曼学习法（图3-1-4），把看过的内容讲一遍会让知识脉络更清晰，在讲的过程中有不明白的地方或者听者疑虑的地方，就需要再去搜索信息补充知识盲点，这样书里的内容就被彻底消化了。

然后是跳过无用的内容，不是书里所有内容都要看，要有选择地看，抓住重点和主要脉络。

最后是选择适合自己的方式读书。看纸质书、看电子书、听书等都可以，有时候创造一个适合你的看书环境、读书习惯，才是你真正享受读书的开始。

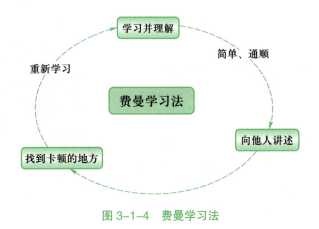

图 3-1-4 费曼学习法

任务初探

神奇鼠标诞生记——改良路径

　　创新需要发现问题,只有发现问题才能更好地解决问题。鼠标是生活中很常见的工具,你有考虑过你的鼠标存在哪些需要改良的方向吗? 可以用文字描述,也可以用图表形式罗列,还可以运用之前所学的思维导图呈现。

场景导入

—— 场景 1　生活中的列举法 ——

　　我们为挂画而钉钉子的时候,经常会因为难以钉到合适的位置或合适的水平度而烦恼,有时甚至因多次返工而对墙面造成伤害。请你依据生活观察与经验,列举出钉钉子存在的主要问题。

观察到了生活中自己所经历的不便,深圳市高中学生晏劭廷闪现出灵感,通过列举产品缺点,使用逆向思维设计一个挂画小零件名叫 Smart Helix(图 3-2-1),也叫机巧螺旋。这个发明获得了 2017 年德国红点设计大奖。在 Smart Helix 的帮助下,钉钉子时不必做任何测量,仅需随意钉上两个钉子,并使矮处的钉子钻过 Smart Helix 的预留孔即可。挂上画后,经过对 Smart Helix 的适当旋转,它对画框的支撑高度会相应升降,并进而调整画的角度,将画挂正。

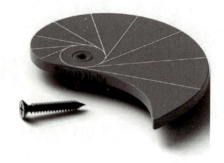

图 3-2-1　Smart Helix(机巧螺旋)

> **点拨**:"水因地而制流,兵因敌而制胜"。事物难免存在缺点,通常的思维方式是攻克缺点或者掩盖缺点,然而通过将缺点转化为优点,化被动为主动的逆向思维也是解决问题的一种方式。

── 场景 2　职场中的列举法 ──

某公司设计了一款新型电风扇,在正式上市之前送给核心用户做测试,希望最终推出的产品尽量接近市场的真实需要。产品测试是产品开发必经步骤,缺乏空杯心态[①]的产品经理会对新型产品盲目自信,主要表现为:其一,用户还没开始使用就滔滔不绝地向其介绍这款产品的各种优点;其二,用户使用后提出了一些问题,但研发人员很快找到一套说辞把问题掩饰过去了。这会导致产品测试无法取得良好的效果,产品走向市场会面临失败,从而使公司面临巨大损失。考虑周全且谨慎的产品经理,会在设计中的测试环节使用列举的方法,倾听用户意见并认真记录用户提出的各种缺点和希望改进的方面,对产品进行改良,从而设计出更吻合市场的新型电风扇。

> **点拨**:怀疑是发现的设想,是探索的动力,是创新的前提。创新者在完成创新项目时需要具备怀疑精神,要克服旧习惯及墨守成规的认知障碍,善于找缺点,敢于打破常规,然后正视缺点,分析缺点,通过创新来克服缺点,直至获得成功。

---

① 空杯心态:心理学概念,象征意义为做事的前提是先要有好心态。如果想学到更多学问,就要先将自己想象成"一个空着的杯子",而不是骄傲自满。

— 　场景 3　创新应用中的列举法　 —

列举法是寻找产品创造和改良思路的工具。在设计思维的"观察发现"环节进行用户访谈时,可运用列举法梳理用户对现有产品的"槽点"或期待,明确下一步的创新方向;在设计思维的"实施方案"环节,通过列举法能有效记录用户提出的原型缺点和希望点等信息,为进一步迭代提供参照。列举法在设计思维流程中的应用环节见图 3-2-2。

■ 探索问题　✓ 观察发现　■ 重构需求　■ 构思创意　■ 制作原型　✓ 实施方案

图 3-2-2　列举法在设计思维流程中的应用环节

> **点拨:**列举法是寻找产品创造、改良思路的工具,在没有明确的答案前,通过列举法的发问、测试等为解决问题提供思路。

 **知识解码**

密钥 1　列举法的概念

列举法指抱着"找茬"的心态,对事物"吹毛求疵"地提建议。它是把复杂的事物分解开来分别加以研究,把同解决问题有联系的众多要素逐个罗列,把研究对象的特点、缺点、希望点罗列出来,提出改进设想,形成有独创性方案的方法。

新手教程:
列举法

密钥 2　列举法的分类

按照所列举对象和视角的不同,列举法可分为属性列举法、希望点列举法、优点列举法、缺点列举法等类型。

1. 属性列举法

属性列举法是由内布拉斯加大学的教授罗伯特·克劳福特(Robert Crawford)于 1954 年所提倡应用的思考方法。该方法偏向于思考物性、人性的特征,主要强调在创造过程中观察和分析事物的属性,然后针对每项属性提出可能改进的方法,或改变某些特质(如大小、形状、颜色等),使产品产生新的用途。运用属性列举法的步骤:首先条列出事物的主要想法、装置、产品、系统、问题的重要部分的属性,然后尝试改变或修改所列的属性。注意,不管多么不切实际,只要能对目标的想法、装置、产品、系统、问题的重要部分提出可能的改进方案,就可以接受。

2. 希望点列举法

希望点列举法是偏向理想型设定的思考方法,是指先通过不断地提出"希望可以……""……才能更好"等理想和愿望,使原本的问题聚合成焦点,再针对这些理想和愿望提出达成的方法。运用希望点列举法的步骤:首先决定主题,然后列举主题的希望点,最后根据选出的希望点来考虑实现方法。

3. 优点列举法

优点列举法是一种逐一列出事物优点的思考方法,进而探求解决问题的方法和改善对策。运用优点列举法的步骤:决定主题—列举主题的优点—扩大优点。

4. 缺点列举法

缺点列举法是偏向改善现状型的思考方法,先不断检讨事物的各种缺点及缺漏,再针对这些缺点一一提出解决问题的方法和改善对策。运用缺点列举法的步骤:决定主题—列举主题的缺点—改进方法。

基础训练

训练攻略:
列举法

运用列举法开发一款教师专用鼠标

1. 训练清单

● 训练起点:理解列举法的有关知识点和应用场景;上一任务(图解思维法)的成果输出——"鼠标设计"思维导图及用户群体(教师)的使用场景和需求描述。

● 训练内容:团队成员列举鼠标属性、缺点和希望点,明确下一步鼠标创意的方向,即解决"设计一款什么样的鼠标"的问题。

● 成果输出:列出鼠标属性、缺点和希望点,并据此完成鼠标改良方向设想的鱼骨图及优选出二十条设想、四个设计方向。

● 技能习得:掌握列举法的原理及其工具(鱼骨图)的绘制。

2. 训练流程

步骤1:列举属性并分门别类整理。

把开发对象的特性或属性全部罗列出来。例如,可把对象拆分成许多零件,每个零件具有何种功能和特性、与整体的关系如何都可以毫无遗漏地列举出来,并做出详细记录。主要考虑以下几个方面。

① 名词属性(性质、材料、整体和部分、制造方法等):鼠标材料包括 ABS(Acrylonitrile

Butadiene Styrene)塑料、橡胶、金属等;表面喷漆包括镜面、类肤质、喷漆和普通表面磨砂四种;整体为鼠标,我们以光电鼠标为例,部分光电鼠标没有传统的滚球、转轴等设计,关于其主要部件,外部有面壳、中壳、底壳、滚轮、左右键、开关键、USB(Universal Serial Bus)接收插头、指示灯、部分鼠标有充电口、DPI(Dot Per Inch)键、蓝牙指示灯和指示键,内部有电池、电路板、芯片、按键、LED(Light Emitting Diode)灯等元件。由于鼠标的制作工艺比较复杂,包括图像采集系统等,制造方法我们不做深入研究。

② 形容词属性(颜色、形状和感觉等):鼠标性质较轻;颜色以黑色和白色为主,也包括彩色和其他纹路款式;形状以传统卧式为主,也包括卡通形状等异形形状、横式和立式等;感觉主要包括手握感、滚轮的顺滑性、按键的感应性、移动的敏锐性等。

③ 动词属性(有关功能及作用的特性,特别是那些使事物具有存在意义的功能):鼠标的主要功能是代替键盘烦琐的指令,包括移动、单击(选定对象、按钮)、拖动(拖动/复制等)、右击(弹出快捷功能)、双击(打开程序等)。

步骤 2:绘制鱼骨图。

"鼠标改良的可能性分析"鱼骨图(图 3-2-3),以主骨为中心,鱼头描述本项目的主要内

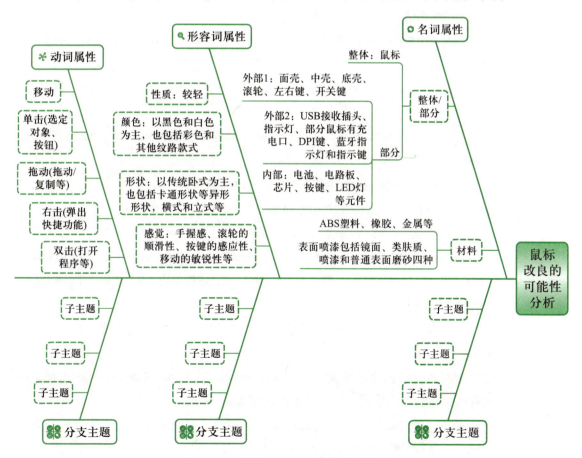

图 3-2-3 "鼠标改良的可能性分析"鱼骨图

容或问题，主骨上面的中骨分别代表产品属性拆分类别，在每个中骨上插入框标注该骨所属类别；在中骨上绘制小骨代表对中骨内容的细化和分析。举例鼠标项目，鱼头部分可以写入"鼠标改良的可能性分析"，主骨上面的中骨分别填入名词特性、形容词特性和动词特性，小骨分别填入与之相对应的内容。

步骤3：运用缺点列举法对每项属性进行分析。

① 组成鼠标的零部件存在的问题：外壳接缝处易积灰；滚轮滑动慢难以快速置顶置底；忘记关闭开关造成浪费电的现象；USB 接收插头长期霸占计算机 USB 插口等。

② 鼠标表面材料存在的问题：ABS 塑料的缺点是容易打油；金属的缺点是按键反弹不够好、冷天易冰冷、易干扰电子设备。

③ 鼠标表面喷漆存在的问题：镜面缺点——手感一般，手汗较多的玩家使用时会感觉滑腻，不易操控。类肤质缺点——长时间使用较容易出现橡胶喷漆脱落，手感会发生变化。喷漆缺点——和类肤质相似，经过长时间使用会导致喷漆磨损，手感发生变化，外观比较难看。

④ 鼠标性质的缺点：因性质较轻而有廉价的感觉，但材质太重则会为使用及携带带来不便。

⑤ 鼠标颜色的缺点：外壳颜色固定不变，时间长易审美疲劳。

⑥ 鼠标形状的缺点：传统形状易使人的手腕感到疲劳，患手腕综合征，俗称"鼠标手"，这是因为手腕过度向手背方向尽量背伸时，腕管内压力是中立位的 300 倍。

⑦ 鼠标感觉方面的缺点：手握时不贴合手掌、侧面不防滑等；滚轮的顺滑性差；按键的感应性差、按键有声音；移动的敏锐性差，移动有噪声等。

⑧ 鼠标功能方面的缺点：只能执行基本命令，常用命令无法一键实现，如截屏、切换文档等。

步骤4：将运用缺点列举法提出的改良设想填入鱼骨图。

将运用缺点列举法提出的改良设想简写对应填入鱼骨图主骨的下侧。

步骤5：运用希望点列举法对每项属性进行分析。

① 组成鼠标的零部件方面的希望点：外壳一体成型更美观；滚轮轻触感应实现鼠标位移；按钮式开关代替移位式开关；开关变为手势感应式；USB 接收插头配备多个 USB 插口，为计算机扩展 USB 插口等。

② 鼠标表面材料方面的希望点：希望鼠标防水，希望表面材料摸着更舒适，希望表面材料冬暖夏凉，等等。

③ 鼠标表面喷漆方面的希望点：希望表面材料可以抗菌，希望表面材料耐磨损，希望表面材料耐腐蚀性，希望表面材料经久不变色，希望表面材料耐油性，等等。

④ 鼠标性质方面的希望点：希望鼠标超轻，希望鼠标能配合枪战游戏有枪击时的震动感，希望鼠标能有配重。

⑤ 鼠标颜色方面的希望点:希望鼠标能换装,希望鼠标灯光更柔和适合夜晚使用,希望鼠标指示灯与外壳更搭配,希望鼠标能定制外壳图案,等等。

⑥ 鼠标形状方面的希望点:希望鼠标可折叠且方便携带,希望鼠标能变形,希望鼠标能变成手游手柄,希望鼠标能变成手机支架,等等。

⑦ 鼠标感觉方面的希望点:希望鼠标有良好的机械强度,希望鼠标手感更好,等等。

⑧ 鼠标功能方面的希望点:希望鼠标有缓解手部疲劳、按摩的功能,希望鼠标能多设备快速切换,希望鼠标能跨屏传输,希望鼠标能实现心电感应,希望鼠标能监测心率减少猝死风险,希望鼠标能提醒及时休息,希望鼠标具备充电宝功能,等等。

步骤 6:将运用希望点列举法提出的改良设想填入鱼骨图。

将运用希望点列举法提出的改良设想简写对应填入鱼骨图主骨的下侧。

"鼠标改良设想"鱼骨图如图 3-2-4 所示。

步骤 7:优选改良设想。

将运用缺点和希望点列举法提出的改良设想,合并同类项,优选出二十条改良设想,优选的标准是新产品有创意、用户有需求、竞品未开发。

例如,鼠标设计训练优选出的改良设想包括以下内容。

① 一体成型外壳,形态美观,接缝处不易积灰。

② 滚轮实现快速置顶置底功能。

③ 滚轮轻触感应实现鼠标位移功能。

④ 解决鼠标位移产生的噪声和摩擦感。

⑤ 鼠标外观改良,降低患"鼠标手"的风险。

⑥ 鼠标多键设置具备截屏功能、切换文档功能。

⑦ 鼠标具备充电宝功能。

⑧ 提高开关便捷性,开关变为手势感应式,指示灯唤醒/休眠鼠标。

⑨ USB 接收插头配备多个 USB 插口,为计算机扩展 USB 插口。

⑩ 表面材料冬暖夏凉。

⑪ 避免病菌传播,鼠标具备抗菌功效。

⑫ 鼠标能配合枪战游戏有枪击时的震动感。

⑬ 鼠标能定制外壳图案。

⑭ 鼠标能变成手游手柄。

⑮ 鼠标有缓解手部/手指疲劳功效,具备按摩功能。

⑯ 鼠标能实现多设备(多台计算机、平板等)快速切换功能。

⑰ 鼠标能跨屏传输。

⑱ 鼠标能实现心电感应,眼睛看到哪里光标定位到哪里。

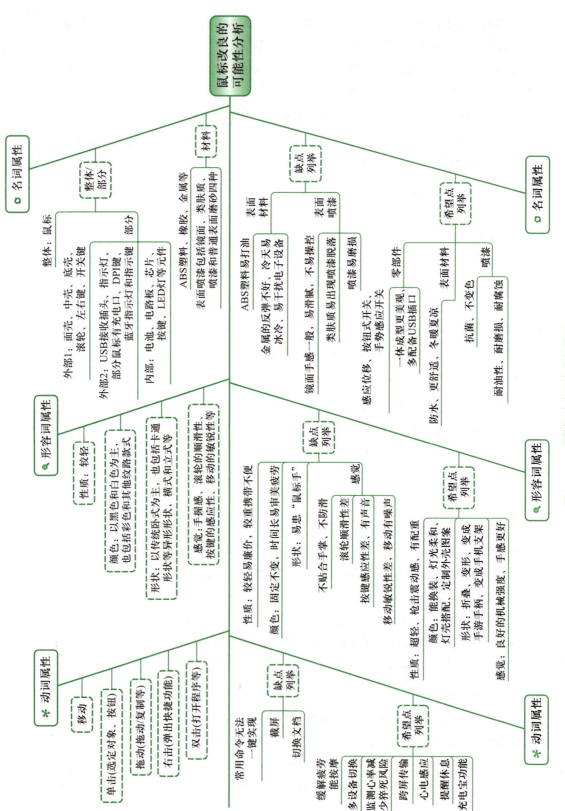

图3-2-4　"鼠标改良设想"鱼骨图

⑲ 鼠标能监测心率减少猝死风险。

⑳ 鼠标能提醒及时休息。

针对思维导图中 What、Why 和 How 信息的缺失，从以上二十条创意设想中，围绕教师目标用户群体，确定鼠标下一步的设计方向：一是鼠标外观改良，降低患"鼠标手"的风险；二是鼠标便捷性改良（如鼠标开关便捷、操作快捷方式更全面）；三是鼠标舒适性改良（如表面材料冬暖夏凉）；四是鼠标智慧性改良（如监测心率、办公高效）。

训练成果——"鼠标改良设想"鱼骨图。

结合"鼠标改良设想"鱼骨图和优选出的二十条创意设想，确定围绕目标用户的创意方向。

3. 流程应用

了解了列举法的概念和应用步骤，下面请用列举法进行训练。

设计挑战：用列举法提出转笔刀的五条改良设想。

步骤1：列举属性并分门别类整理。

步骤2：绘制鱼骨图。

步骤3：运用缺点列举法对每项属性进行分析。

步骤4：将运用缺点列举法提出的改良设想填入鱼骨图。

步骤5：运用希望点列举法对每项属性进行分析。

步骤6：将运用希望点列举法提出的改良设想填入鱼骨图。

步骤7：优选改良设想。

训练成果——"转笔刀改良"鱼骨图和五条改良设想。

拓展训练

运用列举法设计一款书签

1. 训练清单

● 训练起点：掌握列举法的原理及其工具（鱼骨图）的绘制；上一任务（图解思维法）的成果输出——"书签设计"思维导图及用户群体的使用场景和需求描述。

● 训练内容：在掌握列举法的有关知识点的基础上，灵活运用其方法技巧，提升在实践项目中解决问题的能力。针对某书店委托的任务——设计一款书签，在上一任务（图解思维法）市场调研的基础上，团队成员列举书签的属性、优点和希望点。

● 成果输出：绘制"书签设计"鱼骨图，并据此完成书签的二十条改良设想、四个设计方向。

- 技能习得:掌握列举法及其工具(鱼骨图)的应用。

2. 训练流程

说明:自主完成该训练(详细流程参照本任务中的"基础训练")。

◆ 素质养成

荣耀时课:
列举法

"细思极致"培养计划

列举法能够帮助我们突破问题感知障碍,帮助学习者通过一系列方法发现容易忽略的问题,不局限于自己的眼光,从不同的角度去思考。这个方法能够让我们在工作、生活、学习中思虑缜密、考虑周全。

思虑缜密、考虑周全为什么如此重要呢? 谋定而后动,厚积而薄发。大到国家,小到个人,做事都必须要有计划性,只有做到缜密行事、步步为营,才能让成功多一分胜算。

如何才能做到考虑问题、处理事情细致周到呢?

首先,我们可以试着罗列某一问题的所有特点,时刻提醒自己观察事物、思考问题不要局限于自己的眼光。

其次,考虑所有的因素,这个方法可以帮助我们考虑到与某项决定有关的所有因素。假设两年后你要报考某个本科院校继续深造,考虑所有因素能够帮助你提出所有该问的问题,如你对专业的喜爱程度、未来的就业前景、继续深造的可能性等。

最后,考虑后果及其连锁反应,第一步和第二步为我们展现出所有的可能性,第三步则是帮助我们判断哪种可能性最好,就像我们使用列举法进行方案优选的评判标准中就包含想法能够实现,这就是对结果的预判。

任务 **3** 头脑风暴法

◣ 任务初探

神奇鼠标诞生记——集思广益

在列举法训练中,团队成员发现鼠标产品的缺点之一是会导致用户群体患上"鼠标手",请团队组织召开小组会议,各抒己见,碰撞创意,提出至少十条"鼠标外观改良,避免患'鼠标手'"的改良设想。

 **场景导入**

── 场景1 生活中的头脑风暴法 ──

项目团队通过缺点列举法发现目前水杯在晚上熄灯后喝水时很不方便,一是放在床头柜容易倒,二是躺着喝水时容易洒水。

项目团队确定的会议主题是"如何让用户在晚上也能安全、方便地喝到热水?"

按照头脑风暴法的流程进行。大家讨论热烈,纷纷发言。

① 重新设计水杯底部,让其可以固定在床头柜上。

② 水杯涂装发光材料,晚上熄灯后也能看到水杯位置。

③ 水杯安装蓝牙和感应器,在手机上能查看水杯温度。

④ 水杯安装蓝牙和喇叭,用声音定位。

⑤ 水杯安装充电口和加热装置,水温能长时间保持60℃。

经过充分讨论,最终决定给水杯加装感应装置,当手靠近水杯时杯盖会发光,起到定位作用。水杯底部重新设计,以便能固定在床头柜上。杯壁有感应装置,当手握住水杯时,杯盖自动打开,露出吸管。一个解决晚上喝水问题的新型水杯在大家的共同努力下完成了。

> **点拨**:头脑风暴被称为"无限可能的艺术"。人的潜能是世界上少数取之不尽、用之不竭的资源之一。大部分资源是有限的,但是人的思维是终极的超能力,创造力、想象力、决断力、思考能力、推理能力、学习能力都是没有极限的,因此,团队可以通过头脑风暴法开启每个人的无限可能。

── 场景2 职场中的头脑风暴法 ──

某电梯制造公司的发展战略由制造型企业调整为制造服务型企业,企业试图通过创新服务来增加产品的附加价值,并通过个性化服务实现产品的差异化。这就需要大力强化"服务"这个板块。为此，他们召开会议，讨论如何为用户提供更好的服务。

1. 第一个主题

最初，会议确定的主题是"如何提升用户满意度，怎样为用户提供更优质的服务？"

按照头脑风暴法的流程进行。大家讨论热烈，纷纷发言。

① 设计手机 App。不但企业内部人员可以通过 App 下达作业计划、紧急抢修计划等，而且用户可以通过 App 报修、及时与企业沟通等，使得信息传递更加高效、快捷。想必这样的体验能增加用户满意度。

② 增加销售网点及安装维修的代理点，实现售后维保的快速联动服务。

③ 为用户提供精细、快速、无缝衔接的营销、安装、维保、修理、改造一条龙服务。

④ 今后不论开什么会，讨论什么内容，中间都放一把椅子，椅子上写着"用户"两个字，强化用户意识，真正以用户为中心考虑问题。

⑤ 电梯是一个定制产品，需要进行大楼交通情况、人流量、电梯配置、土建布局、装潢搭配等方面的分析，只有这样才能设计产品。因此，可以实施全程"顾问式"营销和服务。

⑥ 电梯的出厂都是零部件，安装都是在现场，因此，安装过程非常重要，应全程监控，信息化管理，让用户放心、安心。

⑦ 现在存在的问题是：基本都是被动服务，也就是说都是用户告诉我们有问题之后，我们才去进行服务，差别就是快与慢，能否改变思路，变被动服务为主动服务，不等用户提出来，我们的服务就到了……大家都知道，用户满意度本质上是一种主观感受，是对产品、服务及企业本身的一种情感表达。

2. 第二个主题

当会议中有人提出"如何变被动服务为主动服务"的思路时，大家眼前一亮，对呀！怎样进行主动服务呢？主持人敏锐地抓住了这个设想，于是会议讨论的主题延伸为"如何为用户提供主动服务？"

例如，大楼着火了，我们怎么能在第一时间知道，并立刻过去检查及提供维保服务？

① 通过电梯物联网远程监视平台，提供远程故障监视、自动故障报警、急修派工、电梯远程终端管理的服务，实现采集信息的综合处理、远程诊断及主动保养维修服务能力。

② 提供 7×24 小时远程监视和维保服务。

③ 在电梯中安装传感器。

④ 在大楼中安装传感器。

⑤ 跟 119 联网，同步知道火警信息，之后派遣距离最近的维修人员赶到现场。

经过充分的讨论，最后大家一致认为，除了远程监控，跟 119 联网这个设想最好，最能体现主动服务的内涵，带给用户的体验最好，而成本也相对最低。

点拨："如果创造力非常重要的话，群体决策会更有效"。在群体决策中，群体成员心理相互作用影响，易屈于权威或大多数人意见，形成所谓的"群体思维"。群体思维削弱了群体的批判精神和创造力，损害了决策的质量。

— **场景 3　创新应用中的头脑风暴法** —

头脑风暴法是开启集体智慧和创意的有效工具。在设计思维的"探索问题"环节，运用头脑风暴法可以针对设计挑战的问题得出多角度、多层面的理解；在"观察发现"环节，可以运用头脑风暴法设计用户访谈问卷；而在"构思创意"环节，更是离不开头脑风暴法的深度应用。头脑风暴法在设计思维流程中的应用环节见图 3-3-1。

✓ 探索问题　✓ 观察发现　■ 重构需求　✓ 构思创意　■ 制作原型　■ 实施方案

图 3-3-1　头脑风暴法在设计思维流程中的应用环节

点拨：头脑风暴法被应用于多个创新思维环节中，主要原因在于其无限制地自由联想和讨论，容易激发和碰撞出灵感与创意。

知识解码

密钥 1　头脑风暴法的概念

头脑风暴法是由创造学家亚历克斯·奥斯本（Alex Osborn）于 1939 年首次提出、1953 年正式发表的一种激发思维的方法。头脑风暴法指一组人员通过开会方式对某一特定问题出谋献策，群策群力解决问题，是一种基于问题，通过集思广益快速大量产生创意、灵感与构想，提升问题解决质量的工作方法。

新手教程：
头脑风暴法

密钥 2　头脑风暴法的分类

头脑风暴法可分为直接头脑风暴法和质疑头脑风暴法。

1. 直接头脑风暴法

直接头脑风暴法也被称为畅谈会法,指在专家群体决策中尽可能地激发创造性,产生尽可能多的设想。

2. 质疑头脑风暴法

质疑头脑风暴法又称逆向头脑风暴法、反头脑风暴法,与直接头脑风暴法类似,唯一不同的是在质疑头脑风暴法中允许提出批评。直接头脑风暴法是用来刺激创造新观念、新思想,而质疑头脑风暴法则是以批判的眼光揭示某种观念的潜在问题。事实上,这种头脑风暴法的基本点就是通过提问以发现创意缺点。

密钥 3　头脑风暴法的实施准则

1. 会后评判

在会议过程中,不批判任何想法,在头脑风暴的过程中产生的任何想法都是有价值的。

2. 自由奔放地思考

鼓励夸张和无边际的想法,解放思想,异想天开,毫无约束,畅所欲言。

3. 以量求质

鼓励各种不同的想法,越多越好,多多益善,不必顾虑内容的好坏。

4. 见解无专利

尽可能使多个部门参与,鼓励每个人都作出贡献,鼓励借用别人的构想发挥,灵感引发灵感。

 基础训练

运用头脑风暴法开发一款教师专用鼠标

训练攻略:
头脑风暴法

1. 训练清单

● 训练起点:理解头脑风暴法的有关知识点和应用场景;上一任务(列举法)的成果输出——"鼠标改良设想"鱼骨图,以及据此完成的二十条改良设想、四个设计方向。

● 训练内容:运用头脑风暴法针对四个设计方向之一——鼠标外观改良,提出创意解决方案,降低患上"鼠标手"的风险。

● 成果输出:运用头脑风暴法,绘制避免患上"鼠标手"的创意设计思维导图。

● 技能习得:掌握头脑风暴法的原理。

2. 训练流程

步骤 1：会前准备。

① 确定会议主题。头脑风暴法适合解决目标单一的问题，根据对应问题拟定机会陈述，描述想要达到的目标，陈述中不能暗示问题解决的方法。

例如，根据列举法优选出的二十条设想，确定围绕目标用户的创意方向，本次头脑风暴选择其一——鼠标外观改良，解决患上"鼠标手"的风险。

根据思维导图创建的 5W1H 关键词，在众多信息组合中，设定选择的 Who（用户群体）——教师；What——设计一款怎样的鼠标，我们受列举法启发，选择性地设计一款鼠标，解决用户易患上"鼠标手"的问题；When——在什么时间使用鼠标，我们根据对教师群体的观察，按照日常时间块分类，选择常态固定时间（如晚上）、黄金时间（如工作的 8 小时）；Where——在什么地点或者场景使用鼠标，我们根据对教师群体的观察，选择办公室、教室、家里、会议室、咖啡吧等休闲空间；Why——根据教师群体的特性，我们主要思考鼠标能满足用户什么需求或者具有何种功能，包括便捷、轻松办公功能，教师的办公主要包括教学、教研、日常填表等教务事务性工作，以及作业批改等与教学相关的事宜。

因为头脑风暴法适合解决目标单一的问题，所以本训练拟定会议讨论主题为：如何进行鼠标改良，解决教师群体易患上"鼠标手"的问题。

② 确定会议主持人。会议主持人需要介绍问题、提醒时间和确保大家服从头脑风暴规则，掌控会议进程，确保与会者积极愉悦参与发言。本训练中头脑风暴的主持人由一名熟悉头脑风暴规则的同学来担任，同时这位同学也是提出解决"鼠标手"问题的学生。

③ 确定与会者。与会者以 5~8 人为宜，若条件允许，则可以引入该行业专家。在本训练中，头脑风暴与会者应由跨专业学生组成，包括计算机专业学生、广告专业学生、市场营销专业学生、会计专业学生、食品工程专业学生、文秘专业学生（不同专业的学生可以形成思维共振），同时引企入校的专家团队应包括一名工程师和一名设计师。

④ 确定记录者。记录者需要记录会议产生的设想，并做系统化处理，可由主持人兼任，或者另派专人负责，也可由与会者自己记录，还可使用录音笔记录，后期整理。本书创新训练中头脑风暴法的记录工作由主持人兼任。

⑤ 预定时间地点。会议地点选择轻松、平等的环境，可以在室外草地，也可以在室内会议室、教室等。会议座位以圆形围坐为主，体现人人平等，有近距离交流的条件；或者设置为 U 形布局，中央是写字白板（写上本次头脑风暴主题），这样的布局能够避免提建议时直视对方，可以思考讨论凝视主题。若有条件，则可配置白板、记录卡片、白纸、彩笔等，方便更清晰地展示交流。会议时长以 30~45 分钟为宜，主持人可临场掌控，会议过长可中场休息。本训练会议地点选择的是教室，座位是圆形围坐，为学生配备了画布、记录卡片、白纸和彩笔，会议总时长为 45 分钟。

步骤 2:热身阶段。

① 主持人提早到达会场,并做会场布置准备工作,包括布置座位、将头脑风暴主题写到明显位置、将头脑风暴规则贴在明显位置、为与会者做好彼此介绍、播放柔和音乐做背景声。建议创新训练中的学生主持人要提前 15 分钟进入教室并布置会场。

② 安排与会者落座、热身热场活动。活动目的是使与会者迅速进入创意爆发的"角色",以轻松、热烈、平等的氛围营造为主。活动方式可以是智力游戏、脑筋急转弯、猜谜语、讲幽默故事、观看创造力方面的视频等。活动时间以 5~10 分钟为宜。

步骤 3:明确问题。

① 主持人开启会议时刻。主持人讲清头脑风暴原则,并阐明其重要性,并让与会者将手机调至静音。

② 主持人介绍讨论主题。主持人宣布的主题需要注重两点:第一,确保与会者有比较准确、一致的理解;第二,不过度引申,有利于与会者从不同角度进行创造性思维发散。

步骤 4:自由思考交流。

① 自由畅谈型。与会者自由发表设想,各抒己见。

② 轮流发言型。如果与会者发言不积极,则可以采用轮流发言的方式,每轮每人简明扼要地讲清楚一个改良设想,避免形成辩论和发言不均。

③ 沉默冷场应对策略。在头脑风暴会议中大家的创造力可能会逐渐减弱,出现沉默冷场,这是很正常,人们需要时间来思考。在这个时候,主持人应该抛出一个问题引导大家回答,借以激发创造力。例如,"我们能综合这些设想吗?"或者"换一个角度看怎么样?"可把主题拆分为不同角度、不同阶段进行提问。最好在开会前准备一些诸如此类的引导问题,以避免临场尴尬。

④ 观点枯竭应对策略。会议进行一段时间后,与会者的观点将会显得枯竭,这时需要中场休息。休息的时间并不固定,取决于分配给会议的时间和已产生的观点数量。休息的方式尽量让与会者自由选择,可以散步、喝水、做游戏。休息结束时,尽可能请与会者坐在不同的座位,让他们跟新的邻座问好,以一种新的心境与状态继续进行讨论。开始前,主持人应再次简短重申一遍主题,提醒与会者注意头脑风暴的基本规则,然后会议继续。

⑤ 观点数量提升策略。在一般情况下,头脑风暴会议持续 45 分钟左右,形成的设想应该不少于 30 种,但最好的设想往往是会议要结束时才提出的。因此,预定结束的时间如果到了,则可以根据情况延长 5 分钟,这是人们容易提出好设想的时候。在几分钟时间里若没有新主意、新观点出现,则头脑风暴会议便可宣布结束。

⑥ 结束环节提升策略。在结束环节主持人需要做的事情包括:感谢与会者的参与,告诉他们这是一个令人愉快的会议过程;留下自己的联系方式,强调如果与会者在会后有任何新

的想法,请务必在第一时间告知;如果条件允许,则可以在会议结束后留给与会者一小段时间放松和互相交流,这样非常有助于新想法的产生;当所有人离开后,主持人应当将整个会议流程回想一遍,有时会发现一些当时没有记录却非常有价值的信息;在畅谈结束的第二天或第三天,主持人应该用电话或面谈的方式,与与会者进行第二次交流,收集与会者在会后产生的新设想,这是不可忽视的一步。记录者需要完成的工作是将所有的想法整理成一个清单,如果是与会者自己记录想法,则请他们务必先将想法写完整再离开。

步骤 5:会后整理。

通过头脑风暴会议和会后的回访,会得到很多设想,整理策略包括以下内容。

① 用 Excel 表格把想法罗列出来,形成一个设想清单。

② 合并同类项。

③ 用思维导图工具把所有合并同类项后的设想图解表示出来,并用箭头标注不同类设想之间的关系。

④ 给与会者再次创意和评价的机会。本训练的评价环节置于本项目的任务 7 中。

训练成果——避免患上“鼠标手”的创意设计思维导图(图 3-3-2)。

3. 流程应用

了解了头脑风暴法的概念和应用步骤,下面就头脑风暴法开展应用训练。

设计挑战:请为改良后的抱枕设计五条广告语。

步骤 1:会前准备。

步骤 2:热身阶段。

步骤 3:明确问题。

步骤 4:自由思考交流。

步骤 5:会后整理。

训练成果——五条抱枕广告语。

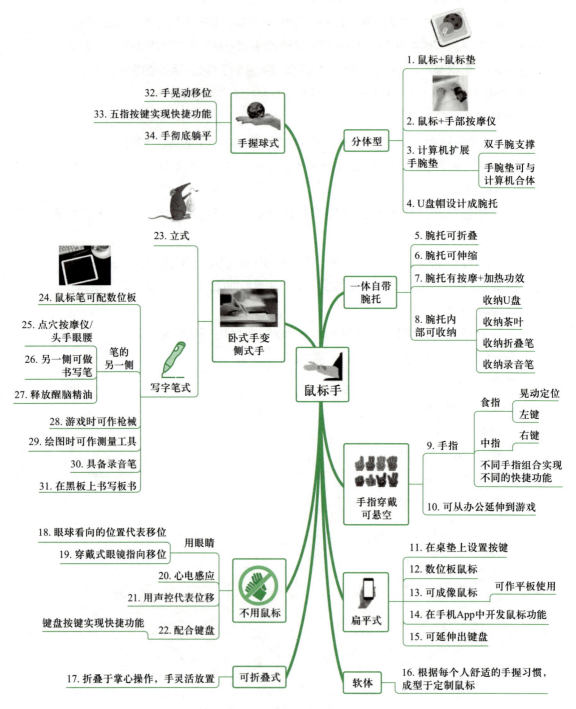

图 3-3-2 避免患上"鼠标手"的创意设计思维导图

 **拓展训练**

运用头脑风暴法设计一款书签

1. 训练清单

● 训练起点:掌握头脑风暴法的原理;上一任务(列举法)的成果输出——"书签设计"鱼骨图,以及据此完成的二十条改良设想。

● 训练内容:在掌握头脑风暴法的有关知识点的基础上,灵活运用其方法技巧,提升在实践项目中解决问题的能力。针对某书店委托的任务——设计一款书签,在上一任务(列举法)所列举书签缺点的基础上,团队成员运用头脑风暴法针对其中一个缺点,提出三十条创意解决方案。

● 成果输出:解决书签缺点,并提出三十条创意方案。

● 技能习得:掌握头脑风暴法的应用。

2. 训练流程

说明:自主完成该训练(详细流程参照本任务中的"基础训练")。

 素质养成

"独立与包容"培养计划

头脑风暴法是集团队力量开展创意的方法。

如何使用头脑风暴法开展高效创意工作呢?首先要尊重他人的个性和差异,允许他人对事物有不同的看法,自己的观点对并不代表别人的观点错,别人的观点对也不代表自己的观点错,这与《论语》中儒家对文化的差异及特质的包容不谋而合。

学会和而不同,不仅能使人生烦恼更少,还能收获更多认可。我们怎样才能做到和而不同?

1. 学会尊重

优秀的人懂得尊重和理解别人的不同,谁都有属于自己的闪光点。学会尊重他人、接纳他人,考虑别人的自尊心,不随意评论他人,这是一个人最大的修养,在为人处世中,这也是让人际关系保持友好和谐的秘诀。

2. 独立思考

在面对一个观点时,我们应该找证据来支撑观点,有独立思考的能力。事实上,关于独立思考的方法我们在批判思维中已经讲过,在这里向大家推荐尼尔·布朗(Neil Browne)和斯图尔特·基利(Stuart Keeley)所著的《学会提问》一书,书中列举了科学研究和日常生活中的大量实例,引导我们富有理性、逻辑性和批判性地思考问题。

荣耀时课:
头脑风暴法

任务 4 形态分析法

 **任务初探**

神奇鼠标诞生记——锁定目标

在列举法训练中,团队成员还发现鼠标产品的缺点之一是会导致用户办公智能化水平低。团队成员可以使用形态分析法提出改良设想,解决"教师用户实现智能化(便捷)办公"问题。

场景导入

— 场景 1 生活中的形态分析法 —

作为孩子身体能量源泉的母亲总是为晚饭吃什么而感到困扰,常做的只有那几道菜肴,孩子希望餐桌上出现新的菜肴,但是从手机上打开食谱 App 会因眼花缭乱的菜品而浪费时间。在了解形态分析法之后,李妈妈决定利用其开发一道新菜。

李妈妈分析了几个孩子最爱吃的菜肴,即糖醋排骨、鱼香肉丝、西红柿炒鸡蛋、番茄鲜虾豆腐煲,并对其进行了要素分析,形成了孩子爱吃菜肴的要素思维导图(图 3-4-1)。

经过观察,李妈妈觉得影响孩子胃口的主要因素是菜肴的口味,以及蛋白质来源。随后,她根据这个结果进行了形态分析,形成了新菜形态分析表(表 3-4-1)。

表 3-4-1　新菜形态分析表

因素	可能			
口味	酸甜	微辣		
蛋白质来源	鸡蛋	虾	排骨	里脊肉

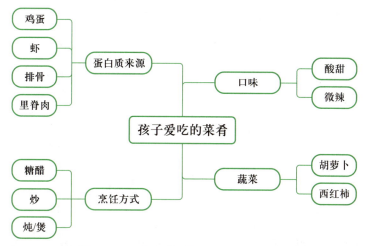

图 3-4-1　孩子爱吃菜肴的要素思维导图

根据形态分析表,得出 8(2×4)种新菜肴,李妈妈分别尝试了糖醋大虾、番茄排骨煲、鱼香鸡蛋、鱼香大虾等不同组合的新菜肴,其中的几道得到了孩子的好评。

> **点拨:**"不同的视觉,不同的认知"。解决生活中具体产品设计问题时,面对大量信息资料,我们要学会根据现有资料的属性对它进行分类,并通过视觉方式(图和表格)进行表达,只有把复杂的事物结构化、形象化,才能够更加容易认清产品现状,发现设计创意的机会点。

── 场景 2　职场中的形态分析法 ──

项目团队接到一项任务:设计一款现代主义风格的办公阅读台灯。由于团队可能对台灯知识认知较浅,设计现代主义风格的办公阅读台灯更不知如何下手,这时可先绘制思维导图了解台灯,再用形态分析法设计台灯。

步骤 1:绘制思维导图全面了解台灯。

通过绘制"台灯设计"思维导图(图 3-4-2),使得团队对台灯的类型、结构、形态、使用材料和设计风格具有一定的了解,梳理出设计的思路,提高设计思维的效率,并清晰罗列出台灯设计的相关要素。同时,思维导图在设计前期的运用,为后期形态分析法中的主题确定与要素提取提供有力参考。

步骤 2:根据台灯的设计方向——现代主义风格的办公阅读台灯,确定其材料宜采用金属与塑料的组合。

步骤 3:因素分析。通过观察思维导图可知,构成台灯外形的两大要素是结构与造型,其中结构要素可细分为灯罩、支架、底座和开关。因此,本研究的基本要素有五个,即灯罩、支架、底座、开关和造型。

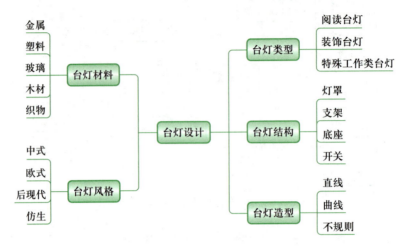

图 3-4-2 "台灯设计"思维导图

步骤4:将每个要素分成不同形态,形成台灯形态矩阵(表3-4-2)。

表 3-4-2 台灯形态矩阵

要素	形态1	形态2	形态3	形态4	形态5	形态6	形态7	形态8
灯罩	梯形	球形	圆柱形	方形	喇叭形	条形	圆形	其他
支架	金属软管	塑料弯管	折叠杆	直杆				
底座	夹子底座	创意底座	方形底座	圆盘底座				
开关	感应式	按钮	旋钮	拉绳				
造型	直线型	曲线型	不规则型					

步骤5:根据台灯设计的功能结构要求,将各种要素对应的不同形态进行排列组合,形成若干种方案,台灯的设计方案总数为1 536(8×4×4×4×3)种。

步骤6:根据确定的设计方向——现代主义风格的办公阅读台灯,对各要素的形态进行优选。

点拨:"如果能看到事物本质,许多问题就能迎刃而解。"每个事物背后都有它运转的规律,找到事物运转规律就能洞察事物本质,而规律其实就是一个或复杂、或简单的系统。运用形态分析法可以帮助我们将任何一个系统拆解为多个"要素"及要素之间的"连接方式"。

— 场景 3　创新应用中的形态分析法 —

形态分析法是利用分解、组合的方式进行创新的工具。该方法主要应用于设计思维的"构思创意"环节，通过对创新对象进行形态分析，能让团队成员在固定时间内找到系统且全面的问题创意解决方案。形态分析法在设计思维流程中的应用环节见图 3-4-3。

☐ 探索问题　☐ 观察发现　☐ 重构需求　☑ 构思创意　☐ 制作原型　☐ 实施方案

图 3-4-3　形态分析法在设计思维流程中的应用环节

点拨：形态分析法最大的特点是先拆后组，在交叉组合中变换出更多的设想和解决方案，让创意多样化。

 知识解码

密钥 1　形态分析法的概念

新手教程：
形态分析法

形态分析法是组合法中的经典方法，是美籍瑞士科学家弗里茨·兹维基（Fritz Zwicky）于 1942 年提出的。形态分析法以系统分析和综合为基础，用集合理论对研究对象相关形态要素进行分解排列和重新组合，得出所有可能的总体方案，最后通过评价进行选择。也就是说，每个事物（技术装置）都可以分解成若干个子系统，直至分解成不能再分的要素。将这些要素重新排列组合，就会产生很多新的功能、方法或装置。

密钥 2　形态分析法的优缺点

1. 优点

① 系统性。形态分析法是一种系统性的方法，可以帮助人们全面、系统地分析问题，从而得出更为全面和准确的结论。

② 可靠性。形态分析法可以通过对已知的形态进行分析和比较，来推断未知的情况，从而提高决策和预测的可靠性。

③ 效率高。形态分析法可以将复杂的问题分解成多个简单的组成部分,从而更快速、高效地解决问题。

2. 缺点

① 适用范围有限。形态分析法只适用于具有明显形态的事物,对于一些没有明显形态的问题可能不太适用。

② 工作量大。形态分析法需要对每个组成部分进行分析和比较,因此工作量较大,需要花费较多的时间和精力。

③ 主观性强。形态分析法的分析和结论往往受到分析者的主观因素影响,因此可能存在主观性和偏差。

因此,在使用形态分析法时需要根据具体情况进行综合考虑,以充分发挥其优点并避免其缺点。

 基础训练

运用形态分析法开发一款教师专用鼠标

训练攻略:
形态分析法

1. 训练清单

● 训练起点:理解形态分析法的有关知识点和应用场景;本项目任务 2(列举法)的成果输出——"鼠标改良设想"鱼骨图,以及据此完成的二十条改良设想、四个设计方向。

● 训练内容:运用形态分析法针对四个设计方向之一——鼠标便捷性改良,提出创意解决方案,帮助教师用户实现智能化(便捷)办公的需求。

● 成果输出:运用形态分析法,绘制鼠标形态分析矩阵。

● 技能习得:掌握形态分析法的原理及其工具(形态分析矩阵)的绘制。

2. 训练流程

步骤 1:明确待解决问题。

本训练解决问题分析的对象是鼠标,要达成的目标是"帮助教师用户实现智能化(便捷)办公"。

根据综合列举法和思维导图成果输出,明确鼠标的设计方向——解决教师用户群体易患上"鼠标手"的问题和实现智能化(便捷、舒适、智慧)办公的需求。本训练从智能化办公的三个具体需求中挑选了"便捷"进行创意。

步骤 2:因素分析。

根据要解决的问题列出创造对象的所有构成要素,这些要素之间要彼此独立、不能存在包含关系且尽可能选取与最终解决目标关联性大的因素。如果确定的因素彼此包含或不重要,就会影响最终组合方案的质量,并且使方案数量无谓地增加,为后续评选工作带来困难;如果列出的因素不全面,缺少了某些重要因素,则会遗漏有价值的创意。

项目团队在设计鼠标时,主要针对的是鼠标的功能和结构,因此没有必要将其生产方式也纳入分析维度。结合“便捷”的鼠标设计需求,便捷主要体现在使用产品的步骤中,经过分析得出影响便捷性的六个独立因素如下。

① 鼠标开关机:操作步骤包括拿起鼠标、触控开关、放下鼠标。

② 鼠标与计算机连接:操作步骤包括取出 USB 接口、插入计算机、等待连接、连接成功;蓝牙连接的方式包括打开开关、搜索信号、等待连接、连接成功。

③ 鼠标灵敏性:操作步骤包括抓取鼠标、手腕移动鼠标、手指单击按钮的步骤。

④ 鼠标结构功能设计:操作步骤包括鼠标移动实现光标定位、滚轮滚动实现上下翻页、左键实现确认、右键实现快捷菜单功能、DPI 键实现灵敏度调节。

⑤ 鼠标供电方式:电池式的供电方式,常规操作步骤包括推开底壳、确认正负极、取放电池、合上底壳;充电式的供电方式,常规操作步骤包括拔出线缆、插入供电处、等待供电、拔下线缆、收纳线缆。

⑥ 鼠标收纳方式:常规操作步骤包括从包中取出计算机、翻找鼠标、拿出鼠标、收起计算机、收起鼠标。

步骤 3:形态分析。

对研究对象所列举的各个因素进行形态分析,运用发散思维列出各因素全部可能的形态(技术手段)。为便于分析和做下一步的组合,这一步往往要采取矩阵列表的形式,把各因素及相对应的各种可能的形态(技术手段)列在表格中,如鼠标形态分析。

① 鼠标开关机的形态:主要包括按钮式、拨动式(On/Off 开关)、指纹式、手势控制式、靠近感应式,共五种形态。后两种开关机形态借鉴了手机解屏锁和自动洗手液的开关方式。

② 鼠标与计算机连接的形态:主要包括线缆 USB 连接、无线 USB 连接、蓝牙连接、自动感应连接、碰一碰连接,共五种形态。其中,自动感应连接借鉴了汽车使用遥控钥匙为车体解锁的方式,碰一碰连接借鉴了儿童电话手表加好友碰一碰的方式。

③ 鼠标灵敏性的形态(主要是涉及鼠标传感器的工作原理):主要包括机械式、光电式、激光式、陀螺仪式、轨迹球式、触控式,共六种形态。

④ 鼠标结构功能设计的形态:主要包括移动+DPI 键+左键/右键单击+滚轮前后移动、移动+DPI 键+左键/右键单击+滚轮四向移动、移动+DPI 键+左键/右键单击+滚轮前后移动+多组按键+切换键、移动+DPI 键+左键/右键单击+滚轮四向移动+多组按键+切换键、移动 +DPI 键+左键/右键单击/双击+滚轮前后移动、移动+DPI 键+左键/右键单击/双击+滚轮前后移动+多组按键+切换键、移动+DPI 键+左键/右键单击/双击+滚轮四向移动+多组按键+切换键,共七种按键组合形态。其中滚轮左右移动、左/右键分别双击、多组

按键配置于鼠标中,均实现不同的快捷功能。不同场景按键切换功能,借鉴汽车驾驶人的坐姿调整按钮,鼠标场景切换功能一键实现办公、游戏等不同场景中鼠标中所有按键功能的转化。

⑤ 鼠标供电方式的形态:主要包括电池、充电、太阳能,共三种形态。

⑥ 鼠标收纳方式的形态:主要包括计算机鼠标分体收纳和计算机鼠标一体收纳,其中计算机鼠标一体收纳又分为鼠标吸附于计算机上和鼠标收纳于计算机内部,共三种形态。

步骤 4:形态组合。

分别将各因素的各形态一一加以排列组合,以获得所有可能的组合设想。通过上面的分析,这款鼠标设计共产生 9 450(5×5×6×7×3×3)种可能的组合设想,鼠标形态分析矩阵如表 3-4-3 所示。

步骤 5:筛选最佳设想方案。

因为所得设想数量很多,所以设想评选工作量较大,通常要以新颖性、价值性、可行性三者为标准进行多轮筛选和考评。已知我们组合出了 9 450 种设想,其中有一部分设想司空见惯、没有新意,有一部分缺乏价值,还有一部分不具可行性,我们要将这些排除掉,在剩下的方案中寻找最佳设想。

例如,将要素形态指纹式、自动感应连接、陀螺仪式、移动+DPI 键+左键/右键单击/双击+滚轮四向移动+多组按键+切换键、太阳能、鼠标吸附于计算机上组合在一起。在教师"便捷"使用鼠标的场景中表现为,教师从包中同时取出计算机及吸附于计算机上的鼠标;计算机开机后,手抓握鼠标靠近计算机,同时实现指纹触摸鼠标开机和鼠标靠近计算机自动连接计算机的双重功能;教师办公时不必移动手臂实现光标位移,陀螺仪配置的鼠标仅需轻轻晃动即可实现光标定位;多功能定制化按键满足教师使用多种快捷功能办公的需求,按键编程可依据需求随时切换。这种鼠标不但使用便捷、体验感良好,而且办公效率更高,真正实现了从产品创新诉求"便捷性"的角度进行创意。

在解决各种发明创造问题时,利用形态分析法可以使设计人员构思多样化,帮助人们从熟悉的要素中发现新的组合,避免产生先入为主的看法。通过形态分析法,人们能够找到关于某个问题的所有变量,并通过变量矩阵,罗列变量之间组合的所有可能性,以便人们充分利用现有技术变量创造不一样的技术物。在技术条件不允许进行根本性革新的情况下,或者在某技术刚刚产生的情况下,形态分析法无疑能够充分挖掘已有技术条件的潜力,利用逻辑排序的方式,穷尽各种技术或各种已有条件之间组合的可能性,推动人们的发明创造活动。

训练成果——形态分析法解决用户便捷化办公的改良设想方案。

表 3-4-3 鼠标形态分析矩阵

要素	形态 1	形态 2	形态 3	形态 4	形态 5	形态 6	形态 7
开关	按钮式	拨动式	指纹式	手势控制式	掌近感应式		
连接	线缆 USB 连接	无线 USB 连接	蓝牙连接	自动感应连接	碰一碰连接		
灵敏	机械式	光电式	激光式	陀螺仪式	轨迹球式	触控式	
结构功能	移动+DPI 键+左键/右键单击+滚轮前后移动	移动+DPI 键+左键/右键单击+滚轮四向移动	移动+DPI 键+左键/右键单击+滚轮前后移动+多组按键+切换键	移动+DPI 键+左键/右键单击+滚轮四向移动+多组按键+切换键	移动+DPI 键+左键/右键单击+双击+滚轮前后移动	移动+DPI 键+左键/右键单击+双击+滚轮前后移动+多组按键+切换键	移动+DPI 键+左键/右键单击+双击+滚轮四向移动+多组按键+切换键
供电	电池	充电	太阳能				
收纳	分体	吸附	内置				

3. 流程应用

了解了形态分析法的概念和应用步骤,下面请用形态分析法进行训练。

设计挑战:用形态分析法为电动车设计一款可以固定在车身上的双人头盔,以解决头盔随身携带缺乏便利性的问题。

步骤 1:明确待解决问题。

步骤 2:因素分析。

步骤 3:形态分析。

步骤 4:形态组合。

步骤 5:筛选最佳设想方案。

训练成果——可固定的双人头盔创意设计。

 拓展训练

运用形态分析法设计一款书签

1. 训练清单

● 训练起点:掌握形态分析法的原理及其工具(形态分析矩阵)的绘制;本项目任务 2(列举法)的成果输出——"书签设计"鱼骨图,以及据此完成的二十条改良设想。

● 训练内容:在掌握形态分析法的有关知识点的基础上,灵活运用其方法技巧,提升在实践项目中解决问题的能力。针对某书店委托的任务——设计一款书签,在本项目任务 2(列举法)列举出的书签缺点和希望点的基础上,团队成员运用形态分析法针对其中一个缺点或者希望点,提出创意解决方案。

● 成果输出:绘制书签缺点或希望点的形态分析创意矩阵,并提出三十条创意方案。

● 技能习得:掌握形态分析法及其工具(形态分析矩阵)的应用。

2. 训练流程

说明:自主完成该训练(详细流程参照本任务中的"基础训练")。

 素质养成

"匠人精神"涵养计划

荣耀时课:
形态分析法

形态分析法让我们体会到创新是有法可循的。创新不只是科学家和发明家的专利,其实创新就在我们身边,每位劳动者都可以成为创新者。

既然如此,在创新过程中最重要的精神是什么呢?如何培养这种精神呢?观察每位创新者,发现他们身上都有着一种精益求精的匠人精神。正是带有这种精神的大国工匠在自己的领域不断深耕,勇于创新,才推动着各行各业不断进步。

精益求精的匠人精神在专业领域不仅仅是执着与专注,更是一种坚持不断突破与迭代的创新精神。我国心理学博士采铜(崔翔宇)编著的《精进:如何成为一个很厉害的人》一书,通过一步步剖析精益求精之路,帮助我们深入了解这种精神。

任务 5　类比法

任务初探

神奇鼠标诞生记——提出设想

在列举法训练中,团队成员发现鼠标产品的希望点之一是用户希望鼠标智能化(舒适)。团队成员可以使用类比法提出设想,解决"教师用户实现智能化(舒适)办公"问题。

场景导入

— 场景 1　生活中的类比法 —

有个叫约瑟夫·格利登(Joseph Glidden)的牧童,他的工作是每天把羊群赶进牧场,并监视羊群,不让它们越过牧场的铁丝栏杆到相邻的菜园里吃菜。有一天,他因为太困,不知不觉在牧场上睡着了。不知过了多久,他被一阵怒骂声惊醒了,只见农场主怒目圆睁大声吼道:"你这个没用的家伙,菜园被羊群搅得一塌糊涂,还在这里睡大觉!"约瑟夫吓得面如土色,不敢回话。

这件事情发生后,聪明的约瑟夫就想怎样才能使羊群不再越过铁丝栏杆呢?他发现在那片有玫瑰花的地方并没有更牢固的护栏,但羊群却冲不过去,因为羊群怕玫瑰花的刺。约瑟夫灵光一闪,高兴得跳了起来,如果在铁丝上加上一些刺,就可以挡住羊群了,于是他先将铁丝剪成 5 厘米左右的小段,然后把它们绕在铁丝上当刺,接好之后他在放羊的时候发现羊群企图越过护栏,但多次被刺疼之后,再也不敢越过铁丝栏杆了,约瑟夫成功了。半年后,他申请了这项专利并获批准,后来这种带刺的铁丝栏杆(图3-5-1)便风行世界。

图 3-5-1　带刺的铁丝栏杆

约瑟夫用玫瑰花刺直接类比解决了生活中遇到的困境,并发明出带刺的铁丝栏杆。

点拨:"类比是思维的动力和本质"。生活中的难题只要能找到一个恰当的类比,瞬间就会让人觉得异常简单。类比法可广泛运用于日常认识和科学研究,它对于探求新知识、进行发明创造,都有重要作用。

── 场景 2　职场中的类比法 ──

❓ 创新红房子:曾有一家工厂要改进原来生产涂料的配方,使涂料能更好地黏附在白灰墙的墙面上,但试验了许多配方都不理想。如果你是该厂研发人员,则应如何用类比法解决此问题?

❗ 创新绿房子:研发人员发散思维,大胆想象,进行了如下类比。

步骤1:首先将自己想象成一滴涂料,刚刚被涂到白墙的表面。

步骤2:感受现在面临的问题。我在不停跌落,我试图挤到墙里面去,我试图用手抓住墙面,但我找不到任何支撑物,我跌落得越来越快。

步骤3:通过亲身感受,你知道了墙面要有支撑物,同时涂料需要有一双有渗透力、能"插"到白灰墙里的"手"。

步骤4:你会意识到涂料里应有一种溶剂,它能与结合力差的白灰相结合,找到支撑物,同时能使涂料也随着结合渗透进去。

通过将自己和涂料做类比,我们能够亲身感受涂料所处的环境,激发创意,解决问题。

点拨："类比联想支配发明"，类比法是人们生活中灵活解决问题的一种主要手段，能帮助我们从一些不熟悉的地方找到结论或解决问题的方法。

—— 场景3 创新应用中的类比法 ——

类比法是利用逻辑推理，比较分析两个类比对象之间的相同和不同点，从而认识事物、产生创新设想和解决问题的方法。该方法主要应用于设计思维的"构思创意"环节，通过筛选、比较其他事物，能让团队在"思维堵车"时找到灵感。类比法在设计思维流程中的应用环节见图3-5-2。

图3-5-2　类比法在设计思维流程中的应用环节

点拨：类比的关键是筛选和找到能够进行类比的事物或对象，进而才能产生对我们工作和产品有创造性的设想和创意。

知识解码

密钥1　类比法的概念

类比法中的"类"表示类似、相似、类推、比拟等含义，"比"表示通过比较来发现这些相似点。类比法亦被称为类比推理法或类推法。类比推理就是根据两个（或两类）对象在某些属性上相同或相似，从而推出它们在其他属性上也相同或相似的推理。

类比法的对象包括本体和比体两个部分。"本体"是待解决的问题或事物现象，它常常是人们不熟悉的，有时甚至是较深奥或较抽象的问题或事物；"比体"是被当作类比参照物的问题或事物，它可使人们从对类似、相通的事物的理解中找到待解决问题的途径。

新手教程：
类比法

密钥 2　类比法的分类

类比法是将两个表面上不相干的事物"生拉硬拽"地放在一起,通过类比产生创造性设想的方法。类比法有直接类比法、亲身类比法、幻想类比法、符号类比法。本任务主要介绍直接类比法。

密钥 3　类比法的推理

类比法的推理为:A(类比对象)— f(特征)— B(被类比对象)。其中,A 和 B 是两个不同的事物,f 是 A 和 B 之间共有的特征或属性。通过观察、比较 A 和 B 之间的共同特征 f,人们可以从中得到启示和灵感,进而发现新的规律或创造新的产品。

密钥 4　类比法的特征

类比法的基础是人们对思维对象相似性的认识。类比法的客观基础是不同事物之间的同一性和相似性。正因为客观世界中不同事物之间存在着同一性和相似性,我们才有可能从不同的事物所具有的某些相同属性,推知它们在另一些方面也具有相同的性质。

类比法具有较大的灵活性,它是一种跨对象、跨领域的方法,是一个由特殊到特殊、由此物及彼物,由此类及彼类的认识过程,它在解决理论问题或认识事物的本质中可以由已知推出未知,起到举一反三和触类旁通的作用。类比思维相对于演绎思维与归纳思维而言,受前提制约程度小。类比物、类推属性的选择等都具有很大的灵活性。

类比法的推断不具有必然性。类比法指把某个(或某类)对象所具有的属性推广到与之相似的另一个(或另一类)对象上去,因此结论的范围超出了前提的范围。所以,类比推理的前提并不蕴涵结论,从前提的真实,不能必然推出结论的真实。类比法的或然性在于,客观事物之间既有相似的一面,也有差异的一面,如果我们得出来的结论正好是它们二者的差异性时,则结论必然是错误的。

基础训练

训练攻略:
类比法

运用类比法开发一款教师专用鼠标

1. 训练清单

● 训练起点:理解类比法的有关知识点和应用场景;本项目任务 2(列举法)的成果输

出——"鼠标改良设想"鱼骨图,以及据此完成的二十条改良设想、四个设计方向。

- 训练内容:运用类比法针对四个设计方向之一——鼠标舒适性改良,提出创意解决方案,帮助教师用户实现智能化(舒适)办公的需求。
- 成果输出:运用类比法,绘制"鼠标智能化(舒适)办公"的创意设计思维导图。
- 技能习得:掌握类比法的原理。

2. 训练流程

步骤1:明确待解决问题。

待解决问题包括分析的对象和要达成的目标。本训练解决问题分析的对象是鼠标,要达成的目标是"帮助教师用户实现智能化(舒适)办公"。

根据综合列举法和思维导图成果输出,明确鼠标设计方向——解决教师用户群体易患上"鼠标手"的问题和实现智能化(便捷、舒适、智慧)办公的需求。本训练从智能化办公的三个具体需求中挑选了"舒适"进行创意。通过调研发现,教师用户群体对于鼠标舒适的希望点主要表现在:希望鼠标能带来舒适的体验,如鼠标冬暖夏凉。

步骤2:联想关联事物。

根据要解决的问题,想一想世界上还有什么事物与要解决的问题具有同样功能。在鼠标设计项目中,需要解决的问题是"鼠标需要满足冬暖夏凉的功能",那么需要联想世界上有什么事物具有冬暖夏凉的功能,如窑洞、空调、冷暖风机、山洞、电风扇、棉麻制品、森林、低碳墙面漆[①]、保温箱、智能面料(智能变温、智能变色),以及狗通过吐舌头散热等。

步骤3:明确关联事物发挥功能的原理。

① 厚壁隔绝:如窑洞、保温箱。

② 空气流动:如森林、冷暖风机、山洞、电风扇、狗吐舌头散热。

③ 材料特殊属性:如智能面料、棉麻制品、低碳墙面漆。

④ 电机功能:如空调、冷暖风机。

步骤4:模仿原理提出设想。

① 参照厚壁隔绝原理和电机功能,可以在鼠标外壳中做一道夹层,鼠标内设电机导热导冷,夹层传导冷热,以此实现冬暖夏凉。

② 参照空气流动原理,可知山洞靠空气流通带来清凉感,根据这个原理,鼠标可以设计成中空的造型,手心接触鼠标的面是空的,因此手心接触空气面积增大,有助于手部散热。

③ 参照空气流动原理,可知森林中的风从树木中穿过带来清凉感,根据这个结构特点,鼠标表面可以增加凸起物,具备按摩和增加空气流动的功能。

---

① 低碳墙面漆是涂料行业首款冬暖夏凉的内墙漆,添加了3M空心微珠,空心微珠里是稀薄的空气,空气导热系数低,能大大减缓热量的传导。

④ 参照空气流动原理，可知电风扇通过扇叶旋转制造风形成空气流动，根据这个结构特点，鼠标可以在中空造型中增加一个电风扇。

⑤ 参照材料特殊属性原理，可以在鼠标表面刷涂层，使用类似于低碳墙面漆的材料；或者在鼠标表面覆盖棉麻/智能面料，从而达到凉爽排汗功效。

步骤 5：完善设想。

通过请教行业专家和尝试制作模型，进一步完善设想。

训练成果——类比法解决用户舒适化办公的创意设计草图。

3. 流程应用

了解了类比法的概念和应用步骤，下面请用类比法进行训练。

设计挑战：以下两个项目任选其一，一是提出用类比法解决头盔不压发型的五条改良设想；二是运用类比法发明新式水杯，让小朋友喜欢喝水。

步骤 1：明确待解决问题。

步骤 2：联想关联事务。

步骤 3：明确关联事物发挥的原理。

步骤 4：模仿原理提出设想。

步骤 5：完善设想。

训练成果——头盔改良五条改良设想或者新式水杯五条发明设想。

 拓展训练

运用类比法设计一款书签

1. 训练清单

● 训练起点：掌握类比法的原理；本项目任务 2（列举法）的成果输出——"书签设计"鱼骨图，以及据此完成的二十条改良设想。

● 训练内容：在掌握类比法的有关知识点的基础上，灵活运用其方法技巧，提升在实践项目中解决问题的能力。针对某书店委托的任务——设计一款书签，在本项目任务 2（列举法）列举出书签缺点和希望点的基础上，团队成员运用类比法针对其中一个缺点，提出创意解决方案。

● 成果输出：解决书签缺点，并提出三十条创意方案。

● 技能习得：掌握类比法的应用。

2. 训练流程

说明：自主完成该训练（详细流程参照本任务中的"基础训练"）。

素质养成

"温故创新"培养计划

类比法在创新发明、解决问题方面提供了很大帮助，它可以拓宽新思路，开辟新路径。

中国的载人航天工程在准备初期借鉴了苏联和美国的大量资料，了解了他们在载人航天中成功的经验和失败的教训，从而少走了很多弯路。我们发现，可以应用类比法从同类问题的解决思路中为当下问题寻找解惑之法。

回顾历史，无数先烈为了新中国的胜利付出了自己年轻的生命，网上流传着一句话："哪有什么岁月静好，不过是有人替你负重前行。""负重前行"不仅建立了我们的美好生活，还为后世积累了珍贵经验。"读史明鉴"正是这样一种从前人之故汲取经验，创新当下生活的方法。作为新时代的青年，我们更应该感恩历史，珍惜现在，为未来的美好生活而奋斗。奋斗对于幸福生活而言就是最好的助力器，在奋斗中成为更加优秀的自己。

荣耀时课：
类比法

任务 6 和田十二法

 **任务初探**

神奇鼠标诞生记——激发创意

在列举法训练中，团队成员发现鼠标产品的希望点之一是用户希望实现智能化（智慧）办公。团队成员可以使用图解思维法、头脑风暴法、形态分析法、类比法等提出改良设想，或者可以采用最简单的方式——和田十二法（加一加、减一减、扩一扩、缩一缩、变一变、改一改、联一联、学一学、代一代、搬一搬、反一反、定一定），解决"教师用户实现智能化（智慧）办公"问题。

🏠 场景导入

── 场景 1　生活中的和田十二法 ──

❓ **创新红房子：**"月光族"是现代年轻人的代名词，大学生李思思想改掉自己的不良消费习惯，养成理财习惯，提高自己的生活品质。你觉得使用和田十二法是否能够帮助李思思解决"月光"问题？具体该怎么操作呢？

- -

🏠 **创新绿房子：**经过一番学习后，李思思采用和田十二法开启告别"月光族"的创新之旅，她是这样做的：学一学——学习投资理财，开始记账，每笔花费明确记录；改一改——改变喜欢就买的观念，采取不该买就不买的行动；加一加——增加副业收入，剪辑短视频投稿获得收入；减一减——减少支出，不为不必要的外卖、打车、护肤品买单；扩一扩——理性消费，提升个人，购买实用耐用物；等等。

和田十二法为李思思提供了新的思路，创意也随之而来……

> **点拨：** 如果按这十二个"一"的顺序进行核对和思考，就能从中得到启发，诱发人们的创造性设想。因此，和田十二法是一种打开人们创造思路，从而获得创造性设想的"思路提示法"。

── 场景 2　职场中的和田十二法 ──

项目团队收到一项任务：设计一款安全可靠的婴儿指甲刀。收到此项任务后，项目团队找到婴儿的父母，对其进行访谈，从访谈中得知现在的指甲刀存在几个问题：指甲刀刀刃过大，不适合婴儿指甲尺寸，容易伤到婴儿；剪指甲时婴儿会感到害怕；指甲刀捏握不方便，给父母造成心理压力；等等。根据调研信息，项目团队根据和田十二法，通过设问的方式激发创意。例如，缩一缩？缩小指甲刀刃，使其符合婴儿手指大小；变一变？改变指甲刀颜色、材质、配图等，降低婴儿对指甲刀的恐惧感，改变指甲刀形状，使其容易捏握；加一加？增加剪指甲佩戴的放大镜，看清婴儿指甲；等等。

通过调研和使用和田十二法，项目团队得以在短时间内得到大量创意。

> **点拨：** "思维有道，做事有法"，许多发明创新并不一定是人们苦思冥想和不断尝试的结果，其可能只是诞生于某个巧合，也可能只是应用了某些简单的创新技巧和方法。

── 场景 3　创新应用中的和田十二法 ──

　　和田十二法是用 12 条提示去引导人们发散思考的创新方法。该方法主要应用于创新设计的"构思创意"环节,团队按照这 12 条提示,对需要解决的问题或者创新对象设问,从而诞生新设想或提出新的解决方案。和田十二法在设计思维流程中的应用环节见图 3-6-1。

　　　　探索问题　　观察发现　　重构需求　　☑ 构思创意　　制作原型　　实施方案

图 3-6-1　和田十二法在设计思维流程中的应用环节

> **点拨:**如果我们能够按照这 12 组动词对问题或者创新对象进行设问,尽可能地发挥自己的想象力和联想力,或者反复核验几轮,自然会产生大量新的创意。

知识解码

密钥 1　和田十二法的概念

　　和田十二法,又叫"和田创新法则"(和田创新十二法),是指人们在观察、认识一个事物时,可以考虑的 12 个方面(用 12 组动词设问)。它是由我国学者许立言、张福奎创立的一种思维方法,运用该方法解决问题时,就像 12 个人从 12 个角度帮助你思考一样,从而找到更多的解决方案。和田十二法的具体内容如表 3-6-1 所示。

新手教程:
设问型
创新法

表 3-6-1　和田十二法

序号	设问项目	具体提问内容	举例
1	加一加	在某个事物上添加一部分,或者把这个事物跟其他事物组合在一起,行不行?加一加后会产生什么新事物?这些新事物有什么新的功能?"加一加"主要从添加、增加、附加、组合等角度考虑问题	把常规的印刷铅字加大一点,成为大号字,便于老年人阅览。把普通雨伞加大一点,成为海滨游泳场的晴雨两用伞。把帽子和衣服加在一起,有了戴帽子的外套。把 X 射线照相装置同电子计算机加在一起,成为"CT 扫描仪",具备诊断脑内疾病和体内癌变等特殊功能

续表

序号	设问项目	具体提问内容	举例
2	减一减	我们能从某个事物上减去一些部分吗？能把某件东西的质量减轻一点吗？能在操作过程中减少频率或次数吗？这些形态上、质量上、过程中的"减一减"能产生怎样的效果？"减一减"主要从删除、减少、减小、拆散、去掉等角度考虑问题	为使建筑管道安装工人省力、安全和高效率，现在广泛采用了合成树脂制成的水管，这种水管与原来水管相比，重量大大减轻。大米改成小包装反倒卖得快。目前市面上很多高功能的数码照相机，90%的功能普遍用不到，减去一些功能，就意味着成本的降低
3	扩一扩	"扩一扩"主要从加大、扩充、延长、放大等角度考虑问题	将彩色照片的版面扩大，这样可以更好地欣赏人物和风景。在雨天与人合用一把雨伞，结果两人都淋湿了一个肩膀，由此想到了"扩一扩"，设计出一把"情侣伞"——将伞的面积扩大，并呈椭圆形，结果这种伞在市场上很畅销
4	缩一缩	把某件东西压缩、折叠、缩小，它的功能、用途会发生怎样的变化？"缩一缩"主要从改小、缩短、缩小等角度考虑问题	将大型电子管变为小的晶体管，制成丰富多彩的电器元件。随着科学技术的进步，家用电器的功能不断提高与增多，这种多功能化一方面受到消费者的赞赏，另一方面也因产品结构复杂化而增加了操作使用上的难度。早期的家用微波炉按钮多达十余个，使用者尤其是老人和儿童认为功能过于复杂，操作程序烦琐。于是韩国人开发设计出操作简单的"单旋钮微波炉"，让任何人都可以熟练使用。佳能发现施乐大型复印机的不足，利用小型复印机占领其大部分市场
5	变一变	"变一变"主要从改变事物的形状、颜色、音响、味道、顺序等角度考虑问题	最初人们使用的电风扇都是黑色的。1952年，日本东芝公司一度积压了大量的电风扇卖不出去。为了打开销路，七万多名职工想了很多办法，依然进展不大。有一天，一个职员提出建议，将电风扇的黑色改为浅色。公司采纳了这个建议，推出了一批浅蓝色电风扇，大受用户欢迎。市场上掀起了一股抢购热潮，几个月之内便卖出了几十万台。电风扇从此也一改清一色的"黑面孔"，变得多姿多彩

续表

序号	设问项目	具体提问内容	举例
6	改一改	某件物品在使用时还有哪些缺点?把这些缺点列一列,是否可以将其克服或尽量减少?怎样改进才能使缺点最小化?"改一改"主要对原有的事物进行修改,使它消除缺点,变得更方便、更合理、更新颖	以前的饮料大多是玻璃瓶装,运输、保管和使用都不方便。改变一下它的材质,使用塑料、纸制软包装极大地方便了人们的生活。卖点改一改,产品就卖活了,如凉茶王老吉,把卖点改为预防上火打开了销路
7	联一联	寻找某个事物的结果和它起因的联系,从事物的联系中找到解决办法或提出新方案	澳大利亚曾经发生过这样一件事,在收获的季节,有人发现一片甘蔗田里的甘蔗产量提高了50%。这是由于甘蔗栽种前一个月,有一些水泥洒落在这片田里。科学家认为水泥中的硅酸钙改良了土壤的酸性,导致甘蔗增产。这种原因与结果联系起来的分析方法,经常能使人发现一些新的现象和原理,从而产生发明。因为硅酸钙可以改良土壤的酸性,所以人们研制出了改良酸性土壤的"水泥肥料"。农夫山泉用纯净水和矿泉水养花的试验让人联想到久喝纯净水于身体无益,从而提升了矿泉水的地位
8	学一学	有什么事物可以让自己模仿、学习一下?学习或模仿它的某些形状、结构、原理、方法。这样做会有什么好的效果又会产生哪些新的东西?"学一学"即学习别人的做法,模仿现有事物的形状、结构、原理等	模仿海豚皮肤的特殊结构制成鱼雷的外壳,在航行中将阻力减到最小;模仿蛇的嘴巴能张大到超过它自己的头的特征,发明蛇口形晒衣夹,用这种衣夹可从上往下将衣物连晾衣杆一起夹住,更好地防止衣物被风吹落
9	代一代	"代一代"是用其他的事物(材料、零件、方法等)代替现有的事物,从而进行创新的一种思路。有些事物尽管应用的领域不同,使用的方式也各有差异,但都能完成同一功能,因此,我们可以试着替代。既可以直接寻找现有事物的代替品,也可以从材料、零件、方法、颜色、形状等方面进行局部替代	用激光这把纤细的"手术刀"代替原来的金属手术刀,在电子计算机的控制下对人眼的角膜做矫正近视的手术,获得极大成功。当钢笔被圆珠笔、签字笔逐渐取代后,钢笔便成为一种步入衰退期的产品,但是将其定位转向有意义的、有价值的礼品,就能大获成功

续表

序号	设问项目	具体提问内容	举例
10	搬一搬	把一个事物移到别的地方,还能有新的用途吗?把某个设想、原理、技术等搬到别的场合或地方,能派上新的用场吗?"搬一搬"即把一个事物搬到别的地方,将新事物移到别的领域,寻找新用途等	将电视机上的拉杆天线"搬"到圆珠笔上去,设计出可伸缩的"教鞭"圆珠笔,再将它"搬"到水杯上去,设计出可拉伸的旅行杯
11	反一反	"反一反"指把一个事物的正反、上下、左右、前后、横竖、里外等颠倒	人们常用的泡茶方法是把茶叶从袋子里取出来放到茶杯里,用开水泡开,茶叶在水中四散舒展开来,喝茶时茶叶容易与水一起被喝进嘴里。有人反其道思考,把茶叶留在袋内一起泡,这样就解决了传统喝茶方法的不便,于是袋泡茶应运而生。皮革里外反一反成为翻毛制品
12	定一定	"定一定"指为了解决某一问题或改造某件东西,提高学习、工作效率和防止可能发生的事故或疏漏等,而需要做出一些规定	为了使交通有秩序,防止事故发生,发明了信号灯。医师测定患者的体温要用温度计

密钥2　和田十二法的优势

和田十二法具有实用性强、操作简单、创新性强、适用范围广的优势。

1. 实用性强

和田十二法适用于大多数行业和领域,能够帮助企业推动自动化产品的创新。

2. 操作简单

和田十二法只需要对奥斯本检核表法[1] 有所了解,根据具体问题进行分析即可。

3. 创新性强

和田十二法能够将被解决的问题转化为另一种问题,以发现更多的可能性,从而推动创新和改进。

---

[1] 被誉为"创造之母"的奥斯本检核表法是针对某种特定要求制定的检核表,主要用于新产品的研制开发。奥斯本检核表法是指以该技法的发明者奥斯本命名,引导主体在创造过程中对照9个方面(有无其他用途、能否借用、能否改变、能否扩大、能否缩小、能否代用、能否重新调整、能否颠倒、能否组合)的问题进行思考,以便启迪思路、拓展思维想象的空间、促进人们产生新设想、新方案的方法。

4. 适用范围广

和田十二法不仅适用于解决工程问题、产品设计问题、技术创新问题、研究开发问题和管理创新问题等，还适用于其他领域。

基础训练

运用和田十二法开发一款教师专用鼠标

训练攻略：
设问型
创新法

1. 训练清单

- 训练起点：理解和田十二法的有关知识点和应用场景；本项目任务 2（列举法）的成果输出——"鼠标改良设想"鱼骨图，以及据此完成的二十条改良设想、四个设计方向。

- 训练内容：运用和田十二法针对四个设计方向之一——鼠标智慧性改良，提出创意解决方案，帮助教师用户实现智能化（智慧）办公的需求。

- 成果输出：运用和田十二法，绘制"鼠标智能化（智慧）办公"的创意设计思维导图。

- 技能习得：掌握和田十二法的原理。

2. 训练流程

步骤 1：明确待解决问题。

待解决问题包括分析的对象和要达成的目标。本训练解决问题分析的对象是鼠标，要达成的目标是"帮助教师用户实现智能化（智慧）办公"。本训练从智能化办公的三个具体需求中挑选了"智慧"进行创意。通过调研发现，教师用户群体对鼠标智慧办公的希望点表现在：希望鼠标的功能更集成化、满足多种办公需求，如轻松高效办公功能，教师的办公主要包括教学、教研、日常填表等教务事务性工作，以及作业批改等与教学相关的事宜。

步骤 2：加一加。

"加一加"主要从添加、增加、附加、组合等角度考虑问题。

① 能否添加？鼠标上添加充电宝，变成充电宝式鼠标，一机二用。

② 能否增加？鼠标演变为 AI 语音助手，集合识别语音、自动输入文字或者操作命名、语音聊天等功能。

③ 增加什么？增加飞行设备，演化为"飞鼠"作为航拍工具。

④ 能否增加附加功能？设计融打印、复印、扫描、录音、绘图、翻译等于一体的鼠标。通过鼠标 App 绑定电视遥控器，实现多功能鼠标设想。

⑤ 如何组合？鼠标定位计算机中计算器的应用软件，或者单独配置计算器，这样重新设计鼠标，在鼠标上集成计算器，计算结果直接输入计算机中。

⑥ 鼠标还能与什么组合呢？鼠标在办公室区域 50 米范围内可做对讲机；因为鼠标具

有光标定位的功能,所以可做跟踪定位器,或者开发导航功能;将电子芯片引入鼠标中,随时检测用户的心脏情况并联系紧急联系人,防止过劳猝死等危险发生。

步骤3:减一减。

"减一减"主要从删除、减少、减小、拆散、去掉等角度考虑问题。

① 减轻重量会怎么样? 发明一款镂空极简鼠标,外壳设置为镂空造型,类似机械手表的背透,可以看到鼠标的内部材料。

② 拆散后会怎么样? 鼠标拆散成五个指腹大小的零部件,分别戴在五指指腹上,演变为指套式鼠标。

步骤4:扩一扩。

"扩一扩"主要从加大、扩充、延长、放大等角度考虑问题。

① 能否加大? 发明鼠标计算机,鼠标一键投影出计算机屏幕和键盘,满足使用计算机的需求。

② 现有的东西能否扩大使用范围? 鼠标可做探测仪、体温测量、儿童玩具小车、熨斗使用。

③ 能否扩充? 增加投影仪的零部件,实现鼠标投影功能。

④ 延长时间? 鼠标公司增加一项营销策略,一生只能认领一只鼠标,公司终身维护该鼠标。

步骤5:缩一缩。

"缩一缩"主要从改小、缩短、缩小等角度考虑问题。

① 压缩、变薄后如何呢? 扁平化鼠标,形似手机,具有屏显、扫描、绘图等功能。

② 折叠后如何呢? 折叠鼠标,展开后另一侧是键盘。

③ 能否缩小? 用心电感应式光标定位来实现鼠标光标定位;佩戴瞳孔扫描定位的眼镜,实现定位。

④ 能否缩小体积? 鼠标缩小到现有的一半大小,演变为横式鼠标。

步骤6:变一变。

"变一变"主要从改变事物的形状、颜色、音响、味道、顺序等角度考虑问题。

① 能否改变形状? 广告专业的学生结合文创产业,联想到将鼠标外观变成蒙古包形状;根据廉政文化主题,联想到将鼠标变为孺子牛的形状;等等。

② 能否改变颜色? 可联想到定制化鼠标外衣;鼠标心情灯光,鼠标内置情绪检测仪,用户不同的心情使鼠标外观呈现不同的灯光效果。

③ 能否改变音响? 改变鼠标的按键声音,从清脆的"滴答"声,变为定制化声音,如花鸟动物声等;将鼠标的按键声音设置成音符,通过单击、双击、移动按键可变成一首自编自弹的曲子。

步骤7:改一改。

"改一改"主要对原有的事物进行修改,使它消除缺点,变得更方便、更合理、更新颖。

① 如何减轻中指或者食指的工作强度? 原操作鼠标滑轮的食指或者中指现在仅用来操

作左右键,把滑轮设置在大拇指处,这样缓解中指或者食指的操作强度,并设置其他快捷键,用无名指和小指来操作。

② 鼠标移动定位光标太烦琐,如何改进? 联想到自动驾驶汽车,将鼠标设计为心电感应式设备,免去光标定位、文字输入、操作等工序,通过自动化感应完成。

步骤 8:联一联。

寻找某个事物的结果和它起因的联系,从事物的联系中找到解决办法或提出新方案。

① 从鼠标移动的因果中寻找新方案? 改变滚轮的效率,设计成飞轮,达到迅速上下移动的目标。

② 因为愤怒,摔坏鼠标。能否增强鼠标的抗摔性,延伸为用户发泄解压的工具。

③ 因为鼠标某个零部件损坏,导致更换新鼠标。改变方案是开发组装式鼠标,类似于乐高积木,能够更换外壳和加配内置。

步骤 9:学一学。

"学一学"即学习别人的做法,模仿现有事物的形状、结构、原理等,尝试从别处得到启发。

① 鼠标目前是光学原理,通过模仿蝙蝠超声波,开发声波定位鼠标。

② 能否学一学别处的经验或发明? 借用手机扫码支付的经验,开发鼠标跨平台扫码登录,登录微信、邮箱、支付宝等都需要先打开对应 App,再执行扫码功能,把扫码集成于鼠标中,实现一机跨平台扫码登录。

③ 学一学扫描仪功能,鼠标光学感应装置可做扫描仪。

步骤 10:代一代。

既可以直接寻找现有事物的代替品,也可以从材料、零件、方法、颜色、形状等方面进行局部替代。

① 用别的材料、零件代替? 鼠标外壳可由纸来代替,随时撕下一张做便利贴,纸外壳用完后再组装上一本新的外壳纸。

② 用别的能源代替? 鼠标内置太阳能发电储存器,实现能源供应;鼠标通过人声和外部环境噪声的声波能源来供电;鼠标通过定位光标移动、敲击鼠标按键等来供电。

③ 代替不同使用场景? 在乘坐移动交通工具时,面临鼠标接触面不稳的情况,可内置稳定器,方便用户使用;或者发明站立时、平躺时使用的空中鼠标。

步骤 11:搬一搬。

把一个事物移到别的地方,还能有新的用途吗? 把某个设想、原理、技术等搬到别的场合或地方,能派上新的用场吗?

① 把一个事物移到别的地方,还能有什么新的用途吗? 鼠标可做教师 PPT 演示的电子笔。

② 在本训练中思考鼠标还有其他用途吗? 鼠标光标移位的功能可以用于瞄准类游戏,

如射击、枪战;连接计算机可做体感游戏手柄使用。

步骤 12:反一反。

"反一反"指把一个事物的正反、上下、左右、前后、横竖、里外等颠倒。

① 上下是否可以倒过来? 设计手仰握式鼠标,减轻手腕压力。鼠标感光器材不设计在下壳位置,而是转移到大拇指处,通过大拇指移动完成光标位移。

② 左右、前后是否可以对换位置? 设计适合左利手用户使用的鼠标。

③ 里外可否倒换? 设计"鼠标手"套,手不用在键盘和鼠标之间来回移动,手指击打键盘,通过掌心移动来实现光标定位。

步骤 13:定一定。

"定一定"指为了解决某一问题或改造某件东西,提高学习、工作效率和防止可能发生的事故或疏漏等,而需要做出一些规定。

提高打开文件的效率。制定一个"一呼百应"的规定,呼叫鼠标名称,智能化完成任务,如"打开 ××Word 文档"。

训练成果——运用和田十二法对鼠标进行重新设计。

输出的创意设计方案,能够满足教师用户智能化办公的需求,制作成的思维导图如图 3-6-2 所示。

3. 流程应用

了解了和田十二法的概念和应用步骤,下面请用该方法进行训练。

设计挑战:改良宿舍床上学习桌。

步骤 1:明确待解决问题。

步骤 2:加一加。

步骤 3:减一减。

步骤 4:扩一扩。

步骤 5:缩一缩。

步骤 6:变一变。

步骤 7:改一改。

步骤 8:联一联。

步骤 9:学一学。

步骤 10:代一代。

步骤 11:搬一搬。

步骤 12:反一反。

步骤 13:定一定。

训练成果——改良宿舍床上学习桌的创意方案。

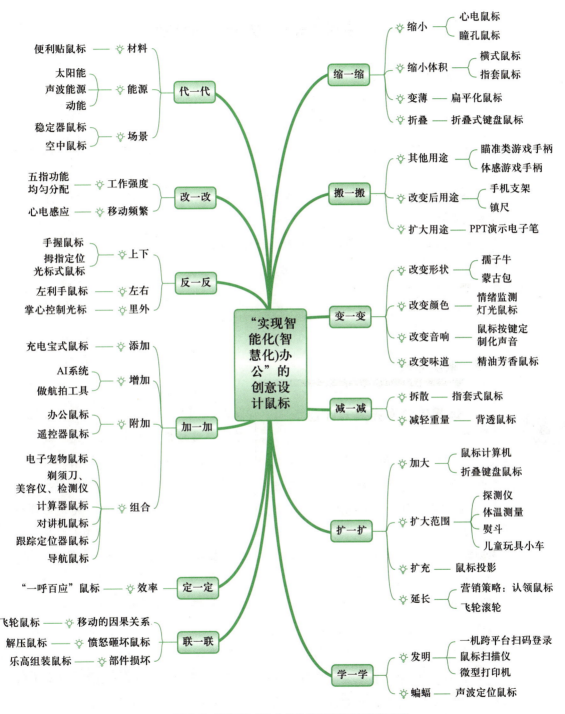

图 3-6-2 "鼠标智能化（智慧）办公"的创意设计思维导图

拓展训练

运用和田十二法设计一款书签

1. 训练清单

● 训练起点:掌握和田十二法的原理;本项目任务2(列举法)的成果输出——"书签设计"鱼骨图,以及据此完成的二十条改良设想。

● 训练内容:在掌握和田十二法的有关知识点的基础上,灵活运用其方法技巧,提升在实践项目中解决问题的能力。针对某书店委托的任务——设计一款书签,在本项目任务2(列举法)列举出书签希望点的基础上,团队成员运用和田十二法针对其中一个希望点,提出创意解决方案。

● 成果输出:实现书签希望点,并提出三十条创意方案。

● 技能习得:掌握和田十二法的应用。

2. 训练流程

说明:自主完成该训练(详细流程参照本任务中的"基础训练")。

 素质养成

荣耀时课:
设问型
创新法

理想信念境界提升计划

和田十二法能帮助我们从多个角度提出问题,让创新的思路科学化和系统化,最终离突破创新越来越近。

运用该法还有助于我们提升理想信念的新境界。

① 加一加:在追求理想过程中,不断增加积极的心态和乐观的情绪。通过培养感恩、善待他人、培养友谊等方式,将积极的能量注入实现理想的旅程中。

② 减一减:审视自己生活中可能存在的消极因素,例如负能量、压力、拖延等,并采取相应措施来减少或消除这些因素。保持平衡的生活态度和积极向上的情绪状态。

③ 扩一扩:尝试拓宽自己的眼界和视野,与更多不同领域、背景的人交流和学习。通过接触新事物、挑战自我来开阔思路,并寻找更多实现理想的可能性。

④ 缩一缩:有时候,我们也需要适当地缩小目标范围,专注于关键任务并避免分散注意力。将精力集中在最重要且有影响力的方面,以提高效率和成果。

⑤ 变一变:在实现理想的过程中,不断调整自己的策略和方法。灵活应对变化,勇于尝试新的方式,适时改变自己的思维模式和行动方式。

⑥ 改一改:根据反馈和经验,不断修正自己的计划和目标。在实践中发现问题并进行相应调整,以更好地适应环境变化和个人成长。

⑦ 联一联：与志同道合的人建立联系和合作。通过交流、分享经验、互相支持来激励彼此，并共同追求理想。

⑧ 学一学：持续学习是坚定理想信念的关键。不断提升自己的知识、技能和能力，保持学习态度，并将所学应用到实际中。

⑨ 代一代：将理想传承下去，培养他人具备坚定理想信念的品质，并为他人创造良好的成长环境。

⑩ 搬一搬：有时候需要改变环境来实现理想。敢于迈出舒适区，搬离不利于发展的地方，并寻找更适合自己成长与实现目标的环境。

⑪ 反一反：反思自己的行为和决策，发现可能存在的问题和改进的空间。通过自我反省和批判性思维，不断提高自身能力和水平。

⑫ 定一定：在追求理想过程中，保持坚定的信念和决心。制定明确的目标，并为之奋斗不懈，始终相信自己可以实现理想。

通过这些步骤，和田十二法可以帮助个人坚定理想信念，并为实现自己的目标提供指导。它强调了个人内在的力量和自律性，让人们能够在追求理想的道路上坚持不懈，克服困难，最终取得成功。

任务 7 六顶思考帽法

任务初探

神奇鼠标诞生记——创意评估

在聚焦"解决教师用户群体易患上'鼠标手'的问题和实现智能化(舒适、便捷、智慧)办公的需求"时，团队成员使用头脑风暴法、形态分析法、类比法、和田十二法产出了众多改良设想，在采纳改良设想之前需要进行创意评估，运用本书项目2所学的创新思维或者你平时掌握的评价方式，对创意设想进行评估，评选出最佳创意方案。

🏠 场景导入

— 场景 1　生活中的六顶思考帽法 —

六顶思考帽法(图 3-7-1)是用六种不同颜色的帽子代表六种不同的思维模式的方法，适用于多种场合。

客观　　创造　　乐观　　悲观　　感性　　冷静

图 3-7-1　六顶思考帽法

例如,孩子没有写完作业,却吵着说:"我就要现在看动画片!"孩子的表达是带情绪的(红色思考帽)。

妈妈如果被孩子激怒,则也带上红色思考帽,呵斥道:"我说了不许看! 就是不许看! 你再闹,就要挨打啦!"妈妈也在表达愤怒。孩子不懂自己错在哪里……

气愤之下,妈妈很容易戴上黑色思考帽,展开批评教育,大声说道:"你天天看动画片,长大能有什么出息? 能看一辈子电视吗?"这些话,会慢慢影响到孩子的自信。

妈妈应该如何劝说孩子呢? 首先,应该戴上白色思考帽,跟孩子站在同一个角度,语重心长地说:"宝贝,你想要现在看动画片,是不是?"孩子说:"是的!""你今天的作业,做完了吗? 还没有吧?"在交流过程中,妈妈把孩子引导至平静的情绪状态。

然后,继续给孩子讲道理。戴上蓝色思考帽,妈妈控制跟孩子的沟通过程。妈妈可以告诉孩子:"看动画片是可以的,但一定要写完作业才可以啊!"或者,妈妈可以引导孩子去发现新的玩具及玩法,引导孩子戴上绿色思考帽——寻求除看动画片外的更好、更健康的娱乐和放松方式。

> **点拨**:我们长期拘泥于非黑即白、非此即彼的辩论思维,拘泥于"是什么""不是什么"的思维模式,却忘记了"还可以怎样""能够怎样",六顶思考帽法让我们发现个人的魅力、彼此的长处,让我们爱上人和人的畅快交流。

— 场景 2　职场中的六顶思考帽法 —

❓ 创新红房子:拖延是一种普遍存在的现象。调查显示,大约 75% 的大学生认为自己有时拖延,50% 的大学生认为自己一直拖延。在职场中,这个比例更大,待处理的工作堆积如山,索性全扔一边休息一会儿;短时间全身心地投入工作便身心疲惫,干脆看会儿手机、刷小视频。假设一个团队也面临这样的问题,他们决心克服和解决工作中的拖延症,于是展开讨论。通过对创新方法的学习,你觉得运用什么方法和步骤可以更好地解决该问题呢?

🔺 **创新绿房子**:团队运用六项思考帽法开展"如何克服工作中的拖延症"讨论,讨论过程如下(参与讨论的有五位职员,其中一位戴蓝色思考帽,引导整个的讨论过程)。

① 蓝色思考帽:宣布讨论主题"如何克服工作中的拖延症?"

② 白色思考帽(互相分享现阶段工作状况,3 分钟时间):平时习惯把麻烦工作放在后面做;工作任务量大,完成不了;工作中缺少优先概念;不愿意和不喜欢的人一起做事;同事/上司不喜欢催进度。

③ 黑色思考帽(思考现状会造成的后果,2 分钟时间):影响自身/他人工作进度;上司对自己的评价差;会影响绩效和职业发展。

④ 绿色思考帽(集思广益,想出一些改变状况的办法,5 分钟时间):可以细化工作;利用时间管理工具,合理规划时间;设工作监督人;在小黑屋工作,减少干扰;在桌上贴警示牌,提醒自己;简化流程;使用智能软件提示;设置工作优先级。

⑤ 红色思考帽(对以上方法进行筛选,觉得以下几种方法不错,30 秒时间):利用时间管理工具;在小黑屋工作;在桌上贴警示牌;设置工作优先级。

⑥ 黄色思考帽(思考以上几种方法的价值和好处,2 分钟时间):时间管理工具——时时提醒;小黑屋——减少干扰;警示牌——简单易行;优先级——提高工作效率。

⑦ 黑色思考帽(思考所列方法带来的问题,2 分钟时间):设工作监督人——会增加人工和成本;简化流程——成功的可能性不大;小黑屋——资源太少,不够用。

⑧ 绿色思考帽(针对带来的问题想一些解决办法,3 分钟时间):简化流程——先选出容易简化的工作进行简化;小黑屋——轮流使用。

⑨ 蓝色思考帽(协商一致拿出行动方案和预期安排,2 分钟时间):时间管理工具和警示牌短期内可以完成;简化流程为长期目标。

> **点拨**:六项思考帽法最明显的价值——把注意力最大限度地集中到需要思考的方面,增强思考的有效性,全面客观地从问题的各个角度进行查看,确保不片面,并对所有的视角进行扫描,尽可能避免信息的遗漏。

── 场景 3　创新应用中的六顶思考帽法 ──

六顶思考帽法采用"平行思维",即在同一时间让大家"戴上"同一顶思考帽,朝同一方向去看问题,进行"平行"的探讨,进而形成合力。该方法主要应用于创新设计的"构思创意"环节——团队需要创意时,六顶思考帽法能帮助我们提出建设性的观点;寻找最佳创意时,六顶思考帽法能帮助我们从不同角度思考同一个问题,提升决策效率。六顶思考帽法在设计思维流程中的应用环节如图 3-7-2 所示。

图 3-7-2　六顶思考帽法在设计思维流程中的应用环节

> **点拨**:戴上不同颜色的思考帽,角色就发生了变化,要求按照六顶思考帽各自所代表的思维方式提出观点,使每个人变得富有创造性,决策更高效。

◤ 知识解码

新手教程:
六顶思考帽法

密钥 1　六顶思考帽法的概念

六顶思考帽法的运行方式是设想世界上有六顶神奇的帽子。当我们分别戴上这六顶帽子后,我们会拥有客观的、感性的、批判的、肯定的、创造性的和控制性的思维方式(表 3-7-1),从而使用不同的思维方式考虑创新方向,从多角度来启发、审视设计。

表 3-7-1　六顶思考帽法的六种思维方式

思考帽	思维方式
白色思考帽	代表中立和客观的思维。戴白色思考帽的人需要关注事实本身,查看、分析和总结已知的数据、知识、信息等
红色思考帽	代表感性和直观的思维。戴红色思考帽的人可以直观地表达自己的感受和情绪,包括喜欢、讨厌、恐惧、憎恶等,除直观的反应外,戴红色思考帽的人也要思考其他人会在情绪上做出怎样的反应,并尝试理解拥有不同直观感受的人的想法
黑色思考帽	代表批判和质疑的思维。戴黑色思考帽的人关注的是困难和危险:对手关注的是什么?哪里可能会出现问题?它针对的是计划的弱点,鼓励人们进行合乎逻辑的负面批判,并尽可能地消除、改变或预防可能出现的问题

续表

思考帽	思维方式
黄色思考帽	代表积极和肯定的思维。戴黄色思考帽的人要从正面考虑问题,关注意义和价值,表达积极乐观的、具有建设性意见的观点
绿色思考帽	代表具有创造性和想象力的思维。戴绿色思考帽的人应尽情地打开思维,创造解决方案,进行创造性思考、求异思维等
蓝色思考帽	代表对过程的控制和调节。戴蓝色思考帽的人要对整个设计的过程进行把控,规划和管理整个思考过程,并得出结论

密钥 2　六顶思考帽法的应用

大部分需要深度思考的问题,可以应用六顶思考帽法。每种颜色的思考帽,既可以单独使用,也可以按顺序组合使用,没有必要每顶思考帽都用到,也没有具体的使用顺序,只要合乎情理,任何顺序都可以。你可以按"白—绿—黄—黑—红—蓝"的顺序组织团队会议,也可以按"蓝—白—绿"的顺序商讨简单问题,还可以按"黑—绿"的顺序改进流程,按"白—黄"的顺序寻找机会,按"黄—黑—红"的顺序做出选择……六顶思考帽的组合非常多,就像彩色打印机,只需要用四种基本的颜色,就可以打印出千变万化的彩色图片。团队在开讨论会的时候,可以先让所有人都戴上相同颜色的思考帽,等大家充分思考之后,再换另一种颜色的思考帽。

① 白色思考帽:收集数据并提问题。

② 绿色思考帽:提出新的解决方案。

③ 黄色思考帽:评估该方案的优点。

④ 黑色思考帽:列举该方案的风险。

⑤ 红色思考帽:对该方案做出判断。

⑥ 蓝色思考帽:归纳总结并做决策。

 **基础训练**

运用六顶思考帽法开发一款教师专用鼠标

训练攻略:
六顶思考
帽法

1. 训练清单

● 训练起点:理解六顶思考帽法的有关知识点和应用场景。本项目任务 1(图解思维法)

成果输出——"鼠标设计"思维导图及用户群体(教师)的使用场景和需求描述;任务2(列举法)成果输出——"鼠标改良设想"鱼骨图,以及据此完成的二十条改良设想、四个设计方向;以及任务3(头脑风暴法)、任务4(形态分析法)、任务5(类比法)、任务6(和田十二法)的成果输出——鼠标形态分析矩阵及创意设计思维导图。

- 训练内容:团队成员针对头脑风暴法、形态分析法、类比法、和田十二法的成果输出进行创意方案评估,即聚焦"解决教师用户群体易患上'鼠标手'的问题和实现智能化(便捷、舒适、智慧)办公的需求",并评选最终创意方案。
- 成果输出:运用六顶思考帽法,评估最终创意方案。
- 技能习得:掌握六顶思考帽法的原理。

2. 训练流程

步骤1:戴蓝色思考帽的成员组织人员和控制流程,明确讨论议题。

蓝色思考帽思维注重冷静、控制,以观察、思考、记录为使命,因此在鼠标设计训练中戴蓝色思考帽的成员会作如下表述。

① 陈述表面议题。项目针对教师用户开发鼠标,需要达成的目标是"解决教师用户群体易患上'鼠标手'的问题和实现智能化(便捷、舒适、智慧)办公的需求"。

② 把控节奏。包括控制发言时间与顺序,维持秩序。在鼠标设计训练中,戴蓝色思考帽的成员说:"经过前期的创意活动,产生了大量的创意方案,我们现在需要经过讨论来筛选出最优方案。"按照六顶思考帽时间任务表(表3-7-2)的顺序,在规定时间内进行议题讨论。

表 3-7-2　六顶思考帽时间任务表

顺序	思考帽	时间	讨论方向
1	蓝色思考帽	2分钟	陈述议题 陈述顺序、规则
2	白色思考帽	2分钟	团队须了解必要信息 列出争议信息
3	绿色思考帽	6分钟	针对议题和信息,选择五个恰当的创意方案
4	红色思考帽	30秒	真实表达自己的感觉、直觉 无须解释原因 用感觉、直觉帮助做决策
5	黄色思考帽	3分钟	实现该方案有何积极影响 有何独特、创新之处
6	黑色思考帽	4分钟	需要投入的努力 同质化程度 可能存在问题/困难/风险

续表

顺序	思考帽	时间	讨论方向
7	白色思考帽	10分钟	补充遗漏信息 如何获得遗漏信息
8	绿色思考帽	5分钟	针对遇到的问题,进一步优化方案
9	黑色思考帽	4分钟	需要投入的努力 同质化程度 可能存在问题/困难/风险
10	红色思考帽	30秒	真实表达自己的感觉、直觉 无须解释原因 用感觉、直觉帮助做决策
11	蓝色思考帽	8分钟	用IE矩阵[①]评选方案是否属于A级或者B级方案 用FS矩阵[②]评选方案是否属于A级或者B级方案 综合评价方案

注:共45分,成果输出——1个A/B级鼠标创新方案。

步骤2:戴白色思考帽陈述问题与事实。

白色思考帽只考虑事实与数据,因此在鼠标设计训练中,成员们戴上白色思考帽获取必要了解的信息。

① 鼠标的"舒适性"。解决教师用户易患上"鼠标手"问题时,需要鼠标更舒适,以及能够冬暖夏凉。

② 鼠标的"便捷性"。鼠标便捷化设计,使办公便捷、轻松,包括鼠标开关机、鼠标与计算机连接、鼠标灵敏度、结构功能设计、供电方式、收纳方式等方面,均体现出时间快、步骤化繁为简等。

③ 鼠标的"智慧性"。鼠标智慧化设计,希望鼠标的功能更集成化,满足多种办公需求,包括轻松高效办公功能,教师的办公主要包括教学、教研、日常填表等教务事务性工作,以及作业批改等与教学相关的事宜。

步骤3:戴绿色思考帽提出改进方案。

绿色思考帽在天马行空的创新思维中获得满足,因此在鼠标设计训练中成员们戴上绿色思考帽需要完成如下工作。

① IE矩阵(Impact-Effort Matrix),译为"效果-努力矩阵",是指从产生的效果和需要付出的努力两方面进行方案的评估。

② FS矩阵(Functionality-Similarity Matrix),译为"功能性-相似性矩阵",是指从产品的功能性和相似性两方面进行方案的评估。

　　① 打印所有创意清单,包括头脑风暴法创意思维导图、形态分析法创新设想、类比法创新设想和田十二法创意思维导图。

　　② 在创意清单中,针对议题和信息,选择更吻合的改良设想。在鼠标设计训练中,筛选出满足教师用户需求(解决易患上"鼠标手"的问题和实现智能化办公需求)的改良设想分别如下。

　　● 为解决易患上"鼠标手"的问题筛选出的设想:一体式自带腕托(带有加热、按摩功效)鼠标;扁平式鼠标(可配置数位板,具有成像功能);写字笔式鼠标(可配置数位板,笔另一侧带有按摩/点穴功效,具有精油扩散功能,带有录音笔功效);立式鼠标。

　　● 舒适化鼠标:根据空气流动排汗凉爽原理,设计空心拳手握鼠标。

　　● 便捷化鼠标:可加入指纹式、自动感应连接、太阳能充电等要素形态;可以将移动+DPI键+左键/右键单击/双击+滚轮四向移动+多组按键+切换键的按键功能组合,同时鼠标可吸附于计算机上携带。

　　● 智慧化鼠标:配置功能模块包括 PPT 演示笔、录音笔、心率监测、充电宝、领养鼠标计划、乐高式组合[1]。

　　③ 根据以上改良设想,组合成创意方案。成员们都戴上绿色思考帽,组合以上创意设想,最终形成的创意方案是:开发写字笔式鼠标,通过乐高式组合,配置功能模块包括 PPT 演示笔、录音笔、心率监测、充电宝、数位板、按摩/点穴功效、精油扩散功能。同时硬件方面配置如下:指纹式开机、自动感应连接、陀螺仪式、移动+DPI键+左键/右键单击/双击+滚轮四向移动+多组按键+切换键、太阳能供电、鼠标吸附于计算机上组合在一起的收纳方式。服务方面升级领养鼠标计划。

　　步骤4:戴红色思考帽陈述方案直观感受。

　　红色思考帽注重感性的思考,因此在鼠标设计训练中成员们戴上红色思考帽可以说:"感觉太高科技了""太有创意了""也比较有趣""有点享受的感觉""功能强大";"不过觉得功能太多可能会不好操作""可能不习惯使用""价格一定不便宜"。

　　步骤5:戴黄色思考帽列出方案的优点。

　　黄色思考帽有促成方案的积极愿望,因此在鼠标设计训练中,成员们戴上黄色思考帽陈述了如下信息。

　　① 对用户有何积极影响?

　　● 解决易患上"鼠标手"问题方面:开发写字笔式鼠标,改变了使用鼠标的姿势,手腕的姿势从卧式转变为侧立式,从根本上解决了易患上"鼠标手"的问题。

　　● 舒适性方面:握笔式抓握鼠标,手心是空心拳,有助于空气流动,减少手心与鼠标的接

---

[1] 所谓乐高式组合,就是像乐高积木一样,将部件标准化,可以让用户根据自身需求自由组合。

触面积,天热时可避免汗液增多,天冷时可避免接触面积多导致凉的触感增加。

- 便捷化方面:均体现出时间快、步骤化繁为简等优点。

- 智慧化方面:多功能集成化设计,满足多功能办公需求,轻松高效办公。

② 有何独特创新之处?

写字笔式鼠标无论是外观设计方面还是智能化办公方面均具有很强的创新性。

步骤6:戴黑色思考帽列出方案的缺点。

黑色思考帽有找出别人错误从而证明自己的满足感,因此在鼠标设计训练中,成员们戴上黑色思考帽指出了如下缺点。

① 需要投入的努力?

- 指纹识别等一体化集成设计难度较大,而且增加了用户的购买成本。

- 部分功能用户不需要,但是集成化设计需要用户为所有功能买单。

② 同质化程度?

经过查阅某购买平台,发现市场中已有 PPT 演示笔功能+握笔式鼠标。

③ 可能存在的问题/困难/风险?

- 解决易患上"鼠标手"问题方面:握笔式鼠标需要反复拿起、放下,不够方便。

- 舒适性方面:握笔的手指指腹仍然会出汗,或者感觉鼠标冰冷;同时手指抓握部分不够舒服。

- 便捷性方面:指纹识别如果受损或者反应迟缓,则会影响开机速度。

- 智慧化方面:教师用户上课需要使用话筒,需要把学生作业等示范内容拍摄后投影到大屏幕,但是该产品不具备这些功能;也不具备教师科研中自动识别文字扫描到计算机中自动翻译的功能。

步骤7:戴白色思考帽补充信息。

白色思考帽只考虑事实与数据,因此在鼠标设计训练中,成员们戴上白色思考帽继续补充遗漏信息。

① 鼠标的"舒适性":市场中已有的鼠标外壳由塑料制成、滚轮较细,舒适性一般。

② 鼠标的"便捷性":分别核算了集成各种功能的成本预算,以及使用寿命。

③ 鼠标的"智慧性":和产品设计人员沟通,了解增设新功能的可能性及方案设计成功的可能性。

④ 了解产品设计在市场中同质化的程度。经过市场调研,了解该类型鼠标在市场中出现的比例、价格及用户评价等信息。

步骤8:戴绿色思考帽提出改进方案的建议。

成员们戴上绿色思考帽完善设计方案。

① 握笔式鼠标:借鉴不倒翁原理,能始终立在桌面,减少拿起放下的不方便性。

②舒适性方面：外观可采用橡胶材质。

③便捷性方面：开机从指纹式变为按钮式。

④智慧性方面：首先采用乐高式组合鼠标设计，所有功能可依据用户需要购买集成模块，进行组装；其次增加模块包括话筒功能、扫描成像及投屏功能、自动识别文字扫描到计算机中的功能、自动翻译功能。

步骤9：戴黑色思考帽进行批判评价。

成员们戴上黑色思考帽指出了改进方案的如下缺点。

①产品模型会是什么样子？会不会很复杂？

②乐高式组合鼠标是否方便用户独立组装？

步骤10：戴红色思考帽对改进方案给出直观感受。

成员们集体戴上红色思考帽，可以说："更好地满足了教师用户需要""也更人性化了""希望尝试一下""感觉自己与众不同"。

步骤11：戴蓝色思考帽的成员总结陈述并得出方案。

戴蓝色思考帽的成员在总结环节使用以下工具。

①用IE矩阵（图3-7-3）评选方案是否属于A级或者B级方案。综合步骤5的"①对用户有何积极影响？"及步骤6的"①需要投入的努力？"组成IE矩阵的纵轴和横轴。评价该鼠标设计方案属于B级方案，方案需要科研设计团队投入大量的努力，但是产品设计成果会对用户和行业产生巨大的积极影响。

②用FS矩阵（图3-7-4）评选方案是否属于A级或者B级方案。综合步骤5的"②有何独特、创新之处？"及步骤6的"②同质化程度？"组成FS矩阵的纵轴和横轴。评价该鼠标设计方案属于A级方案，方案革新性的陀螺仪等光标定位设计是产品的主要功能，同时搭载组合式辅助功能，同时产品在市场中属于异质独特产品，即人无我有的产品，属于行业开拓者。

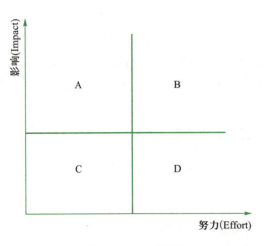

图3-7-3　IE矩阵

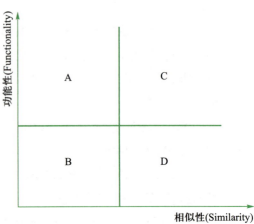

图3-7-4　FS矩阵

③ 综合评价方案。综合以上两个方面，产品属于 A、B 级方案。下一步可做产品原型设计。

训练成果——运用六顶思考帽法对鼠标创意设计方案进行评估，得出最终方案。

3. 流程应用

了解了六顶思考帽法的概念和应用步骤，下面请用该方法进行训练。

设计挑战：运用六顶思考帽法，从"头盔改造项目""床上学习桌"两个项目中任选一个项目的创意方案进行评估。

步骤 1：戴蓝色思考帽的成员组织人员和控制流程，明确讨论议题。

步骤 2：戴白色思考帽陈述问题与事实。

步骤 3：戴绿色思考帽提出改进方案。

步骤 4：戴红色思考帽陈述方案直观感受。

步骤 5：戴黄色思考帽列出方案的优点。

步骤 6：戴黑色思考帽列出方案的缺点。

步骤 7：戴绿色思考帽提出改进方案的建议。

步骤 8：戴黑色思考帽进行批评评价。

步骤 9：戴红色思考帽对改进方案给出直观感受。

步骤 10：戴蓝色思考帽的成员总结陈述并得出方案。

训练成果——评估出产品最终创意方案。

 拓展训练

运用六顶思考帽法评出书签创意设计最佳方案

1. 训练清单

● 训练起点：掌握六顶思考帽法的原理。任务 1（图解思维法）成果输出——"书签设计"思维导图及用户群体的使用场景和需求描述；任务 2（列举法）成果输出——"书签设计"鱼骨图，以及据此完成的二十条改良设想。

● 训练内容：在掌握六顶思考帽法的有关知识点的基础上，灵活运用其方法技巧，提升在实践项目中解决问题的能力。针对某书店委托的任务——设计一款书签，对书签设计的众多创意方案进行评估。

● 成果输出：提出书签创意设计的最终方案。

● 技能习得：掌握六顶思考帽法的应用。

2. 训练流程

说明：自主完成该训练（详细流程参照本任务中的"基础训练"）。

◆ 素质养成

荣耀时课：
六顶思考
帽法

团结精神涵养计划

六顶思考帽法帮助我们将混乱的思考整理清晰，使团队中无意义的争论变成集思广益的创造，采用平行思维，让大家在同一时间戴上同一思考帽，朝同一方向去看问题，进行平行讨论，形成合力。

团结是由多种情感聚集在一起而产生的一种精神。在创新过程中离不开团队的相互配合。让团队团结一心、积极向上、互帮互助，培养团队精神的方法：信任、竞争、互助、沟通。我们把信任放在第一位，因为彼此间的信任是合作最基本的前提，也是尊重对方的最基本的要求。良性的竞争则是团队发展的源泉，没有竞争就没有了生命力。互助包括了奉献，在团队最终的目标下，每个人的利益是一致的，一荣俱荣，一损俱损，帮助他人就是帮助自己。最后是沟通，顺畅的沟通确保了团队的和谐发展。团队成员是一个团队中最为宝贵的财富，用一颗包容且宽容的心，多给他人一些理解与信任，学会理解他人，用同理心去倾听与沟通。

项目 4

构筑创新共同体

——做足创新准备

2015 年,国务院办公厅印发的《关于深化高等学校创新创业教育改革的实施意见》(国办发〔2015〕36 号)中明确指出,所有高校要面向全体学生开设创新创业必修课和选修课。创新思维的普及目的就是为创新驱动发展战略的实施提供创新型人才。

设计思维源于硅谷 IDEO 公司,诞生于美国斯坦福大学,是从商业、技术、人文等多领域形成的一套创新型解决问题的结构化方法,其核心思想是"设计以人为本",从关注技术改为关注人的需求。通过学习设计思维的六个任务环节,人人都可以创造性地解决问题。它使得创新可以被习得、被掌握、被应用。从此,创新不再是个别人的灵感乍现。使用设计思维之前需要认识设计思维的核心理念、组建创新团队搭建创新工作环境,做好做足创新准备。

学习目标

>> 知识目标

理解设计思维的概念;熟悉创新团队不同类型人才的特点;理解创新工作环境、创新工具和材料的重要作用。

>> 能力目标

掌握创新流程中的基本方法论——设计思维,能够根据个人特点顺利完成创新团队的组建,完成团队口号设计、团队规则的制定、创新工作环境的布置与创新工具和材料的准备,并在创新团队中按照创新流程分工合作完成挑战任务。

>> 素质目标

理解设计思维"以人为本"的核心理念,将同理心应用其中;培养团队意识与团队责任感,提高高效沟通的合作能力;努力成为一名能够合理安排空间、物品的空间规划者。

学习地图

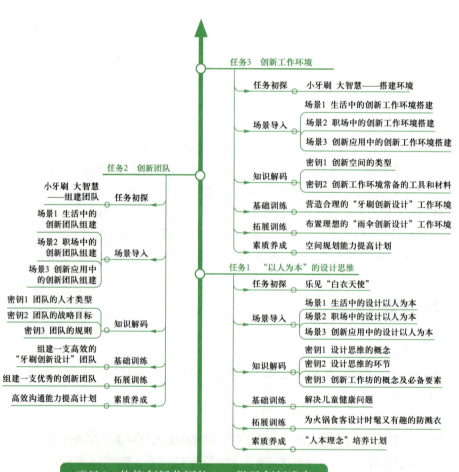

任务3　创新工作环境

　任务初探　　小牙刷 大智慧——搭建环境

　场景导入　　场景1 生活中的创新工作环境搭建
　　　　　　　场景2 职场中的创新工作环境搭建
　　　　　　　场景3 创新应用中的创新工作环境搭建

　知识解码　　密钥1 创新空间的类型
　　　　　　　密钥2 创新工作环境常备的工具和材料

　基础训练　　营造合理的"牙刷创新设计"工作环境

　拓展训练　　布置理想的"雨伞创新设计"工作环境

　素质养成　　空间规划能力提高计划

任务2　创新团队

小牙刷 大智慧　任务初探
——组建团队

场景1 生活中的
创新团队组建
场景2 职场中的　场景导入
创新团队组建
场景3 创新应用中
的创新团队组建

密钥1 团队的人才类型
密钥2 团队的战略目标　知识解码
密钥3 团队的规则

组建一支高效的　基础训练
"牙刷创新设计"团队

组建一支优秀的创新团队　拓展训练

高效沟通能力提高计划　素质养成

任务1　"以人为本"的设计思维

　任务初探　　乐见"白衣天使"

　场景导入　　场景1 生活中的设计以人为本
　　　　　　　场景2 职场中的设计以人为本
　　　　　　　场景3 创新应用中的设计以人为本

　知识解码　　密钥1 设计思维的概念
　　　　　　　密钥2 设计思维的环节
　　　　　　　密钥3 创新工作坊的概念及必备要素

　基础训练　　解决儿童健康问题

　拓展训练　　为火锅食客设计时髦又有趣的防溅衣

　素质养成　　"人本理念"培养计划

项目4　构筑创新共同体——做足创新准备

任务 1 "以人为本"的设计思维

任务初探

乐见"白衣天使"

创新团队收到委托方的一份观察任务单:一家医疗设备公司,委托你们到医院观察儿童 CT 检查和治疗龋齿的过程,通过观察发现,儿童还未躺在 CT 检查床上或者目睹其他儿童躺在牙科躺椅上就已经焦虑不安。经过调查,你们发现医院中有近 80% 的儿童只有服用镇静剂才能完成 CT 检查。儿童对医疗器械仪器有着未知的恐惧。

当你们面对这个任务时,首先考虑的是什么? 是如何改进医疗产品设计? 是如何了解儿童心理? 还是如何设计一个流程更好地引导儿童进行医学检查? 请你写出你们的思考。

场景导入

—— 场景 1　生活中的设计以人为本 ——

在一个公益项目中,赞助方支持一家照顾伤残人士的非营利组织研发一辆更轻巧便捷的轮椅,该组织委托一家生产商去设计。经过近半年的时间,新轮椅终于面世,赞助方在项目评估时访问了一些伤残人士,征询他们的意见,结果大部分人表示设计有缺陷。缺陷究竟在哪里? 这些行动不便的受访者说:"请各位评委与我们一起坐在轮椅上出去走一走吧! "他们去了医院、商场、公园和公共厕所,回来后所有的评委都说:"现在我们明白缺陷在哪里了! "

点拨:"设计以人为本"要求创新人员在设计过程中具备同理心,能够换位思考,站在对方立场设身处地思考问题,只有这样才能够体会他人的情绪和想法,理解他人的立场和感受,并站在他人的角度思考和处理问题。

── 场景2　职场中的设计以人为本 ──

某日化企业生产的拖把替换头上市后销量不佳,市场部组织调研小组到多个超市调研并进行用户访谈后发现:该企业的拖把替换头被一个塑料袋包裹着,大多数用户在想看替换头卡扣是否和家里使用的拖把一致时发现根本看不见,因为塑料袋将卡扣位置直接遮挡住了,外包装设计的失误导致了拖把替换头的滞销。产品设计部门的解决方案是对拖把替换头的外包装进行透明化设计,透明包装的拖把替换头如图4-1-1所示,重新推向市场,销售出现了显著增长。在产品设计时切记不要把"你觉得""应该是这样""可能会好"带到产品设计思维里。不要用主观意见来判断市场需求,产品设计要符合市场需求。产品设计的目的是解决用户问题,而不是用户有麻烦找到你,你却又给用户制造麻烦。

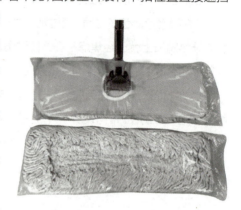

图4-1-1　透明包装的拖把替换头

点拨:"设计以人为本"要求把"用户思维"纳入企业决策,这已经不是一句口号,而是许多领导者的实际行动。人作为"以人为本"设计理念的主体,是设计前提,从"人"出发,发现围绕人产生的生活问题及环境构建,是设计的"本"。

── 场景3　创新应用中的设计以人为本 ──

创新红房子:创新应用设计来源于生活,并让生活更美好。进入大学生活,布置宿舍是每个大学生都会面临的事情,学校宿管中心三令五申强调宿舍用电安全问题,但是学生只会把它作为应付检查的临时整理手段;宿舍中心评选文明宿舍,参与者也寥寥无几。面对这样的问题,宿管中心和劳动美育中心联合发布了一项委托任务:幸福是奋斗出来的——动手改造让宿舍生活更美好,并委托项目团队完成。依据"设计以人为本",请考虑宿舍有哪些需要改造的地方?

🏠 **创新绿房子**：学生宿舍不仅仅是一个休息的居住场所，更是集娱乐、学习及运动等多功能于一身的场所。

① 坚持"设计以人为本"，在宿舍改造中要求创新人员有同理心，即站在学生的立场从居住、娱乐、学习等多个角度进行改造设计。

② 在改造中要对学生开展深入的调研与观察，深刻理解学生的需求，综合考虑宿舍改造的安全性、舒适性、整洁性等。

③ 聘请收纳整理师为本次设计的专家团队，通过课堂上创新教练员的指导让学生组队完成创新应用设计。

在接下来的设计思维应用的六个任务环节中，将始终把"幸福是奋斗出来的——动手改造让宿舍生活更美好"的委托设计任务贯穿其中。

> **点拨**：无论是技术产品设计、服务流程设计，还是改造创新设计，在应用中如果能够贯彻"以人为本"的设计思维，本质上就满足了用户的需求。

知识解码

密钥 1　设计思维的概念

设计思维（Design Thinking）最早由诺贝尔经济学奖获得者赫伯特·西蒙（Herbert Simon）于 1969 年提出，用以区分创造新事物的思维方式和处理既有现实的思维方式。当前我们熟知的设计思维则是经过 IDEO 公司、美国斯坦福大学、德国 HPI 设计学院、中国传媒大学等众多组织实践、更迭后的一套解决问题的结构化创新方法体系，其核心思想是"以人为本"。它将传统创新设计以技术作为原点改为以人的需求为中心作为出发点，从而寻找正确的问题，探寻问题的根源，找到复杂问题创新解决方案的思维方式、流程、工具和方法论。

密钥 2　设计思维的环节

① 探索问题：理解命题内涵，界定分析命题。

② 观察发现：采用观察、体验、访谈等方法，深入了解用户。

③ 重构需求：进行用户洞察，挖掘用户需求，重新定义创新命题。

④ 构思创意：围绕洞察与需求进行头脑风暴，创意越多越好。

⑤ 制作原型：选出一个创意，制作可触可感的创新产品雏形。

⑥ 实施方案：观察用户使用，通过收集用户的反馈信息进行迭代改进。

前三个任务环节属于发现问题阶段，而后三个任务环节是解决问题阶段。两个阶段分别经历了发散到聚焦的过程。真实的设计过程并非线性的，而是循环迭代的，在任何任务环节中，参与者都可以停下来反思，针对某个任务环节重新调整，理清思路，聚焦于用户及其需求。接近完美的方案总是需要经历多次迭代。

密钥 3　创新工作坊的概念及必备要素

创新工作坊是一种理论结合实践的学习活动，参与团队需要围绕真实项目利用设计思维进行实践和推进。

创新工作坊成功的必备要素包括以下四个方面。

1. 创新机会识别研究

创新机会识别研究主要是通过搜集大量的资料洞察创新机会点，资料包括行业趋势、消费者需求、竞品分析三部分，资料的收集对于工作坊来说非常重要。

2. 创新平台的搭建

创新平台的搭建需要把资料融通浓缩，最后呈现给团队成员的是一个个可以激发创意、想法的工具。

3. 创新工作坊的人员准备

在人员构成上，要完整覆盖产品创新的内部相关方，如设立产品企划、技术研发、市场销售、用户洞察等部门，也会邀请外部的典型消费者、行业专家、供应链合作伙伴等参与创新工作坊。在人员数量上，通常需要 15~30 人，分成 3~5 个小组，尽量不要少于 15 人。这些人员需要全程参与，分组时每组尽可能包括不同专业的人员。工作坊需要 2~3 个主持人，主持人在其中像是一个助产师，帮助团队激发创新概念，其在团队中起到的作用是非常重要的。

4. 创新工作坊的核心

发散和收敛不但是所有创新工作坊都包括的两个阶段，而且是所有有效的群体讨论和决策必经的两个过程。通常，针对特定创新平台先展开一个小时左右的点子发散，再基于这个创新平台进行一个小时左右的收敛。为了进行好的发散,要充分利用创意方法,如和田十二法、心理学的方法,利用一些小工具给团队带来灵感。

基础训练

解决儿童健康问题

1. 训练清单

- 训练起点:理解设计思维的有关知识点和应用场景。

- 训练内容:团队成员围绕"解决儿童健康问题",了解设计思维的六个环节,即探索问题、观察发现、重构需求、构思创意、制作原型、实施方案,聚焦"如何解决儿童健康问题",制作出符合需求的儿童运动监测器样品。

- 成果输出:儿童运动监测器样品。

- 技能习得:理解设计思维流程。

2. 训练流程

(1) 探索问题

理解命题内涵,界定分析命题。

项目团队在接到"解决儿童健康问题"的委托任务后,团队成员需要对委托任务所包含的"人""问题""情景"进行讨论,共享彼此已知信息,推导未知信息,并把讨论内容(尤其是未知的需要探索的信息)绘制成思维导图。

在该委托任务中团队成员通过讨论分析"儿童年龄界定",得知我国儿童被划分为七个时期,即胎儿期、新生儿期、婴儿期、幼儿期、学龄前期、学龄期、青春期,请明确本任务中的儿童究竟指哪个年龄阶段的儿童?

对问题的界定,儿童健康问题主要包括六个方面,即龋齿问题、视力异常、呼吸道感染、肥胖、消瘦、外生殖器异常。那么本次主要解决的问题是什么呢?

对儿童主要问题所处的情景进行界定,团队成员陈述已知情景,其余未知情景需要列出观察事项,在观察任务中完成。

通过对委托任务的理解,填写利益相关者工具图,如图 4-1-2 所示,团队成员对所接收的委托任务有了一致的认识。

• 原始问题	• 利益相关者		• 为谁设计
	潜在合作者	潜在竞争者	

图 4-1-2　"儿童健康问题"利益相关者工具图

（2）观察发现

采用观察、体验、访谈等方法，深入了解用户。

根据上一环节的思维导图中列出的需要观察的事项，在本环节，团队制定观察方案，包括确定观察对象、设置观察任务、明确观察时间、使用观察手段等事宜，成员分工完成观察任务。在本环节中，团队成员观察了儿童龋齿问题，有些成员对专家和家长进行了访谈，有些成员沉浸式体验儿童过度肥胖问题，最终产生了大量观察数据。完成图 4-1-3 的绘制。

●他是谁	●他在哪里
●他需要什么	●他遇到了什么困境

●关于他的一些事实	●专家用户的情况是怎样的

●我的感受

图 4-1-3　"解决儿童健康问题"行动地图(1)

（3）重构需求

进行用户洞察，挖掘用户需求，重新定义创新命题。

面对上一环节产生的大量观察数据，需要在本环节对其进行去粗取精、去伪存真。

① 需要形成用户画像。乐乐，5岁，男，幼儿园大班，热情开朗，喜欢吃零食，尤其是巧克力，运动课喜欢站在后排当"观众"，平时和玩伴喜欢追逐打闹，但是不擅长跑步，协调性不够好。

② 从中洞察用户关键需求，形成问题描述：我们如何设计一款产品，解决学龄前儿童因缺乏运动而过度肥胖的问题。完成图 4-1-4 的绘制。

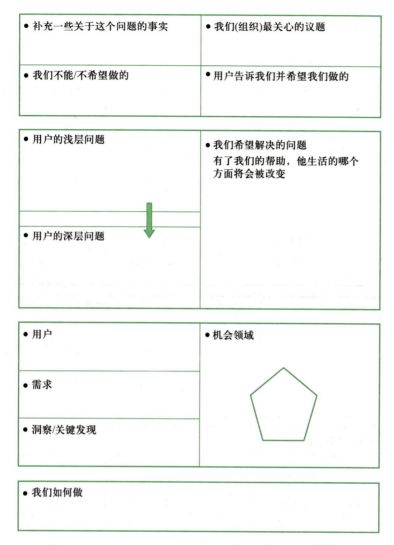

图 4-1-4　"解决儿童健康问题"行动地图(2)

(4) 构思创意

围绕洞察与需求进行头脑风暴,创意越多越好。

根据问题描述,进行创意命题拆解,"缺乏运动"可以拆解为"运动缺乏动力""运动量难统计""运动方式单一"等,接着围绕各个创意命题综合运用项目 3 学到的创意方法进行创意。例如,针对"运动缺乏动力"的改良设想是把"运动"和"社交"结合起来开发一款儿童运动监测工具贴,儿童通过运动积攒能量币,在排行榜中可以看到同伴和自己的排名,也可以和其他同伴把运动监测工具贴对接,实现交友和能量赠予功能,以及积攒能量币可兑换礼物和 IP 形象。"运动量难统计"是因为在观察中洞察到部分儿童会觉得电话手表式的监测工具戴着不舒服,或者部分学校不允许佩戴,所以创意设计是设计可以贴在衣服上、鞋子上的监测工具等。完成图 4-1-5 的绘制。

●目标用户	●目标问题	●目标需求	●触点

●创意草图	●创意描述

●创意潜力	●创意亮点	●创意风险

●用户故事四格			
用户环境	使用创意前	使用创意时	使用创意后

图 4-1-5 "解决儿童健康问题"行动地图(3)

(5) 制作原型

选出一个创意,制作可触可感的创新产品雏形。

项目团队承接了委托方的一个任务是"解决学龄儿童过度肥胖的问题",针对此任务,须评选环节(4)得出的创意,将通过评选的优秀创意做成可实现的产品原型。

在本环节,项目团队首先制作了快速原型,利用折纸设计了青蛙、小熊等卡通原型。然后通过"分模块原型"工具分别绘制运动监测器的效果图原型,包括计步功能原型、运动方式原型、可实现能量赠予的监测器对接功能原型等,这些原型在团队内部不断修正。最后制作了"监测运动方式"的关键功能原型和"实现能量排行榜统计"的关键体验原型,并制作了

1:1的等比例产品原型,并对原型不断优化。

(6) 实施方案

观察用户使用,通过收集用户的反馈信息进行迭代改进。

在上一环节,项目团队通过快速原型、分模块原型、关键功能原型和关键体验原型,最后迭代制作了1:1等比例原型。在本环节,需要对这些原型进行测试,包括样品测试,即确保其具备产品所有功能的原型和外在表现,完整度是非常高的,这时需要搜集用户的反馈内容,同时要甄别这些反馈内容的真实性。完成图4-1-6的绘制。

图 4-1-6　"解决儿童健康问题"实施方案行动地图(4)

该创新团队展开了小范围的儿童运动监测器产品发布会,发布会上其中一个问题是关于外观形象的,这个新品只设计了两个外观,即青蛙和小熊,大部分测试对象都喜欢青蛙,但当委托方说每个参与活动者都可以带走一个监测器时,大家选择的都是小熊。由此可见,测试中表述的反馈和真实行为的反馈很有可能是不一样的。

有经验的项目团队还会进行一次试销测试,包括成型的产品、定价、包装等营销策略。创新团队带着儿童运动监测器这个产品参加了婴童用品展。通过展会,项目团队测试了该产品的媒体青睐度,接收到专业买家/经销商真金白银的反馈等。这样可以在一定的时间范围内获得最多的市场反馈,用最小的代价获得最真实的市场反应。

拓展训练

为火锅食客设计时髦又有趣的防溅衣

1. 训练清单

● 训练起点:理解设计思维的有关知识点和应用场景,以及设计思维流程。

● 训练内容:应用设计思维流程,提升在实践项目中解决问题的能力;灵活应用图解思维法、和田十二法、头脑风暴法等创意工具;完成火锅店的委托任务——设计一款时髦又有趣的防溅衣。

● 成果输出:得到一款被市场接受与认可的"时髦又有趣的防溅衣"产品。

● 技能习得:掌握设计思维流程及其应用。

2. 训练流程

说明:自主完成该训练(详细流程参照本任务中的"基础训练")。

 素质养成

荣耀时课:
"以人为本"
的设计思维

"人本理念"培养计划

现代设计的核心是"以人为本",我们懂得最好的产品设计和服务源于对潜在用户的需求的了解。"以人为本"的设计就是"以人为出发点的设计",小到日常生活里的勺子,大到空间站的设计,这些设计的出现就是为人的需求而生,坚持"以人为本"的设计符合时代发展的要求。

为什么设计要"以人为本"?为什么企业管理要"以人为本"?为什么国家治理要"以人为本"?因为"以人为本"是个根本问题。解决不了这个问题,就不能理解"以人为本"的重要性,就不会做到"以人为本",更谈不上寻找"以人为本"的方法。

"以人为本"是一种以人民为根本的价值观念,无论是在设计过程中以用户为中心的思想,还是在企业管理过程中"以人为本"的经营理念,甚至是在治国理政中一切施政以满足人民的物质及文化需求、促进人民全面发展、实现人民权益为主要依归的思想,都是在强调"以人为本"的大道。开展"以人为本"的设计要经过以下几个阶段。

1. 同理心(Empathize)

在"以人为本"的设计思维中,"同理心"是至关重要的第一阶段。在这一阶段,设计者们需要搁置他们的预先假设,通过采访、观察和互动,收集有关用户的真实见解,在心理和情感层面上深入了解用户,创建用户画像(Persona)。

明确我的用户对象是谁?他们的问题是什么?他们现在是如何处理这些问题的。

2. 定义（Define）

设计思维的第二阶段为"定义"问题。团队需要整合在第一阶段获得的所有信息，筛选出最有价值的核心内容，转化为见解（Insights）。设计思维更需要发现问题而不是解决问题。在"定义"阶段结束时，设计师们需要总结出一个清晰的"问题陈述/说明"（A problem statement）。明确用户面临着哪些困难和挑战？用户的核心问题是什么？用户最迫切的需要是什么？哪些信息经过深入研究可转化为见解？

3. 构思（Ideate）

有了"用户画像"和清晰的"问题陈述"，是时候开始研究潜在的解决方案了。创造力在设计思维的第三阶段充分体现。一般设计师们将举行多个构思会议，从尽可能多样且新颖的角度提出想法以吻合（Match）用户需求。

4. 原型（Prototype）

设计思维的第四阶段是"原型"设计，将想法变成有形产品。原型基本上是产品的缩小简易版本，它们并不需要完善的设计和开发，甚至可以只是产品的一个部分或特征，用于方便快速地参与真实的用户测试，是发现原型存在问题缺陷的关键，以便设计师们及时做出调整。

5. 测试（Test）

设计思维的第五阶段是将第四阶段研发出来的"原型"对第一阶段"共情"的用户进行测试，让他们体验产品和服务，获得实时反馈。设计思维是一个非线性的过程。在对每种提案测试的过程中，提案可能会被接受、被拒绝、被要求重新改进和设计，新的解决方案也会被提出。所以在大多数情况下，设计师们会从"测试"回到"定义"或"构思"阶段，再进一步地探索"原型"设计，如此循环。

任务 2 创新团队

任务初探

小牙刷　大智慧——组建团队

一家日化公司委托项目团队设计一款牙刷，首先需要组建团队。当你加入一个新的团队时，应如何快速融入团队？如何与团队成员尽快熟悉？这些都需要从一个自我介绍开始。

请你拟出自我介绍的内容。

![图标]　**场景导入**

—— 场景 1　生活中的创新团队组建 ——

工作日扫一辆共享单车,快速解决通勤"最后一公里"问题;抑或是在周末,骑上共享单车穿梭于大街小巷,感受车轮上的"慢"生活……随着共享单车与城市生活的深度融合,诸如此类的"低碳"生活方式也渐渐成为市民的日常。要知道,在这些项目背后,都有一支以用户为导向、多学科融合且具有创新精神和敏捷开发能力的创新团队作为支撑。

从古至今,没有哪个人是完美无缺、擅长所有事物的,再杰出的人也总有自己的盲区和短板。知人善任、选贤任能、优势互补,永远是成就一番事业所必需的功课。

> **点拨:**人的长处和短处既有绝对性的一面,也有相对性的一面。一代名将曾国藩说"制胜之道,实在人而不在器",有学者将"血性为主、廉明为用、简默朴实、打仗坚韧"总结为曾国藩选将的要求。大意是:选拔领兵打仗、攻城破寨的人,就要选那些勇猛果敢、敢于担当的人;但是选拔管钱粮的人,就要选那些严谨细致、诚实守信的人。针对不同的岗位、不同的工作、不同的任务,需要关注人不同方面的素质和能力。

—— 场景 2　职场中的创新团队组建 ——

很多企业会根据实际需要,组建各种项目组,项目组中的团队成员是根据项目的实际需求从各个部门抽调的,完成特定的工作任务,时间根据项目进展情况确定。例如,某电子产品公司,在每次新品发布会前,都会成立专门的演示文稿撰稿组,包括文案、产品经理、设计师等五人左右,工作时间为一个半月,公司高管会直接牵头参与设计,大到内容框架,小到一个文字的配色。跨部门跨岗位组建的团队,能够激发团队产生奇特的创意效果,更加贴近用户需求。

点拨：组建的临时团队具有互相不熟悉、时间相对紧张、任务比较艰巨三大特征，需要通过明确团队目标、降低磨合成本、工作内容标准化等三大措施来保证团队的创意与效率。

—— 场景 3 创新应用中的创新团队组建 ——

创新红房子：创新应用设计来源于生活，并让生活更美好。面对"幸福是奋斗出来的——动手改造让宿舍生活更美好"的委托任务，首先需要组建创新团队。如何组建团队？流程和步骤是什么？组建过程中需要确认哪些信息？组建后是否需要有团队的规则与要求？把你的思考写下来。

创新绿房子：在对团队组建流程与步骤清晰后，就可以尝试组建团队。

（1）大学是集体生活，宿舍改造需要集体完成且要征得室友全员的认可，所以创新团队成员就是宿舍全部室友，需要有一个发起人，作为团队的组织者。

（2）集结团队成员，在改造的过程中会面对美化设计、软装布置、费用预算等事项，因此除宿舍成员外还可考虑邀请外援加入，形成跨专业组队，包括建筑室内设计专业的学生、广告设计与制作专业的学生、会计专业的学生，还可以是旅游、烹饪、化工等专业的学生，不同专业背景的学生会为设计提供多元突破的可能性。

（3）团队成员加入后，要有统一的战略目标，如队名、口号等，使团队具有较强的凝聚力。

（4）制定团队行动的规则，拟定团队的行动准则，在接下来的设计改造过程中，需要统一行动，高效完成委托任务。

点拨：组建创新团队要满足三个核心要素——团队成员、战略目标、行动准则。

 **知识解码**

密钥 1　团队的人才类型

1. I 型人才

I 型人才属于典型的研究型人才。他们喜欢深入了解一件事情,有钻研精神,在自己专属的领域中是绝对的专家。但如果超出自己的研究领域,他们可能只是一个"小白"。为了组建理想的创新团队,我们需要寻找那些在垂直方向上拥有深厚专业背景,同时在横向上具备广博知识面的 T 型人才。

2. T 型人才

T 型人才如图 4-2-1 所示,T 的一竖代表专业技能,通常这种能力可以从多年的教育、培训及职业经历中获得;而 T 的一横代表连接技能,即与他人合作的能力,包括同理心、好奇心、开放性、思考力和行动方式等。这类人有较宽广的视野与知识面,但在某一领域他们又可以称得上是专家。

3. π 型人才

π 型人才如图 4-2-2 所示,π 型人才相比于 T 型人才多了一竖,这意味着在一个学习型组织中,由于成员间的相互融合和激发,个人不仅能像 T 型人才一样在某个方面精进自己,还能在日常生活中应对各项挑战,进行相应的自我教育和学习,使自身能力得到持续发展和增强。

图 4-2-1　T 型人才　　　　　图 4-2-2　π 型人才

多学科团队是由 T 型人才组成的,是创新团队的起点,而跨学科团队就是把 T 型人才培养成 π 型人才,是一个发展的理念。作为团队负责人,要把团队带向更加融合的方向,形成团队网络。

密钥 2　团队的战略目标

对于团队而言，一个时期的战略目标必须是明确、清晰的。只有这样，才能让团体成员明确努力的方向，才能对他们产生巨大的激励作用，从而保证团队能始终朝着既定的目标前进。

1. 必须符合战略发展方向

必须符合战略发展方向是目标制定的第一前提，战略发展是长期方向，所有的工作都应该为实现战略目标而努力。随后聚焦重点，战略目标一定是当下团队最重要的工作。

2. 鼓励自下而上，公开透明

公开透明就是让成员了解工作的"上下文"。首先，团队成员可以在完整信息的基础上做出判断，鼓励成员针对整个目标主动思考，让成员看到面，而不是点。其次，可以提高成员对工作的参与度、尊重度、认同度、接受度，以及提高成员的积极性，比起被安排，主动去做效果更好。

3. 目标要定性，振奋人心

目标应明确。目标是我要去哪？我要达成什么样的结果？目标将是未来一个阶段的工作中心。在定性的基础上，设定一个振奋人心的目标，让成员充满动力。目标一定要富有挑战性，在挑战过程中最容易打造积极的团队文化，按部就班是很难实现目标的。

密钥 3　团队的规则

每个团队都有独特的工作文化，最好由团队成员共同制定一份团队规则，并加以遵守。例如，针对一个为期三个月的创新项目，组建的创新团队制定了以下规则。

① 尊重项目委托方和团队成员。

② 保证足够的时间和精力投入项目，确保参加团队会议，不和其他待处理事件冲突。

③ 准时，如果不能准时，要提前通知团队其他成员。

④ 团队里没有领导和员工之分。

⑤ 即便我的点子被"杀死"，也要尊重团队的决定。

⑥ 不惧怕冲突，坦诚地说出意见。

⑦ 离开工位前，清理工作空间。

团队规则是一个很个性化的约定，每个团队都可以按照自己的方式来协商具体内容。有的团队会编制详细的工作表，确定共同工作时间；有的团队会创造出一些内部语言——成员发言时，听众高举双手来回晃动表示同意发言者的观点，听众戴上帽子表示有不同意见。

◆ 基础训练

组建一支高效的"儿童牙刷创新设计"团队

1. 训练清单

● 训练起点：理解组建创新团队的有关知识点和应用场景。

● 训练内容：要完成"设计一款牙刷"的任务，需要有一支高效的创新团队，按照创新团队组建步骤"发布招募令（吸引团队成员）—集结（团队成员相识）—核验身份（我们确认过眼神）—制定规则（无规矩不成方圆）"完成创新团队组建，并就未来接受的训练挑战需要达成一致。尽可能开展跨班级、跨专业组队。

● 成果输出：组建完成一支有队名、口号、团队规则的高效创新团队。

● 技能习得：理解组建创新团队的方法和流程。

2. 训练流程

接下来，"小牙刷大智慧"的训练项目将贯穿本项目余下的任务及项目 5 全部任务。

组建创新团队是首要之务，具体操作步骤如下。

步骤 1：招募令，吸引团队成员。

通过六次创新思维和七次创新方法的训练，选出了综合训练能力较为优秀的同学作为团队发起人。团队发起人通过招募令可以招募心仪的队员，直到招满为止。招募令可以是文字形式、三分钟演讲形式或短视频形式，宣传你的优势，吸引同学加入你的团队。

步骤 2：集结，团队成员相识。

通过"灵魂自画像"的游戏让创新团队中的成员尽快熟悉。

解锁技能——"灵魂自画像"游戏

游戏的具体做法：如图 4-2-3 所示，每个成员在一张纸上画出自己的自画像，自画像从中间分开，一边写上自己在团队活动中的优点，如"灵魂画手""演说家""分析师"；另一边写上自己在团队活动中的缺点，如"批评家""迟到大王""麦霸"。用这种坦诚的方式建立一种团队工作语言，甚至团队默契，成员做自我陈述时，还可以带上道具进行即兴表演。

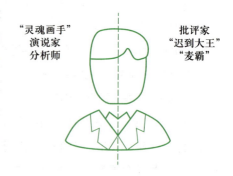

图 4-2-3　团队组建中的"灵魂自画像"

通过这样彼此坦诚的方式，建立团队合作最重要的信任基石，这种信任包括对自我的信任、团队成员之间的信任及对组织的信任。

步骤 3：身份，我们确认过眼神。

团队要协同向前,因此统一的队名和口号会让彼此更加凝聚,口号可以是一句话或一句歌词。此时,可以召唤创新方法的有关技能来完成确定队名和口号的任务,进行团队的身份认定。

解锁技能——默写式卡片智力激励法。

对于不善言辞、喜欢沉思的成员,或者在团队刚组建彼此还不熟悉时可以使用。默写式卡片智力激励法可以避免少数人争着发言使部分参会者失去发言机会而造成设想遗漏的情况,还可以避免因某些参会者不善言辞或不习惯当众畅谈而无法表达清楚自己的设想从而影响激励效果的情况。

默写式卡片智力激励法的基本原理与本书项目 3 任务 3 中介绍的头脑风暴法相同,但本方法通过填写卡片的方式来实现,而不是"畅谈"。本方法规定每次会议由 6 人参加,每个人在 5 分钟内提出 3 个设想,所以又被称为"653 法"。

具体行动流程如下。

① 由会议主持人宣布议题(如完成对团队统一的队名和口号的创意),即宣布发明创造目标,并对参会者提出的疑问进行解释。

② 为每个人发几张设想卡片,对每张设想卡片进行 1、2、3 编号,在两个设想之间留一定的间隙,可让其他人填写新的设想,填写时字迹必须清楚。

③ 在第一个 5 分钟内每个人针对议题在卡片上填写 3 个设想,然后将设想卡片传给右侧的人;在第二个 5 分钟内每个人从别人的 3 个设想中得到新的启发,再在卡片上填写 3 个新的设想,然后将卡片传给右侧的人……连续传递 6 次,一共能产生 108 个设想。

④ 收集设想卡片,尤其是将最后一轮填写的设想进行分类、整理,根据一定的评判原则和程序,筛选出有价值的设想。

步骤 4:规则,无规矩不成方圆。

团队成员共同制定一份团队规则,并加以遵守。团队成员经协商同意之后,可以把这份团队规则放大、打印,并挂在工作空间里,每位成员都要遵守这份规则。

拓展训练

组建一支优秀的创新团队

1. 训练清单

● 训练起点:理解组建创新团队的有关知识点和应用场景,以及组建创新团队的方法和流程。

● 训练内容:基于所在学校上课班级、专业等现实情况,按照本任务"基础训练"中的四个步骤,尽可能开展跨班级、跨专业组队,团队成员从相识、相知到协作。

- 成果输出:组建完成一支有队名、口号、团队规则的创新团队。
- 技能习得:掌握组建创新团队的方法和流程的应用。

2. 训练流程

说明:自主完成该训练(详细流程参照本任务中的"基础训练")。

素质养成

荣耀时课:
创新团队

高效沟通能力提高计划

借助"看榜—集结—验身—定规"四个步骤,我们初步组建了创新团队,但距离高效的创新团队还有很大的差距,那如何才能打造成为一支高效的创新团队呢? 一要确立团队共同的目标;二要有明确的团队规则;三要凝心聚力,团结协作;四要建立良好的沟通机制,相互信任。只有具备这些条件才能确保团队成员持续为团队目标努力奋斗。

沟通是理解与信任的桥梁,如何建立良好的沟通,确保团队成员之间能够统一行动呢? 正如项羽乌江自刎落幕,是因为他刚愎自用,不与部下有效沟通;而廉颇"负荆请罪"的故事,告诉我们有效沟通可以化干戈为玉帛。团队沟通是激发团队成员创新思维、调动团队成员积极性与执行力的有效方法,可以实现团队的共同目标和促进团队的和谐发展。

在创新创业中,最需要的就是不同部门不同人员之间的相互沟通和配合,而这也是我们所提倡的团队合作。那么,团队成员之间如何进行有效沟通? 4F(Fact,Feeling,Finding,Future)沟通法就是一种有效的沟通方法。

1. Fact——事件、行为、经历、故事、人物

Fact是可持续对话的基础,用客观事实来引导沟通对象分享他人的感受与收获。如果我们一开场就问"你现在觉得怎么样"或"你有什么感受",他人很可能就会答"很好啊"或"不知道"。我们可以用What、Who、When、Where四种问句引导沟通对象对话,如哪个活动环节让你记忆犹新? 回想过去半年的家庭生活,你马上想到的是哪些画面? 那个时候,你在做些什么? 你看到了什么? 你听到了什么? 其他人又在做些什么?

2. Feeling——情绪、感受、触觉、嗅觉

有了客观事件后,我们就可探寻进一步的对话。我们可以这样问:你做出那个动作的时候,你的情绪/心情是怎么样的? 当你看到他走进来的时候,你想到了什么? 心情怎么样? 你有什么感觉?

3. Finding——发现/找到、原因/经验、澄清/判断

我们可以这样问:在这个过程中,有哪些是值得肯定的、称赞的? 这件事情对于我们以后的工作、生活有什么借鉴

之处？你在那次和平相处中，发现小江跟平时有什么不同？提醒各位，我们可以适当使用对比式的提问，容易引导沟通对象产生新发现。

4. Future——未来、影响、可能性

若有新的发现，就要引导沟通对象做出改变。我们可以这样问：如果以后再做一次这样的活动，则我们可以怎么更好地准备？如果由你来主持这次活动，则你会怎么做？这个事情的经验，对你的未来计划有什么影响？

任务 3　创新工作环境

任务初探

小牙刷　大智慧——搭建环境

刚刚组建的儿童牙刷创新团队，首先需要完成场地空间的布置，保证设计思维场地能够提供足够的创意工具及创意氛围，以激发参与者积极投入创新行动，轻松开展创新项目。

当你们团队面对这个任务时，你们认为首先应该考虑的因素有哪些？又该准备哪些物品？

场景导入

—— 场景 1　生活中的创新工作环境搭建 ——

人时刻处在环境中，不同的环境会传递不同的信息。破窗效应讲的是环境对周围人产生的影响至关重要。一个社区原本很安静、很安全。有一天，一座房子的玻璃被打碎了。破损的窗户没有及时得到维修。之后，周围有更多的玻璃被打碎，越来越多的破窗对生活在社

区里的人潜移默化地产生了负面影响，由之衍生的悲剧性效应也不断扩散。人们对消极现象越来越麻木不仁，社区治安逐渐恶化，该社区变成了对居民来说很危险的地方。

创新工作环境需要沉浸式体验，正如图书馆的布置让人有阅读的欲望，咖啡厅的布置让人有畅谈的欲望，卧室的布置让人有睡眠的欲望；想要在空间中得到灵感，首先要让自己的生活空间变得有条理性。正如《弟子规》所述："房室清，墙壁净，几案洁，笔砚正。"一个人能把书房整理得干干净净，这就表明这个人的学习习惯好，读书的态度是端正的。保持良好的学习和生活环境，是我们走向成功的一个必备条件。

点拨：环境会传递信息与传播知识，在一个新的环境里，人的五感（看、听、闻、尝、触）同时起作用，人会看到、听到、闻到、触摸到新的信息，也会因此产生一些新的感受和思考，因此搭建创新工作环境时，要考虑我们的五感。

——　场景 2　职场中的创新工作环境搭建　——

酒店管理与数字化运营专业的实践教学需要在与酒店相关的各类实训室完成。例如，客房实训室、插花实训室、前厅服务实训室、中餐实训室、西餐实训室、调酒实训室等。每个实训室都采用真实场景，当我们要进行中餐宴会设计时，我们需要在中餐实训室（图 4-3-1）中完成。团队成员首先对宴会主题进行定位，重新布置中餐宴会桌的摆放，在各类型真实餐具中选择符合主题的餐具。同时利用实训室的虚拟软件，将该主题的中餐宴会进行虚拟布展，激发团队成员在宴会设计中的灵感。当然我们也可以让创新材料和工具助力我们在实训室中完成宴会主题设计的构想。

图 4-3-1　中餐实训室

点拨：创新工作环境包括众多要素，如创新的材料、创新过程中使用的工具与软件等，要素的整合与合理利用将会有助于创新灵感的发挥。因此，在搭建创新工作环境时，要重视要素的选择与设置。

—　场景3　创新应用中的创新工作环境搭建　—

创新应用设计来源于生活，并让生活更美好。在面对"幸福是奋斗出来的——动手改造让宿舍生活更美好"的委托任务，组建完成的创新团队首先需要完成的是搭建创新工作环境，我们先来到创新红房子进行思考。

❓ 创新红房子：我们的创新工作环境要具备哪些功能？需要创新空间传达什么态度？未来创新工作中需要哪些创新工作与材料？请你思考并记录下来。

🏠 创新绿房子：室友们邀请"外援"一同讨论设计，由于男女宿舍禁止相互串门，为了讨论方便，讨论地点定在了教室或者创新空间，而为了让新成员更容易地了解宿舍环境，室友们可以把新环境设计得更贴近于宿舍，把空间布置成团队成员围坐一起，中间放置洗漱用品、化妆品、学习桌，还可以张贴宿舍环境的图片。同时成员以 U 形围坐，方便讨论且没有层级划分，体现公平的氛围。

在该场景中，学生就是应用了创新应用设计中搭建创新工作环境的思路，让创新工作环境成为创新应用设计的助推器。

点拨：创新工作环境的设计与布置，要考虑功能性要求，尽可能符合未来工作和生活的实际需求。

知识解码

密钥 1　创新空间的类型

创新空间即创新工作的环境，主要包括四种类型：广场空间、团队空间、酷空间和独处空间。

1. 广场空间

古希腊的思想家们常常在广场上做演讲,由此广场成为一个人群聚集的所在。当然,长期以来,广场也承担着集市和传播知识等功能,是政治、经济、社会生活的复合中心。

在创新活动中,我们需要这样一个具有形式感的所在,用来大规模聚集人群,开展演讲、展示、发布等活动。其实广场空间也并非一定设在室外,朴素一些,把它叫作"聚集空间"也未尝不可。

观众、舞台和聚光灯是构成广场空间的三要素。关于观众如何落座是个有意思的话题,传统的电影院座位虽然舒服,却会让人过于舒适,使人不愿意站起来,不利于创新。因此,很多创新空间会给观众提供灵活移动的椅子、彩色的豆袋椅、长着轮子的沙发等,就是希望人们能在不同的姿态间切换。舞台是留给中心人物的,放一个演讲台即可轻易确立演讲者的舞台位置,而投影仪、麦克风、白板等就是聚光灯,能有效吸引观众的注意力。此外,广场空间还要考虑能否进行多角度的直播,支持更多身处异地的参与者一起思考、创造、相互交流。

2. 团队空间

团队空间是团队成员共同工作的场所,也是使用率最高的空间。每个团队无论生命周期或长或短,都有自己独特的风格和文化,所以团队空间最好交给团队成员自己去布置。有的团队会装饰一个风格洒脱的会议室,有的团队会把愿景做成一个具体的东西高高挂起,还有的团队会打印很多照片贴在墙上。团队空间布置成什么样并不重要,重要的是让所有成员在其中感到舒服,受到启发。

无论团队空间风格如何,都建议在空间中准备两种工作台——水平的和垂直的。水平桌面就像一个无声的邀请,团队成员自然而然地聚拢在桌子周围,它的水平特性有利于共同创造,画张图或做个模型都很方便。但水平桌面的问题在于,它在日常场景中往往带有比较浓厚的私人属性,我们平时常常接触的桌面(书桌、办公桌等)大部分是个人工作空间,因此非常有必要放置一块垂直的白板。垂直的平面能创建公开分享的氛围,团队成员不管是写点什么,还是把做好的原型挂在白板上,都意味着这是在向大家发出前来观看的邀请。

团队空间里还有一个隐藏的元素——成员活动的姿态。在日常生活中,人们最常见的姿态是坐着、靠着或倚着,这样的姿势在协作中适合于汇报或深度讨论,但对于激发创意就不是那么理想了。我们需要更为积极的姿态,让脑袋和手活跃起来,因此团队空间中最鼓励的姿态是站立。挺立和站姿表示人们会积极、主动地参加和投入,这种活跃性的姿势越多,团队的产出往往越好。所以无论是桌面还是白板,我们都建议将其设计成适合站立工作的高度,并在下面装上轮子,方便移动。

3. 酷空间

观察一下家里的孩子,他们是不是经常搭建一个小帐篷,把自己装进去,或者坐在椅子的扶手上,努力保持平衡。想象一下,自己是马戏团高空表演的演员。

空间能带给人们最直接的刺激。正如身处高塔之中,塔顶不断向上延伸,人们身处其中时,就会感觉到自己的渺小,进而产生一种神圣和崇高的想法。这些空间不一定很大,却像神来之笔,散发着与周围的一切都不一样的气息。对于那些渴望想出突破性的想法的人们来说,这些地方总是有着独特的吸引力。酷空间还会给成员带来归属感,大家会很愿意带朋友来参观。

4. 独处空间

创新的基本单元是团队,而团队成员就像家庭成员一样,多数时候你爱他们,但有时你又讨厌他们,所以除了团队的工作空间(WeSpace),独处的个人空间(iSpace)也非常重要。

当你特意坐在一个单人沙发上,或者躲在安静的图书室,就相当于在自己的头顶上写着"让我自己待会儿"。人们总是很容易就能读出在不同场合下应该有的行为规范。

创造空间的第一要务就是要明确空间能实现什么功能、传达什么态度。从功能的角度来讲,空间的使用者是活动的人,我们可以观察、归纳出创新者主要的活动类型,然后给他们提供相应的空间支持。从态度的角度来看,创新者就是想通过空间传递一定的理念和文化价值,因为态度会主宰参与者的投入程度及所有决策,是人们行动的基础。因此,创造空间时,既要考虑有形的(物理)部分,也要考虑无形的(精神)部分。

密钥 2　创新工作环境常备的工具和材料

① 即时贴,A4 白纸、彩色纸、美纹纸。

② 六角细杆水彩笔、马克笔/白板笔。

③ 白板,能写字的白墙或大张白纸;锡纸;硬纸板、泡沫板。

④ 球、戒指、星状物等有特殊形状的物品。

⑤ 毛线、绳子、皮筋等可以绑东西的物品。

⑥ 建筑类物品,如橡皮泥、乐高、拼插积木等。

⑦ 切割工具,如剪刀、美工刀、锯子等。

⑧ 连接工具,如胶水、胶带、双面胶、热熔胶等。

⑨ 紧固工具,如锤子、螺丝刀、钳子等。

⑩ 游标卡尺、喷漆。

提供这些工具和材料的空间也很重要。工具和材料的存储以开放式为最佳,这样可以保持工具和材料的可视性,如果缺少什么,就能随时补给。正所谓"视线之外,思维之外",人们总是喜欢把注意力首先放到周围能看得见、摸得着的事物上,所以保证工具和材料离人们很近,随时充足可用非常重要。

 **基础训练**

营造合理的"儿童牙刷创新设计"工作环境

1. 训练清单

- 训练起点：理解搭建创新工作环境的有关知识点和应用场景。
- 训练内容：团队成员针对委托公司"儿童牙刷创新设计"的需求问题，通过思考创新工作室空间功能、构思空间传达态度、准备创新工具和材料等步骤完成创新工作环境的布置。
- 成果输出：为"儿童牙刷创新设计"任务搭建合理的创新工作环境。
- 技能习得：理解搭建创新工作环境的方法和流程。

2. 训练流程

创新团队需要完成创新工作环境的布置，具体的操作步骤如下。

步骤1：明确空间实现功能。

布置创新工作环境的第一要务就是要明确创新空间能实现什么功能。例如归纳空间使用者的主要活动类型，然后给他们提供相应的空间支持。儿童牙刷创新团队需要完成头脑风暴及进行独立思考的空间。智慧教室灵活多变的桌椅方便同学们及时调整空间布局；对于普通教室固定桌子来说相较难以进行大的改动，但是依然可以移动椅子实现围坐；对于桌椅都固定的空间，不妨围着桌子站立，或者找一个空间席地而坐。

步骤2：明确空间传达态度。

创新空间需要明确传达什么态度？创新者想通过空间传递一定的理念和文化价值，因为态度会主宰参与者的投入程度及所有决策，是人们行动的基础。

步骤3：准备创新工具和材料。

在儿童牙刷创新设计训练中，成员可以有针对性地准备相关的工具和材料。

 **拓展训练**

布置理想的"雨伞创新设计"工作环境

1. 训练清单

- 训练起点：理解搭建创新工作环境的有关知识点和应用场景，以及搭建创新工作环境的方法和流程。

● 训练内容:创新团队受一家日用品厂家委托设计一款新型雨伞,围绕"雨伞创新设计",完成创新工作环境的布置。

● 成果输出:为"雨伞创新设计"任务搭建合理的创新工作环境。

● 技能习得:掌握搭建创新工作环境的方法和流程的应用。

2. 训练流程

说明:自主完成该训练(详细流程参照本任务中的"基础训练")。

 素质养成

空间规划能力提高计划

为何环境对人如此重要?正如庄子所云:"虚室生白,吉祥止止。"意念干净的人,那种由内而外的清爽和洁净,就像空房子一样,没有杂物和垃圾,心澄貌恭,灵明纯粹,时空里溢满了吉祥与欢喜。无独有偶,《后汉书》中提到"一屋不扫,何以扫天下"。心理学研究证明,整洁、有条理的房间及周围环境,对人产生的催眠、暗示作用都是积极的。

那么,如何让我们学习和工作的环境保持整洁干净呢?

1. 物归原位

变"找东西"为"拿东西"的习惯,所有的物品应该整理在固定的位置上,用完之后物归原位,切不可随意乱丢。

2. 注重规划

时间规划让你的生活井井有条,变成一个有条理的人,进而拓展到学习、生活的方方面面。

3. 学会"断舍离"

"断"指不买、不收纳那些没有用处的东西,"舍"指整理堆放在家里泛滥、无用的东西,而"离"指舍弃对某样东西的迷恋。学会丢弃一切让我们有包袱的东西,只有这样才能让我们的生活更加轻松愉快,而断舍离不仅改变着我们的生活,还正在改变着我们的人生。

荣耀时课:
创新工作
环境

行动篇——

足履实地踏征程

对设计思考者来说，行为从来没有对错之分，行为总是有意义的。

——蒂姆·布朗

项目 5

绘就创新工笔画

——开展创新设计

　　以往生产和设计产品时我们有时会只关注技术,一味从技术出发,因此经常出现自认"完美"却无人问津的产品,原因就在于这种以技术为出发点的产品缺乏使用场景。

　　在经济发展越来越追求高质量的当下,人们对于产品的选择趋于多样化、个性化。想要满足市场需求,必须推动产品使用场景创新。

　　本项目介绍的设计思维的六个任务环节是指引我们从探索用户的真实需求出发,筛选出用户最核心的需求,并且根据用户的意见不断进行迭代改进的一种创新过程。这种创新过程正是推动产品经济走向多元化、高质量的重要动力源。

学习目标

》 知识目标

　　理解设计思维的应用流程,熟知六个任务环节的概念和应用步骤;认识设计思维在项目推进时所应用到的创新工具和方法。

》 能力目标

　　通过完成本项目独有的"挑战任务"栏目进一步掌握创新思维中常用的工具与创新方法;通过团队合作进一步强化设计思维的流程与步骤;理解委托任务,明确目标用户,具有洞察挖掘用户需求、重构命题、构思创意、制作原型、实施测试与确定迭代方案的能力。

》 素质目标

　　培养同理心、观察能力,能够实事求是地洞察事物本质,养成自律、高执行力和抗挫折的品质与意识。

学习地图

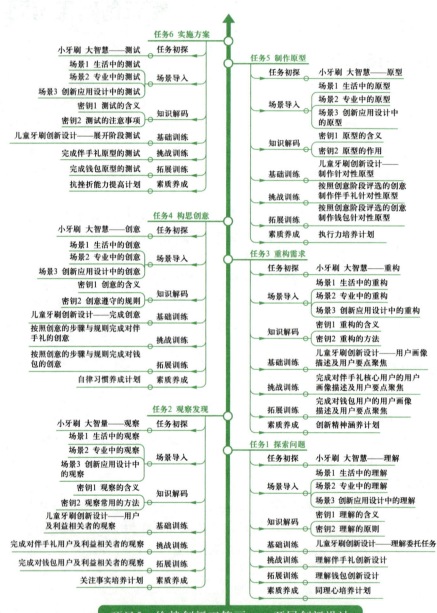

任务6 实施方案

任务初探	小牙刷 大智慧——测试
场景导入	场景1 生活中的测试
	场景2 专业中的测试
	场景3 创新应用设计中的测试
知识解码	密钥1 测试的含义
	密钥2 测试的注意事项
基础训练	儿童牙刷创新设计——展开阶段测试
挑战训练	完成伴手礼原型的测试
拓展训练	完成钱包原型的测试
素质养成	抗挫折能力提高计划

任务5 制作原型

任务初探	小牙刷 大智慧——原型
场景导入	场景1 生活中的原型
	场景2 专业中的原型
	场景3 创新应用设计中的原型
知识解码	密钥1 原型的含义
	密钥2 原型的作用
基础训练	儿童牙刷创新设计——制作针对性原型
挑战训练	按照创意阶段评选的创意制作伴手礼针对性原型
拓展训练	按照创意阶段评选的创意制作钱包针对性原型
素质养成	执行力培养计划

任务4 构思创意

任务初探	小牙刷 大智慧——创意
场景导入	场景1 生活中的创意
	场景2 专业中的创意
	场景3 创新应用设计中的创意
知识解码	密钥1 创意的含义
	密钥2 创意遵守的规则
基础训练	儿童牙刷创新设计——完成创意
挑战训练	按照创意的步骤与规则完成对伴手礼的创意
拓展训练	按照创意的步骤与规则完成对钱包的创意
素质养成	自律习惯养成计划

任务3 重构需求

任务初探	小牙刷 大智慧——重构
场景导入	场景1 生活中的重构
	场景2 专业中的重构
	场景3 创新应用设计中的重构
知识解码	密钥1 重构的含义
	密钥2 重构的方法
基础训练	儿童牙刷创新设计——用户画像描述及用户要点聚焦
挑战训练	完成对伴手礼核心用户的用户画像描述及用户要点聚焦
拓展训练	完成对钱包用户的用户画像描述及用户要点聚焦
素质养成	创新精神涵养计划

任务2 观察发现

任务初探	小牙刷 大智量——观察
场景导入	场景1 生活中的观察
	场景2 专业中的观察
	场景3 创新应用设计中的观察
知识解码	密钥1 观察的含义
	密钥2 观察常用的方法
基础训练	儿童牙刷创新设计——用户及利益相关者的观察
挑战训练	完成对伴手礼用户及利益相关者的观察
拓展训练	完成对钱包用户及利益相关者的观察
素质养成	关注事实培养计划

任务1 探索问题

任务初探	小牙刷 大智慧——理解
场景导入	场景1 生活中的理解
	场景2 专业中的理解
	场景3 创新应用设计中的理解
知识解码	密钥1 理解的含义
	密钥2 理解的原则
基础训练	儿童牙刷创新设计——理解委托任务
挑战训练	理解伴手礼创新设计
拓展训练	理解钱包创新设计
素质养成	同理心培养计划

项目5 绘就创新工笔画——开展创新设计

任务初探

小牙刷　大智慧——理解

　　一家日化公司委托创新团队设计一款儿童牙刷。在即将开始的"探索问题"（理解）环节中，创新团队现在需要对设计任务展开讨论：首先，团队成员须对任务有一个全面清晰的认识，补齐彼此认知的短板并对设计任务达成共识；其次，需要和委托方进行信息沟通，了解更多设计任务的细节和想法。

　　在开始设计之前，请团队成员先来到创新红房子进行思考。

　　❓ 创新红房子：面对这个设计任务时，你能想到哪些未知信息需要和团队其他成员及委托方咨询，请拟出需要沟通的信息或问题清单。行动之前的思考尤为重要，请团队成员列出行动之前的思考。

　　当团队听到"设计一款牙刷"这个任务时可能会思考，应该设计一款什么样的牙刷？ 是电动牙刷还是普通牙刷？ 刷毛用什么材质？ 刷毛的软硬度如何？ 刷头设计什么形状？ 等等。我们可能需要沟通关于牙刷特征、牙刷材质、牙刷外观等方面的问题。

　　在创新红房子中，发现问题比解决问题更重要，面对这个任务，运用设计思维，团队得到以下启发。

　　① 这款牙刷的使用者是谁？ 具体为哪个年龄段的儿童设计牙刷？

　　② 现有产品存在哪些问题？ 用户有哪些需求？

　　③ 用户使用产品的情景是什么？ 不同年龄段的儿童使用产品的情景会不同吗？

　　⬆ 创新绿房子：创意不仅在于发现问题，还要解决问题，需要通过基础训练的技能和流程，在创新绿房子中帮助解决创新红房子提出的问题。同时不断追问，对问题和需求持续深入理解，可以让团队一次又一次开辟创新的可能性。从创新应用设计的角度看，致力于创新的人不必固守单纯的产品，而应打开思路，探索针对具体需求的解决方案。在这个过程中需要做到:对设计任务倾听并理解,不盲目着手设计;对团队成员倾听并理解,补齐彼此认知缺项;对委托方倾听并理解,明确对方的设计意图。学会倾听并理解也是重要的学习任务。

场景导入

应用场景:
理解问题

—— 场景 1　生活中的理解 ——

"理解"贯穿于日常生活和人际交往中,体现对人性的深刻洞察。通常一瓶蟑螂喷雾剂可以用 4 个月,但有位老人一个月用了 4 瓶,生产企业找到了这位用户,调研发现,普通人喷几下后,蟑螂会跑到角落,然后死掉,而这位老人习惯不断喷,直到亲眼看着蟑螂当场死掉才放心。于是,"即刻灭"蟑螂喷雾剂诞生了,这款产品容量只有正常产品容量的一半,但价格一样,不过里面添加了麻醉成分,可以让蟑螂当场死掉。由此可见,产品的更新就是对使用者需求的理解与满足。

> **点拨:** 对生活中真实问题的深刻感受及多角度、多层面、多维度理解能让我们突破思维的局限,防止在一开始就将解决问题的思路聚焦在单纯的产品上,对人的深入理解也许能帮我们开辟新的切入视角,并催生独特的解决方案。

—— 场景 2　专业中的理解 ——

"理解"与专业紧密结合,在各专业中被广泛应用。例如,环境艺术设计专业需要改造城市公园,设计师需要对当地的气候植被、风土人情,附近居民的特征、需求和习惯,以及公园目前存在的问题有理解,如果缺乏这些认知,着急着手设计,就会出现设计"与人为敌"的败笔,如小区道路的"绕远路"、入户与电梯门的"打架门"等。

> **点拨:** 职场和专业中的问题往往是复杂的多样化的问题,对专业真实问题的深入感受与理解,让我们能更全面地理解问题,基于对用户的关切,解决现实中的具体问题。

—— 场景 3　创新应用设计中的理解 ——

创新应用设计来源于生活,并让生活更美好。在宿管中心的检查和劳动美育课程的熏陶下,室友们对"动手改造让宿舍生活更美好"这个设计任务展开了热烈的讨论。首先室友们在想宿舍的使用者都有什么特征？大家对宿舍改造有什么希望？目前宿舍存在什么问题？等，室友们对改造任务展开了逐层思考。

> **点拨：** 这个过程就是运用设计思维理解的过程，即对设计任务的理解，从为谁设计，到有什么问题等，都是对设计题目做深入思考的过程。设计始终把对人的理解贯穿于创新实践的所有任务环节，我们不仅要理解用户和利益相关者，还要使团队成员、教练、教师之间彼此理解。

知识解码

密钥 1　理解的含义

在设计思维流程中，"探索问题"环节的"理解"包括以下几方面含义。

1. 理解问题

设计思维首先需要理解问题的本质和背景，包括问题的来源、产生原因和影响。只有深入理解问题，才能更好地定义和解决问题。

2. 理解用户

设计思维强调以用户为中心，因此需要对用户的需要、需求和痛点有深入的理解。只有了解用户的真实需求，才能设计出更符合用户期望的解决方案。

3. 理解创新

设计思维追求创新，需要理解和探索新的设计概念和创新解决方案。这需要借助设计师的想象力、创新思维和实验精神，不断尝试和迭代设计。

4. 理解文化和语境

设计思维需要考虑文化和语境的因素，包括社会、文化、历史和环境等因素。设计师需要理解这些因素对设计的影响，以创造符合文化背景和价值观的设计。

可见，设计思维中的理解是建立在深入思考、全面分析、对人的需求和文化背景的敏感度之上的。通过理解，设计师能够更好地把握问题和设计的本质，创造出更符合人们期望且具有创新性的解决方案。

密钥 2　理解的原则

在设计思维中，理解的原则包括以用户为中心、全面思考、系统性思考、深入挖掘、持续迭代和文化敏感性等。

1. 以用户为中心

设计思维的核心是满足用户的需求。设计师需要将用户的需要和需求置于设计的中心，从用户的角度出发，理解他们的痛点和期望。

2. 全面思考

设计师需要从多个角度和维度出发，全面考虑问题，包括用户、市场、技术、文化和环境等多个方面的因素。全面思考可以帮助设计师更深入地理解问题，从而提供更全面的设计方案。

3. 系统性思考

设计思维强调系统性思考，即从整体和全局的角度出发，考虑各个方面的因素。设计师需要将设计视为一个系统，综合考虑各个因素之间的关系和影响，以制定更具有系统性的设计方案。

4. 深入挖掘

设计师需要深入挖掘问题的本质和产生原因，寻找问题的根源。通过深入挖掘，设计师可以更好地定义问题，并提供更具有针对性的设计方案。

5. 持续迭代

设计思维强调持续迭代和改进。设计师需要在理解的基础上不断尝试、反思和改进设计方案。通过持续迭代，设计师可以逐步完善设计方案，并提高设计的适用性和可行性。

6. 文化敏感性

设计师需要具备对文化和语境的敏感性，了解不同文化背景下的价值观和偏好，以提供更符合文化背景的设计方案。

 **基础训练**

儿童牙刷创新设计——理解委托任务

1. 训练清单

● 训练起点：理解设计思维中"理解"的有关知识点和应用场景。委托任务——设计一款牙刷。

● 训练内容：团队成员深刻理解委托任务，补充信息短板并罗列大量未知问题，通过追问和沟通，更多地了解委托任务。围绕"设计一款怎样的牙刷"进行信息交流和市场调研，即解决"目前牙刷市场现状是怎样的"问题。

● 成果输出：深刻理解委托任务，补充了信息短板并罗列了大量未知问题；形成"儿童牙刷创新设计"思维导图；进一步整理思维导图，形成任务分工，可作为后续观察的路径。

● 技能习得：理解并掌握设计思维中"探索问题"环节的方法和流程。

2. 训练流程

步骤 1：对创新应用设计委托任务进行理解。

按照理解的要点提炼出三个关键词，分别是"对人的理解""对问题的理解""对问题所处情景的理解"。

因此，在本训练中，团队成员需要完成：补齐团队成员认知短板，团队成员可以通过查阅资料等方式了解牙刷的相关知识，如牙刷的历史、使用方式、制作工艺、原材料等；完成对任务的创新设计方向的理解。

召唤技能——Why/How 楼梯。

通过对设计项目（牙刷）的不断追问，洞察用户更深层次的需求，对项目有更深入的思考，通过追问（课前任务初探中对牙刷的追问），重新界定问题。

应用 Why/How 工作法形成以下问题。

① 为谁设计？为儿童设计，可以继续追问，为哪个年龄阶段的儿童设计？该阶段的儿童牙齿有什么特征？

② 目前用户使用牙刷的问题和需求是什么？可以召唤列举法，针对每个属性列举缺点和希望点，同时继续追问。

③ 不同阶段的儿童在刷牙时的情景会是怎样的？可以召唤 5W1H 法来理解用户在特定的时间、地点中对刷牙的态度和习惯等。

对于理解的认知，综合运用了 Why/How 楼梯、列举法和 5W1H 法，通过对技能的熟练运用，加深了对委托任务的深度理解。

阶段成果——深刻理解委托任务，补充了信息短板并罗列了大量未知问题。

步骤 2：对问题形成可视化工作路径。

步骤 1 罗列出了大量未知问题，这些问题需要在步骤 2 中得到验证和洞察，但这一步骤不是盲目而无序的，需要将步骤 1 罗列出的问题进行信息整合，理出一条待观察的任务线索，方便团队分工观察。

召唤技能——思维导图。

把已知信息和未知信息按照 5W1H 的思路进行整理，形成思维导图。

① 用特殊符号标注未知信息。

② 对未知信息进行任务分工，分别注明任务完成人、预计完成时间和完成形式（如口述或形成调研资料）。

阶段成果——形成"儿童牙刷创新设计"思维导图（图 5-1-1）。

步骤 3：对思维导图信息初探。

深入理解任务的重点是不断补充知识盲点，对所涉及的领域和关键技术等有一个知识扩展，为接下来的"观察发现"（观察）环节的完成奠定基础。

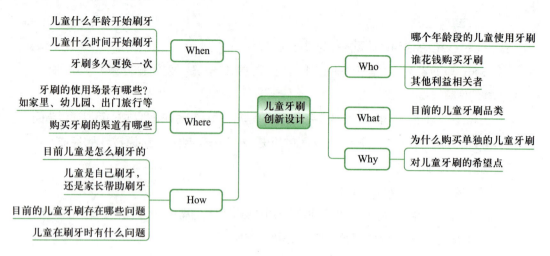

图 5-1-1　"儿童牙刷创新设计"思维导图

　　在步骤 1 中,团队通过科普和查阅资料,获得了未知信息。但是在经过"追问"形成思维导图时,可能产生新的疑问,我们可以通过互联网搜索获得初步认识。例如,针对用户对于电动牙刷的评价,团队不仅可以通过观察和访谈了解用户的评价态度,还可以通过网上商城产品的"用户评价"进行了解。

　　解锁技能——整理用户评价。

　　① 搜索信息。浏览网上商城及论坛中关于产品的用户评价。

　　② 信息归类。运用收敛思维,按照不同分类标准对从网络中收集的评价信息进行归类。例如,儿童牙刷可以分为传统牙刷、电动牙刷、U 形牙刷、三面包裹式牙刷等。同时根据每类牙刷整理用户评价。例如,在儿童牙刷的评价中,优点包括操作简单、造型可爱、不伤牙龈等,缺点包括刷不干净、刷牙太费劲、体积太大不方便儿童手握等。

　　③ 信息洞察。从分类信息中初步洞察关键信息,进行小组分享。例如,在分享的过程中,团队成员洞察到产品设计与儿童认知不相符的信息,为什么儿童牙刷刷牙太费劲?通过追问,了解到儿童在 4~6 岁开始换牙,此时应培养儿童独立刷牙的习惯,但是网友普遍反映该年龄阶段的儿童不喜欢刷牙,更谈不上养成习惯,他们的父母更在意儿童刷牙问题,同时网友非常关注"如何选购儿童牙刷"的话题,于是团队决定从"幼儿期(2~6 岁)的儿童牙刷"入手,进行设计。

　　解锁技能——关键词搜索术。

　　搜索引擎不是人类,我们需要用计算机的语言与其对话,只有这样才能得到我们想要的答案,因此需要对搜索关键词进行优化:用词语代替句子,去掉口语化表达;同义词替换;关联词结合,缩小范围;选择大数据推荐的使用频率高的关键词,这类关键词会自动出现在搜索框中。

挑战训练

理解伴手礼创新设计

1. 训练清单

● 训练起点:理解并掌握设计思维中"探索问题"环节的方法和流程。委托任务——为某地旅游餐饮行业协会设计一款伴手礼,本项目"挑战训练"将围绕该委托任务展开。

● 训练内容:团队成员深刻理解委托任务,补充信息短板并罗列大量未知问题,从委托任务中挖掘问题,通过追问和沟通,更多地了解委托任务。围绕"设计一款怎样的伴手礼"进行信息交流和市场调研,即解决"目前伴手礼市场现状是怎样的"问题。

● 成果输出:深刻理解委托任务,补充了信息短板并罗列了大量未知问题;形成初步的"伴手礼"思维导图;完成信息初探后进一步完善思维导图,可作为后续观察的路径。

● 技能习得:掌握设计思维中"探索问题"环节的方法和流程的应用。

2. 训练流程

步骤 1:对创新应用设计委托任务进行理解。

召唤技能——Why/How 楼梯。

应用 Why/How 楼梯形成以下问题。

① 为谁设计? 即协会预想购买该伴手礼的用户是谁? 可以继续追问,用户要为谁送伴手礼? 影响用户体验的利益相关者都有谁? 等等。

② 对问题的理解有哪些? 主要包括用户购买和使用过程的痛点、麻烦点及有何兴奋点,召唤列举法,针对伴手礼每个属性列举缺点和希望点。可以向委托方了解的信息:目前用户对伴手礼的评价和态度如何? 用户在购买伴手礼时遇到了什么困难? 目前伴手礼存在什么问题? 用户有哪些希望点? 等等。

③ 对人所处的情景进行理解。可以向委托方了解的信息:用户在何时、何地购买、使用伴手礼? 用户会出于什么目的购买伴手礼? 等等。

阶段成果——深刻理解委托任务,补充了信息短板并罗列了大量未知问题,完成与委托方沟通"设计伴手礼"的商务回函(图 5-1-2)。

步骤 2:对问题形成可视化工作路径。

召唤技能——思维导图和 5W1H 法。

① 确定中心主题。本次任务的中心主题是伴手礼。

② 画出起点,在白纸上或者思维导图的软件上,找中心位置,并图像化表达中心主题,如在白纸的中心位置画一个伴手礼,如图 5-1-3 所示。

尊敬的××旅游餐饮行业协会会长：

　　您好！首先感谢贵协会把"设计一款伴手礼"的任务委托于我们，这是对我们的信任，同时我们团队也非常乐意参与该项目，并全力用所学的创新思维与方法对这个项目进行全新的设计。

　　团队首次接触该项目，经过讨论，仍有几处信息不明，贵协会在该领域深耕多年，需要贵方对如下信息惠予告知，如果有相关研究报告等资料，亦请一并提供。

　　1. 协会预想购买该伴手礼的用户群体是谁？

　　2. 该用户群体送伴手礼的主要客群是谁？

　　3. 用户购买和使用伴手礼是否有典型时间点？

　　4. 用户购买和使用伴手礼的主要渠道和场景有哪些？

　　5. 用户一般会出于什么目的购买伴手礼？

　　6. 目前用户对使用的伴手礼的评价和态度如何？

　　7. 用户在购买伴手礼的过程中遇到了什么困难？

　　若贵协会有与以上信息相关的调研数据等，则请据实告知，若无，则我方也会如期进行调研，谢谢您的大力支持，同时盼望能为贵协会提供最佳的服务。

签章

时间

图 5-1-2　"设计伴手礼"的商务回函

图 5-1-3　"伴手礼"思维导图(1)

　　③ 以 5W1H 为分支完成信息罗列，这是绘制思维导图的关键。将未知信息按照 5W1H 的思路进行整理，形成思维导图，如图 5-1-4 所示。

　　④ 为关键词创建下级关联信息分支。例如，针对"大学生"这个关键词，创建的下级关联信息包括大学生的购买心理、购买行为特点、触媒习惯、兴趣爱好等，并用"？"进行标注，如图 5-1-5 所示。

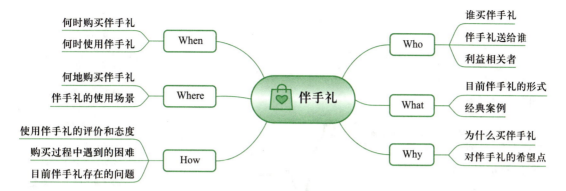

图 5-1-4 "伴手礼"思维导图(2)

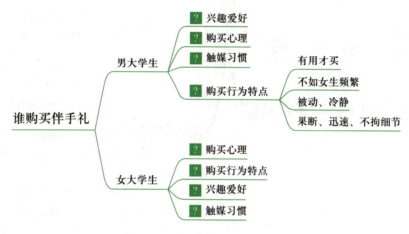

图 5-1-5 "伴手礼"思维导图(3)

阶段成果——完成针对"伴手礼"任务的初步思维导图,如图 5-1-6 所示。

步骤 3:对思维导图信息初探。

解锁技能——整理用户评价。

① 搜索信息。关于 Who 的信息——通过电商平台的产品详情页的用户场景描述和图片,了解相应伴手礼的用户群体,以及消费地点和时间信息;关于 What 的信息——通过电商平台可以搜索到不同类型的伴手礼,并利用平台导航功能获得产品分类,如即时送达的伴手礼有甜点、奶制品等;关于 How 的信息——可以通过商城平台搜索用户评价,浏览论坛中关于此类产品的评价信息。

② 信息归类。运用收敛思维按照不同分类标准把从各电商平台、论坛收集到的评价信息进行归类。例如,按照伴手礼的适用对象不同进行分类,分为朋友、情侣、领导/长辈、儿童等;按照送礼场景不同进行分类,分为生日、祝福、日常送礼、探望等。同时简要整理各类伴手礼的用户评价。例如,在一款果味茶饮的评价中,优点包括好喝、造型可爱、与众不同等,缺点包括临时需要购买不便、价格高等。

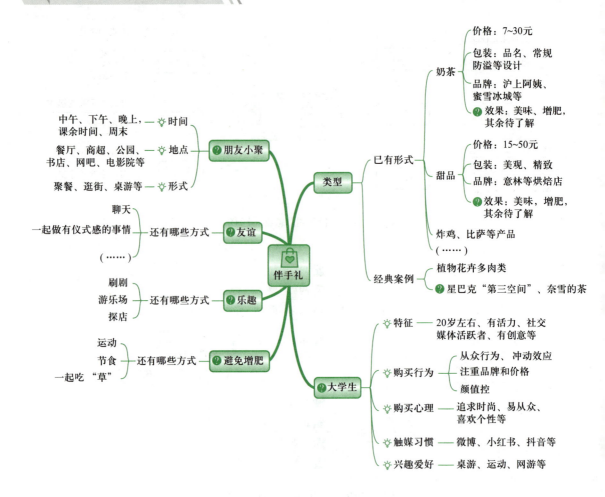

图 5-1-6　"伴手礼"思维导图（4）

③ 信息洞察。从分类信息中初步洞察关键信息，进行小组分享。通过分享，收敛研究范围，如大学生喜欢在日常还是节日送伴手礼。在分享的过程中，收敛研究范围可以从以下几个角度思考：与自我认知不相符的信息——这样的信息会让你感到惊讶，通过信息检索发现大学生认为送伴手礼不需要煽情，而是一件很酷、幽默或者调侃的事情；能产生共鸣的信息——这样的信息会让你连连点头，在论坛中发现大学生选择伴手礼更愿意是小吃类食品，而非摆放的礼物；感兴趣的点——餐饮专业的学生更感兴趣的是伴手礼与食品类结合，服装专业的学生更感兴趣的是伴手礼与手办结合。

创新团队在实战训练中收敛研究范围，选择针对女大学生进行研究，以食品类产品为伴手礼类型进行接下来的挑战方向。

阶段成果——检索调研信息并完善思维导图（图 5-1-7）。

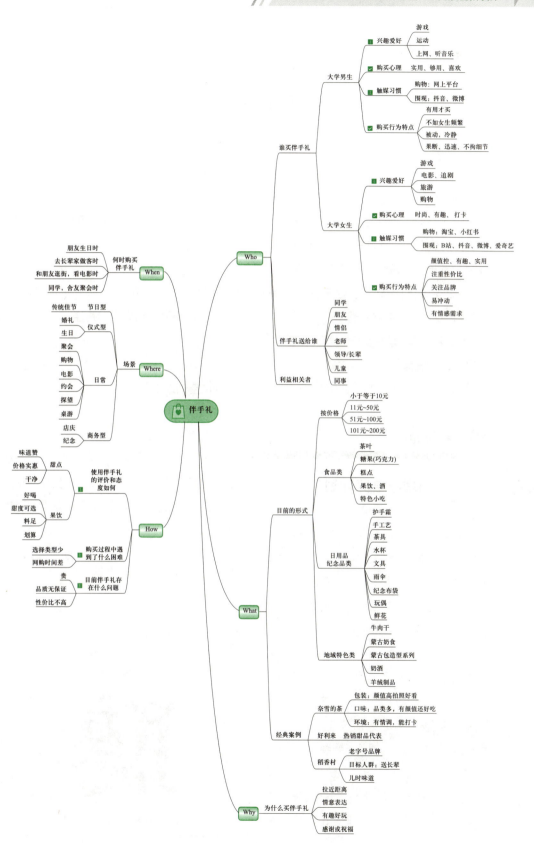

图 5-1-7　"伴手礼"思维导图(5)

拓展训练

理解钱包创新设计

1. 训练清单

● 训练起点：委托任务——为某文创企业设计一款钱包，本项目“拓展训练”将围绕该委托任务展开。

● 训练内容：团队成员深刻理解委托任务，补充信息短板并罗列大量未知问题，通过追问和沟通，更多地了解委托任务。围绕“设计一款怎样的钱包”进行信息交流和市场调研，即解决“目前市场上钱包是怎样的”问题。

● 成果输出：深刻理解委托任务，补充了信息短板并罗列了大量未知问题；形成初步的“钱包”思维导图；完成信息初探后进一步完善思维导图，可作为后续观察的路径。

● 技能习得：理解委托任务的过程。

2. 训练流程

说明：自主完成该训练（详细流程参照本任务中的“基础训练”）。

素质养成

荣耀时课：理解问题

同理心培养计划

理解首先需要礼貌倾听，能够认真思考，需要情商高。众所周知，在楚汉争霸之中不善于征战的刘邦能够一统称帝，正是胜在其“善听之”的过人理解力。《史记·高祖本纪》里有专门记载刘邦善于倾听的故事。刘邦与项羽在广武山对峙，受伤而返成皋之时，命已占领齐国的韩信赴成皋会师战楚。韩信趁机上书，以“齐地自古是变化多诈之国，反复无常，恐怕为乱”为理由，要挟刘邦予以封“假齐王”以镇齐国，才愿出兵讨楚。刘邦大怒，欲伐之。此时，张良、陈平急忙进前，用脚蹑刘邦之脚，附耳低声劝导。刘邦善于理解，顿时醒悟：“大丈夫安定天下，制服诸侯，为王即为真王，当什么假王？”不久，刘邦派张良带着齐王印绶赴齐，立韩信为齐王。虽然刘邦“欲伐之”，但是他能听从张良、陈平的建议，立即同意封韩信为齐王，为之后的胜利奠定了基础。

如何能做到理解与倾听？可以从中国古人造字的结构中寻找答案。仔细观察繁体字“听”（图 5-1-8），首先，需要“耳”听为主，善于倾听的人能听得到不

图 5-1-8　繁体字“听”

同的声音,拥有更广阔的格局;其次,需要"目"见为敬,善于倾听的人要有一双会观察的眼睛,能够读懂言语之外的信息;最后,需要"心"领神会,善于倾听的人能够综合分析,能领悟表述者的深意。

任务 **2** 观察发现

任务初探

小牙刷　大智慧——观察

创新团队在"设计一款牙刷"的委托任务中,随着"探索问题"(理解)环节的完成,把委托任务重新界定为"设计一款 2~6 岁儿童牙刷",得到了委托方的认可。在即将开始的"观察发现"(观察)环节中,依然请团队成员先来到创新红房子进行思考。

创新红房子:团队需要观察什么? 用到什么观察的方法? 你会做哪些观察的准备呢? 请你的团队拟出需要观察的任务或问题清单。

面对这个任务,运用设计思维,在创新红房子中团队得到以下启发。

① 儿童刷牙的情景是什么?

② 用户对刷牙的态度如何? 他们真的不喜欢刷牙吗? 为什么不喜欢刷牙?

③ 用户使用牙刷时有什么困惑? 需求有哪些?

④ 男孩和女孩使用牙刷时有区别吗? 蛀牙严重儿童的情况如何?

⑤ 儿童牙刷的利益相关者是谁? 他们的态度和行为如何?

创新绿房子:创意不仅在于发现问题,还要解决问题,需要通过基础训练的技能和流程,在创新绿房子中解决创新红房子提出的问题。创新应用设计强调创新者需要随时保持警觉、好奇心,在观察、体验、访问中不断探索"为什么"并通过对问题不断追问了解,帮助创新者开拓创新的可能性。观察不是仅用一双眼睛随便扫视,也不是对着二手资料进行设想,而是走到用户身边,带着目的去体验和不断追问,在辛勤劳动中不断进取。同时通过观察不同的人物、情景,切身体会,犹如把脚伸进用户的鞋里,要实事求是。

场景导入

应用场景:
观察发现

── 场景 1　生活中的观察 ──

"观察"源于生活,创新源于观察。生活需要仪式感,当我们在节日送给父母礼物时,你是否了解他们真正喜欢什么样的礼物? 通常我们会不假思索地认为"他们喜欢……"却很少站在对方的立场上,根据他们的需求、情感来选择礼物。通过观察父母使用手机的行为,送给父母的礼物就会从一个手机产品变为帮助他们调整字体大小、安装反诈骗 App、调大音量、设置紧急呼叫功能等一系列贴心操作。

> **点拨:**对生活和人性的观察,让我们发现"己所不欲,勿施于人",同样道理"己所欲,亦勿施于人",这是中国智慧中的换位思考。

── 场景 2　专业中的观察 ──

"观察"可被广泛应用于市场调研和产品销售中。例如,市场营销专业的同学在房地产销售中心实习时发现,不同年龄段用户对于房子的楼层、面积、格局的需求不同,于是在向用户推荐房子时,从传统的"高层、大平层、多房间"的单一房屋类型变得更加多元化,面对老年用户时,他们会推荐采光更好的"低层、小平层、少房间"的高性价比户型,而面对中年用户时,他们则会详细介绍"高层、大平层、多房间"的大空间户型。

> **点拨:**观察、洞察消费者,坚持为爱设计,懂得消费者的设计才是好的设计,才能为创新产品注入强大的生命力。

── 场景 3　创新应用设计中的观察 ──

大学生对宿舍改造任务进行了充分的意见交流,决定先对宿舍使用者进行观察。了解目前宿舍的主要问题、改进空间、室友们的生活习惯等。通过观察和访谈他们发现了一些被忽视却很重要的细节。例如,小峰同学通过与室友聊天,发现晚上使用台灯会影响室友休息;平时桌上缠绕在一起的电线既不美观还很危险……此类反馈信息还有很多,引起小峰同学改造宿舍的迫切感。这些看似平常的聊天、吐槽、畅想等,其实就是在完成"观察"的工作,细心的人总是能洞察到生活中的细节，发现隐藏在背后的信息。

> **点拨：**创新不仅仅是新的发明或改造旧产品，更是不墨守成规、不生搬硬套，你的一个小改变就可能让世界更有善意和美好，这才是创新让生活更美好的践行！

知识解码

密钥 1　观察的含义

在设计思维流程中，"观察发现"环节的"观察"不是验证既有产品或服务的合理性，而是发现用户需求的可能性。观察强调对用户的深入认识，以开放的心态，抛弃成见，调查问题，观察行为，将心比心，更充分地了解用户，揭示用户深层次情感与内心活动。

密钥 2　观察常用的方法

1. 影子观察法

影子观察法即观察用户在自然状态下的行为，并探寻这些有趣的"自然行为"背后的动因。

2. 访谈法

访谈法需要与用户深入、专注地交流，因此能通过用户的语言、行为，了解他们内心深处的需求，排除伪需求，筛选出用户的真实需求。

3. 沉浸式体验

沉浸式体验要求设计师在某些环节把自己变成用户，切身体验用户的世界，模仿用户在环境中的动作、行为，完成用户的日常任务，尽可能直观地向用户学习。身体力行地去体验用户的世界，将为设计师提供更丰富、更直观的感受。

4. 文献检索

文献检索是将目标用户的需求凝练成合适的检索关键词，在一些特定数据库，如搜索引擎、专业数据库、相关网站中，进行信息的搜索，并通过查询到的数据做进一步的分析，从而为创新提供方向和灵感，也可以帮助人们了解某个领域的前沿动态，促进创新思维的发展。

◆ 基础训练

儿童牙刷创新设计——用户及利益相关者的观察

1. 训练清单

● 训练起点:理解设计思维中"观察"的有关知识点和应用场景。委托任务——设计一款适合 2~6 岁儿童使用的牙刷。

● 训练内容:通过产品用户的确定,进一步明确观察群体,绘制利益相关者地图并制定观察方案,确定观察时间、地点、方式等细节,实施观察并及时洞察,收集牙刷用户及关键人物的一手感性信息。

● 成果输出:确定观察群体,绘制"2~6 岁儿童牙刷"的利益相关者地图,认清影响用户的关键人物;完成牙刷用户群体观察方案;实施观察并及时洞察,收集第一手的大量的感性信息,完成行动地图。

● 技能习得:理解并掌握设计思维中"观察发现"环节的方法和流程。

2. 训练流程

步骤 1:确定观察群体。

① 一般用户群体是占比最大的用户群体。在儿童牙刷创新设计训练中,开始独立刷牙的儿童主要集中在 2~6 岁之间,这个阶段的儿童手指灵活度和协调性大幅提升,可以在父母的辅助下开始练习刷牙。

② 极端用户群体是使用产品频率高的群体,超出普通用户的常态使用限制。在儿童牙刷创新设计训练中,儿童不但需要早晚刷牙,而且在饭后、吃过甜食和碳酸饮料后也需要刷牙。极端用户是有需求迫切的人,如已经长了蛀牙的儿童。极端用户群体所展现的需求往往也是更广泛人群的潜在需求。

③ 专家用户群体。在儿童牙刷创新设计训练中,了解专家用户群体可以通过查阅相关行业报告、专家专栏、相关杂志和发表文章来进行,或者是对网络带货达人进行信息搜索;也可以聘请专家团队,包括智能家电技术专家、牙科专家等。

④ 绘制利益相关者地图。利益相关者与解决问题息息相关,在牙刷创新设计训练中,父母、长辈、销售人员、玩伴、同学、教师、健康专家、牙医、动画片角色等都有可能成为"2~6 岁儿童牙刷"的利益相关者。

阶段成果——绘制"2~6 岁儿童牙刷"的利益相关者地图。

步骤 2:制定观察方案。

由于项目时间、预算等条件限制,观察方案永远不可能是十全十美的,需要考虑最低要求——必须考虑的对象、必要的信息,注重方案的可行性。观察方案将会直接影响到观察的倾向性与结果。

①　确定对象、时间和地点。根据"2~6岁儿童牙刷"的利益相关者地图,分别确定每类利益相关者需要观察的人员数量、人员特征(为什么选择观察这个典型用户?避免观察重复)、人员姓名、联系方式、时间、地点。关于人员,需要将其具体化,选择典型用户。关于时间和地点,需要进入用户的使用场景。进入儿童刷牙的实际场景观察,可对入睡前儿童刷牙场景进行观察,还可对牙医为儿童治疗牙疾或检查牙齿的场景进行观察。牙刷利益相关者观察表单如表5-2-1所示。

表 5-2-1　牙刷利益相关者观察表单

序号	类别	特征	姓名	电话	时间	地点
1	一般用户	初次刷牙期	小雅、大田		刷牙时	家中
		刷牙习惯养成期	慧慧、朗朗		刷牙时	家中
		刷牙习惯纠正期	小康、丁宝		刷牙时	家中
2	极端用户	高频刷牙儿童	智美		刷牙时	家中
		蛀牙严重儿童	雅轩		刷牙时	家中
		共用牙刷儿童	金仔和金豆		刷牙时	家中
3	专家用户	行业报告	咨询平台		自拟	网络上
		博主	某知名博主		自拟	微博等
		牙科专家	某专家		协商	电话等
4	父母	类别1和2中	某爸/某妈		刷牙时	家中
5	长辈	类别1和2中	某姥姥/某爷爷		刷牙时	家中
6	同伴	类别1和2中	挑选3位		协商	家中
7	教师	类别1和2中	挑选2位		协商	电话等
8	牙医	针对儿童牙疾	挑选2位		协商	诊所
9	动画片角色	类别1和2中	提及率高的角色		自拟	网络
10	销售人员	母婴用品卖场	2位牙刷销售人员		协商	卖场

②　确定观察方式。观察方式一般包括影子观察法、访谈法、沉浸式体验、文献检索。

召唤技能——影子观察法、访谈法。

解锁技能——沉浸式体验。

沉浸式体验能让创新团队尽量避免对用户的状态和态度进行主观臆断。通过"成为用户"理解用户的感受。那么,如何去体会我们没有经历过的事情呢?

● 确定要观察的目标群体,如初次刷牙期儿童和刷牙习惯纠正期儿童及其父母。

● 列出3~5个目标群体的明显特征。通过影子观察法确定以上两个时期儿童和家长各自的几个典型特征。

● 列出目标群体目前使用产品时的典型操作流程或体验流程。通过影子观察法确定两个不同时期儿童刷牙时的操作流程,以及父母在儿童刷牙时的行为和体验。

● 借助物品、设备或能寻找到的任何帮助,将自己代入目标用户,并根据目标用户的典型路径进行体验,让自己"成为"用户。根据典型特征和使用牙刷的流程,模仿儿童在初次刷牙期和刷牙习惯纠正期的行为,从而体会刷牙的感受,理解儿童的行为和心理;模仿父母辅助儿童初次刷牙和纠正儿童刷牙姿势时的行为,从而理解父母的行为和心理。

解锁技能——文献检索。

通过关键词检索搜集相关信息,通过浏览被观察者视频,从中提炼关键信息、高频出现信息、颠覆认知信息、行业术语、行业趋势等内容。

通过以上方法,确定观察方式。牙刷利益相关者观察方式如表 5-2-2 所示。

表 5-2-2　牙刷利益相关者观察方式

序号	类别	特征	姓名	观察方式1	观察方式2	观察方式3
1	一般用户	初次刷牙期	小雅、大田	影子观察法	沉浸式体验	
		刷牙习惯养成期	慧慧、朗朗	影子观察法	沉浸式体验	
		刷牙习惯纠正期	小康、丁宝	影子观察法	沉浸式体验	访谈法
2	极端用户	高频刷牙儿童	智美	影子观察法		
		蛀牙严重儿童	雅轩	影子观察法		
		共用牙刷儿童	金仔和金豆	影子观察法		
3	专家用户	行业报告	咨询平台	文献检索		
		博主	某知名博主	文献检索		
		牙科专家	某专家	访谈法		
4	父母	类别1和2中	某爸/某妈	影子观察法	沉浸式体验	访谈法
5	长辈	类别1和2中	某姥姥/某爷爷	影子观察法	访谈法	
6	同伴	类别1和2中	挑选3位	影子观察法		
7	教师	类别1和2中	挑选2位	访谈法		
8	牙医	针对儿童牙疾	挑选2位	影子观察法	访谈法	
9	动画片角色	类别1和2中	提及率高的角色	沉浸式体验		
10	销售人员	母婴用品卖场	2位牙刷销售人员	影子观察法	访谈法	

③ 确定团队分工、设备。创新团队可分为两组或三组,每组有两到三个成员,在访谈中,有人负责提问,有人负责文字记录,有人负责拍照、录像等。建议采访团队灵活分工,让每名团队成员都有机会直接与用户对话、接触。

观察访谈时除了携带纸笔,照相机、录音机、录像设备也是必要的。

④ 预先调查及问题准备。团队成员需要根据自己分配到的观察任务,先行搜集场景、用户资料,初步了解用户及其使用环境。

预先调查可以采用线上线下结合的访谈方式,线上主要应用微信、微博、论坛贴吧等形式发起提问,询问网上用户的产品使用状况,了解相关产品的用户体验。预先调查完成后,创新团队对目标用户的使用规律、使用情况、喜好、问题等有了初步的了解,可以避免提出不着边际的问题。问题准备可分为以下几个环节。

● 问题设计。创新团队所有成员参与问题构思,并分别用即时贴写出问题,轮流贴在白板上。

● 分析问题。讨论问题,并投票选出最重要的问题。确定采访重点、问题方向,排出问题的优先级顺序。

● 提炼、加工问题。在重新提炼的过程中,需要注意以下几个方面:避免有倾向性的提问;让含混的问题清晰化;考虑如何问出被访者的感受;合并重复问题;简化问题,尽量简短。

阶段成果——完成牙刷的观察方案。

步骤 3:实施观察并及时洞察。

① 在观察的过程中,仔细观察被观察者的细节、语言、行为、环境等要素。

② 在观察中学会思考,及时捕捉一些意料之外的信息,及时进行访谈并形成洞察信息与团队分享。

③ 对于新的发现,可以和团队成员讨论,并确定是否进行新一轮的观察。

挑战训练

完成对伴手礼用户及利益相关者的观察

1. 训练清单

● 训练起点:理解并掌握设计思维中“观察发现”环节的方法和流程。委托任务——为女大学生设计一款伴手礼。

● 训练内容:通过产品用户的确定,进一步明确观察群体,绘制“伴手礼”利益相关者地图并制定观察方案,确定观察时间、地点、方式等细节,实施观察并及时洞察,收集关键用户群体的一手感性信息。

● 成果输出:确定观察群体,绘制“伴手礼”利益相关者地图;完成伴手礼利益相关者群体观察方案表单;实施观察并及时洞察,收集第一手的大量的感性信息,完成行动地图。

● 技能习得:掌握设计思维中“观察发现”环节的方法和流程的应用。

2. 训练流程

步骤 1:确定观察群体。

团队完成“探索问题”(理解)环节后,把委托任务“设计一款伴手礼”重新界定为“为女大学生设计一款能够满足日常赴约的食品类伴手礼”,得到了委托方的认可。本挑战训练需要召唤发散思维来明确最终观察群体。

① 一般用户群体。在“探索问题”(理解)环节中,我们已经将核心用户群体收敛为女大学生。对核心用户进行描述、定位的同时,可能会漏掉潜在的非核心用户,如男生,他们购买

伴手礼的需求可能较弱，但也应被关注。

②极端用户群体。在伴手礼的使用上，极端用户可能是社交达人、社团负责人或本地学生；也可能是需求迫切的人，如美食爱好者；还可能是过度使用产品的人，他们会将产品的某些功能用到极致，如日常饮食使用等。

③专家用户群体。在伴手礼设计训练中，专家用户可能是伴手礼的测试博主、带货达人或者是某类产品的研发专家。

④绘制利益相关者地图。在伴手礼设计训练中，我们把女大学生放在核心用户位置。直接利益相关者为室友、闺蜜、同学、学长学姐、实习同事、男友、兄弟姐妹、父母等，他们可能是伴手礼的赠送对象，同时包括伴手礼售卖方、甜品店等，以及极端用户群体和专家用户群体。间接利益相关者为校园周边商业设施、社团、伴手礼设计者、长辈亲戚、朋友的朋友、实习导师、老师、带货博主等。

将有联系的利益相关者两两连线，如女大学生和同学、朋友等，在连线的两侧明确两者的利益关系，如"分享""竞争""合作"等，并标明方向。这些不是一成不变的，可以随时增减、修改。

阶段成果——完成"伴手礼"利益相关者地图（图5-2-1）的绘制。

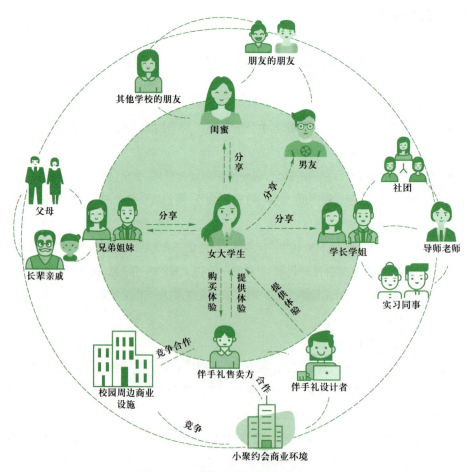

图5-2-1 "伴手礼"利益相关者地图

步骤2:制定观察方案。

① 根据不同观察对象确定观察时间与地点。

根据"伴手礼"利益相关者地图,明确我们主要的观察对象是女大学生,相关用户范围很大,还需要进行简单分类。例如,因年级不同,女大学生的生活状态与心理需求可能会有很大不同,我们需要针对不同的年级选择典型用户。因为大范围观察浪费时间和精力,所以我们只选择每类群体中的典型用户,确定人员姓名、联系方式等。

在本项目任务1("探索问题"环节)中我们对伴手礼的使用场景进行了信息初探,创新者需要考虑进入相应的使用场景。本任务使用列举法进行思维扩展,女大学生日常赴约的地点有电影院、校园、宿舍、周边商铺等,我们需要在这些地点中以合适的身份开展观察。同时观察时间也与观察结果息息相关,他们在约会前、中、后如何使用伴手礼?伴手礼怎样出现?这些会有巨大差异,因此要对观察时间进行严格选择。

伴手礼利益相关者观察表单如表5-2-3所示。

表5-2-3 伴手礼利益相关者观察表单

序号	类别	特征	姓名	电话	时间	地点
1	核心用户	大一新生	小雅、小航		周末中午	宿舍、校园
2		大二、大三学生	小敏、小琪		周末晚上	校园、电影院
3		大三、大四学生	小邱、佳妮		平时晚上	实习单位、自习室
4	极端用户	大三本地学生	小宇		周末中午	周边商铺
5		大二社团负责人	小茹		平时晚上	商场、店铺
6		大学生博主	娜娜		平时晚上	网络
7	专家用户	某平台博主	某博主		提前约	网络
8		行业协会专家	某专家		提前约	电话等
9		行业报告	咨询平台		自拟	网络
10	同伴	类别1和2中	挑选3位		周末晚上	宿舍、校园
11	同学	小茹男友、同学	凯文		平时晚上	校园
12	学长	类别1和2中	挑选2位		平时晚上	校园、某公司
13	兄弟姐妹	类别1和2中	某姐姐/某弟弟		提前约	电话等
14	商家	伴手礼销售人员	挑选2位		周末中午	周边商铺

② 确定观察方式。

召唤技能——影子观察法、访谈法,解锁沉浸式体验等方式完成观察。

确定要观察的目标群体。例如,大一新生选择小雅和小航,大二、大三学生选择小敏和小琪,大三和大四学生选择小邱和佳妮。

列出 3~5 个目标群体的明显特征。通过影子观察法确定不同年级、不同特点学生的几个典型特征。

通过影子观察法确定不同年级典型用户的伴手礼消费偏好，以及购买与伴手礼相关产品的行为和体验。

阶段成果——完成伴手礼利益相关者观察方案表单（表 5-2-4）的绘制。

表 5-2-4　伴手礼利益相关者观察方案表单

序号	类别	特征	姓名	观察方式1	观察方式2	观察方式3	任务分配		
							时间节点	任务完成小组	任务完成形式
1	核心用户	大一新生	小雅、小航	影子观察法	访谈法		5天	1组	观察记录
2		大二、大三学生	小敏、小琪	影子观察法	访谈法		5天	1组	观察记录
3		大三、大四学生	小邱、佳妮	影子观察法	沉浸式体验	访谈法	5天	1组	观察记录
4	极端用户	大三本地学生	小宇	影子观察法	访谈法		5天	2组	观察记录
5		大二社团负责人	小茹	影子观察法	沉浸式体验	访谈法	5天	2组	观察记录
6		大学生博主	娜娜	影子观察法	访谈法		5天	2组	观察记录
7	专家用户	某平台博主	某博主	访谈法			1周	2组	观察记录
8		行业协会专家	某专家	访谈法			1周	2组	观察记录
9		行业报告	咨询平台	文献检索			1周	2组	调研报告
10	同伴	类别1和2中	挑选3位	影子观察法	访谈法		5天	1组	观察记录
11	同学	小茹男友、同学	凯文	影子观察法	沉浸式体验	访谈法	5天	1组	观察记录
12	学长	类别1和2中	挑选2位	影子观察法	访谈法		1周	1组	观察记录
13	兄弟姐妹	类别1和2中	某姐姐/某弟弟	访谈法			1周	1组	观察记录
14	商家	伴手礼销售人员	挑选2位	影子观察法	访谈法		1周	1组	观察记录

③ 預先調查及問題準備。制定觀察方案,做好訪談問題準備。

以伴手禮設計為例,創新團隊針對核心用戶的訪談問題如下。

- 可以和我們分享你上次同學小聚的經歷嗎?

- 你和同學朋友日常聚會更喜歡什麼樣的活動?

- 在日常生活中你會為你的朋友買什麼?

- 你認為伴手禮意味著什麼?

- 如果是選擇一份日常伴手禮送給閨蜜或同學,則你更願意選擇什麼?

- 如果你買伴手禮送給朋友,則會考慮什麼因素?

- 如果是你喜歡的伴手禮形式,則你更喜歡的包裝風格是什麼樣的?

- 你想象的日常伴手禮是什麼樣的?

步驟 3:實施觀察並及時洞察。

針對前期觀察方案的任務分配情況,每組須完成觀察記錄,我們以每小組的觀察記錄來看下他們對伴手禮設計的觀察結果。

① 第一小組:核心用戶群體,分別是不同年級的學生及其伙伴,觀察地點在校園超市、自習室、周邊商鋪的奶茶店、電影院、商場及實習公司等,觀察與洞察結果如表 5-2-5 所示。

表 5-2-5　伴手禮核心用戶群體觀察與洞察結果

觀察對象	地點	觀察與洞察結果
大一小雅、小潔	食堂里二樓的超市	通過訪談了解到,和室友們、同學們關係不錯讓她很開心,會偶爾和室友們出去聚餐,她們正處於探尋學校周邊美食的階段。她們覺得宿舍同學間偶爾小聚能增進彼此了解,她們會點外賣在宿舍品嘗
大一小航和好朋友	高校聚集的商業街	選擇吃小零食、喝奶茶,再買些零食或水果回宿舍刷劇或去逛逛街,當被問到找好朋友一般會帶什麼時,小航認為自己發現的好吃的美食、好喝的飲品是經常會和好朋友分享的,她喜歡大家叫她"吃貨專家",她和朋友們喜歡低卡的食物,認為營養均衡是保持好身材的關鍵
大二小琦	學校周邊的小吃攤	標準美食愛好者,每月花在吃喝上的錢基本占生活費的 6~7 成,周邊及感興趣的店全都光顧過,可以忍受包裝簡陋但性價比高的食品,她們既想解饞又不想吃太多,晚上的正餐就會被各種小吃、零食代替
大二小敏	某快餐的甜品站	顏值高,喜歡關注美妝與各種好看好玩的東西,喜歡嘗試常用品牌的新品,經常關注社交平台,關於伴手禮,她覺得只要包裝好看、有個性,就都會嘗試,雖是顏控,但很會貨比多家,重視性價比
小邱	實習公司	小邱不想被同事認為是菜鳥,她喜歡大家點餐時征求她的意見的感覺,她很在意食物是否會灑在衣服上,這讓她感覺自己還是個孩子,她向往職場中優雅的感覺

② 第二小组：极端用户群体，分别是社团负责人小茹、家在本地的小宇及平台分享博主娜娜，观察地点为校园及周边商业店铺，观察与洞察结果如表 5-2-6 所示。

表 5-2-6 伴手礼极端用户群体观察与洞察结果

观察对象	地点	观察与洞察结果
社团负责人小茹	校园	当被问到社团团建有必要吗？如何团建呢？小茹皱了下眉，她觉得有时排练很辛苦，已经给大家买了很多次奶茶，没有新意，大家出去吃一顿又有点心疼钱，目前还没有比奶茶合适的替代品，但说实话自己也控制喝奶茶的次数，既贵还容易发胖。她目前还想和自己的室友做一些创业项目的尝试，她觉得大学时光不能浪费，应该做些很酷的事
家在本地的小宇	周边商业店铺	因为同学、朋友多，经常会相约一起玩、聚会，这也是日常花销越来越多的一个原因，每次看电影、逛店、玩都会买些吃的，关于伴手礼，小宇平时很少会送朋友，觉得没必要，大家需求不同，反而是在家里父母或朋友生日、纪念日等重要节日会送礼物。小宇觉得无论是日常送还是生日送，与众不同的或者定制的伴手礼会更特别，也更有意义，她有时会在礼物上贴一张便利贴，写上专属祝福语
分享博主娜娜	校园	娜娜觉得自己的审美还不错，两个平台的粉丝也越来越多，对于推荐美食，拍照好看或能抓住眼球是最基本的，但好吃才是王道。关于伴手礼，娜娜觉得有趣、能够引起互动很重要，而且她觉得吃的还是会更日常，能量更少更美味的小吃或奶茶可能也是个好的伴手礼，令她懊恼的是朋友给她带来的关东煮洒在了她新买的裙子上

③ 第三小组：专家用户，包括行业专家、平台博主等，通过对专家用户的访谈，发现食品及小吃是伴手礼的好选择，品类选择方向及口味口感的开发很关键，行业专家和平台博主对好吃更重视，平台博主还关注店面环境、包装等是否有特色，这一点与核心用户群体的关注点是一致的。

阶段成果——收集第一手的大量的感性信息，完成行动地图（图 5-2-2）。

 拓展训练

完成对钱包用户及利益相关者的观察

1. 训练清单

● 训练起点：委托任务——为老年人设计一款钱包。

● 原始问题 设计一款伴手礼	● 利益相关者 (1) 潜在合作者：奶茶店、新品小吃研发者 (2) 潜在竞争者：奶茶店、文具店、小吃店		● 为谁设计 女大学生
● 他是谁 　(1)大一的小雅、小航 　(2)大二的小琦、小敏 　(3)大三的小茹、小宇、娜娜、小邱 　(4)大四的佳妮		● 他在哪里 校园超市、自习室、校园周边商铺、美食街、商场、猫咖、电影院、实习公司	
● 他需要什么 能和室友、闺蜜、男友、同事、队友等拉近距离，具有社交功能，既能让对方眼前一亮，又没有负担(指对方心理和自己经济没负担)的有趣、有颜值、略有不同、不只是好吃的伴手礼		● 他遇到了什么困难 　(1) 伴手礼不想让自己和他人有负担，如较正式的、比较贵的礼品或纪念品 　(2) 想定制又觉得有些贵，如定制的饰品。缺乏带有特点的伴手礼，没有送的欲望 　(3) 购买不方便，无法随时随地购买，不像奶茶一样——随身携带或在一般场景下能用上或吃到，使用场景没有限制，携带方便	
● 关于他的一些事实 　(1) 近一半的花费会用于吃喝上 　(2) 他们喜欢有颜、有料的内容，包括伴手礼，他们希望伴手礼有个性，最好能定制，又不想太正式和隆重 　(3) 有趣也很重要，能和朋友产生共鸣，是别人眼中的"会吃专家" 　(4) 喜欢国潮风的内容或包装 　(5) 注重性价比，会货比三家 　(6) 能做到理性消费		● 专家用户的情况是怎样的 食品类伴手礼好吃是关键，还要有自己的特色，如独特的口味。配料的搭配最好也能更有多样的选择，配料只针对对方进行选择的感觉就更好了，表现自己更关注、更了解或更想了解对方。包装能抓住眼球也很关键，能让人眼前一亮	
● 我的感受 能够给他们带来乐趣，又不给对方和自己带来负担，从容优雅地食用、携带方便好吃的食品类伴手礼是本次伴手礼设计的方向			

图 5-2-2　"完成对伴手礼用户及利益相关者的观察"行动地图

● 训练内容：通过产品用户的确定，进一步明确观察群体，绘制钱包利益相关者地图并制定观察方案，确定观察时间、地点、方式等细节，实施观察并及时洞察，收集关键用户群体的一手感性信息。

● 成果输出：确定观察群体，绘制"老年用户群体用钱包"的利益相关者地图；完成钱包利益相关者群体观察方案表单；实施观察并及时洞察，收集第一手的大量的感性信息，完成行动地图。

● 技能习得：能够自主完成观察用户的流程，并应用相关方法。

2. 训练流程

说明:自主完成该训练(详细流程参照本任务中的"基础训练")。

◆ 素质养成

荣耀时课:
观察发现

关注事实培养计划

观察的过程其实也是实事求是的过程,将"实事求是"拆解开,"实事"就是事实、实际发生的事情,"求"就是探究,"是"就是客观规律。我国老一辈无产阶级革命家彭德怀就是一位实事求是的人。彭德怀同志不相信当时的庄稼能达到亩产几千斤(1斤=0.5千克),为了验证自己的观点,他亲自耕种了一分试验地,从播种、浇水、施肥、除草,直到收割,毫不马虎,最终他将收获的小麦称重,共90余斤。据此,他对众人说:"就算我照料不好,翻一倍,亩产200斤,顶天了,绝不可能达到几千斤!"我们的革命家以自己的实际行动为实事求是做了最好的注脚。同时实事求是还是一种思想方法,它能辩证地看一个人、一个民族,实事求是毫不隐讳挑出弱点,沉淀长处,树立更高尚的道德。要做到实事求是,需要以下三步。

1. 依据"实事"

首先要坚持公心,不欺骗、哄骗、蒙骗自己和他人。无论是对学习和工作,还是对自己和他人,都不主动回避问题。面对失败,复盘不是为找借口,而是为了发现、分析、解决问题;面对成功,不随意抹杀成绩,只有正向激励才会增强今后

攻坚克难的决心。

其次要抓好关键"实事"。要学会复盘总结,找到问题的关键。针对有些问题,如果能在开端就将其解决,后面的无意识失控也就再无发生的可能,这类问题的关键就是它的"开端"。就像每次无意识地沉迷于玩手机都是始于点开某个软件,所以戒除手机上瘾的关键就是避免"点开"它。

2. 重视"求"的环节

首先要有刨根问底的精神。若要戒除手机上瘾,则首先要知道为什么会上瘾,因为智能手机两大主要功能(娱乐消遣、网络社交)能够及时满足人们贪图短暂享受的欲望。应如何戒除呢?我们知道人是有可控的思考能力的,哪怕在最艰苦的岁月,也可以选择积极向上的态度。因此对于手机上瘾,你永远是有选择的。

其次要注重反思。对比自己开始设置的目标,在差距中反思,就是一个"求"的过程。若要戒掉手机上瘾,则我们可以反思,今天刷到了多少有益的信息?这周刷到了多少有益的信息?你会发现你能记住的寥寥无几,何谈对自己有帮助。

3. 探求"是"的方法

实事求是中的"是"是指规律和经验的沉淀。我们可以通过以下方法提升。

首先尝试成文。针对如何解决手机

上瘾的问题,可以将之前控制刷朋友圈的成功经验进行总结、记录,形成经验,方便以后参照迁移。因此形成的好经验,要成文记录,并且写得越具体越有利于执行和验证。

其次强化应用。"是"只有变成"实事"才能驱动成功,所以制定措施的目的只有一个——利于执行。例如,可以采用物理方式戒除手机,上课时把手机放置在班级手机存放袋,或加入戒手机上瘾互相监督组,等等。

任务 3 重构需求

 任务初探

小牙刷 大智慧——重构

在"设计一款牙刷"的委托任务中,随着"探索问题"(理解)和"观察发现"(重构)两大设计思维环节的完成,团队对设计任务有了新的理解和认知,细致入微地观察了用户行为,并有效开展了用户访谈。

在即将开始的"重构需求"(重构)环节中,团队需要重新设计用户描述,完成对设计任务的重构。请团队成员先来到创新红房子进行思考。

❓ 创新红房子:如何完成用户描述? 需要做什么问题准备?

面对这个任务,运用设计思维,在创新红房子中团队得到以下启发。

① 产品的用户是谁?

② 用户对产品有什么需求和期待?

③ 团队对所关注对象(用户、利益相关者)的洞察?

🔺 创新绿房子:创新不仅需要发现问题,还需要解决问题,通过基础训练的技能和流程,在创新绿房子中解决创新红房子提出的问题。同时重构阶段提供了一系列工具和方法,让创新者在分析和整理观察阶段的大量用户信息时,收敛研究范围,对用户需求进行分析,

从中提炼洞察,并确定进一步创新的方向。创新团队要敢于重构委托方的设计任务,不墨守成规地重构,通过架构问题和聚焦目标激励团队,能为团队在接下来的"构思创意"(创意)环节中评估创意点子的优劣提供判断依据,更能帮助我们避开为所有人处理所有问题的那种空泛的解决方案。创新设计流程中的"重构需求"环节需要团队成员具备革故鼎新的首创精神,通过重构的工具实现真正的敢闯会创。

 场景导入

应用场景:
重构需求

— **场景 1　生活中的重构** —

"重构"注重思考生活中常见的不合理的地方,并找出有价值的解决方法。例如,合页贴片门闸会被用于很多场合,但是拥有重构思维的人总是能发现问题,并积极想办法解决问题。南京艺术学院工业设计学院的学生发现门闸没有被很好地固定在门后,而是伸了出来,很容易伤到人。于是该学生设想"如何进行门闸改造,能够在门闸被打开之后避免伤到人"。出于这个敏锐的洞察,该学生给门闸做了一个小改动,让门闸的合页呈 45°安置(图 5-3-1),这样当门闸被打开之后就会自然落下,"躲"到门后。

图 5-3-1　45°门闸

> **点拨:**创新并非发明家独有的"看家本领",而且存在于每个人的身边,善于发现身边的小麻烦、善于总结身边事物的不如意,不与麻烦共生存、不惯着坏设计,常怀热情的心态积极寻找改变,那么你也是万千"草根"创新创业的主体,这才是万众创新!

— **场景 2　专业中的重构** —

市场营销专业负责某品牌鞋的线上营销推广,通过"理解"和"观察",发现网购用户最关心的是该品牌尺码是否标准。用户的浅层需求其实一目了然,即担心鞋码不准确,若鞋码不合适,用户就需要自行将鞋子退回,从而产生额外的运费,还会延长收货时间。不具备重构思维的经营者可能只会解决用户的浅层需求,告知鞋码标准,如果不合适,则承担运费险。具备重构思维的创新者则看到了用户的深层需求,即不能及时穿上心爱的鞋子、反复寄件收件浪费精力,因此营销团队推出一条营销策略——"三双鞋"服务条款,鼓励用户一次订购三双不同的鞋子,试穿之后把不合适的鞋子寄回来,公司提供免费的双向快递服务,用户不需要为此承担任何风险。你肯定会想:这么做,他们的成本岂不是很高? 的确,但正是因为这种关注到用户需求的形式,带来了极强的口碑传播。

> **点拨:** 在多个用户身上,是否能够发现共同的模式? 如果你是对方,那么哪些是你喜欢的? 哪些是你无法接受的? 为什么会是这样的? 思考这些问题的时候,我们就是在用户与场景和情景之间建立深层联系,为用户特定行为和情感寻找其背后潜藏的动因,结合之前的调研深入地理解我们为之设计的特定人群并揭示用户洞察。

—— 场景 3　创新应用设计中的重构 ——

创新应用设计来源于生活,并让生活更美好。面对宿舍改造的委托任务,每个组通过观察和聊天洞察到大量的线索,现在室友们需要对这些反馈信息进行整理和归纳,找出自己所在宿舍最迫切需要解决的问题或者最迫切的希望点。小峰和室友们把讨论的内容合并同类项,并对提取到的表面现象不断深度挖掘。例如,小峰观察到,某室友总是在室友们入睡后才洗漱换衣服,以前他以为这是因为对方有晚睡的习惯,通过这次改造他们在聊天时谈起这个事情,小峰通过不断追问才知道是因为该室友羞于在他人面前换衣服。大家对宿舍的电线使用情况提及率很高,如电线缠绕一堆、马虎大意拔错电线造成别人正在工作的计算机关机、手上的水或杯中的水不小心滴到插线板上、堆积落灰的电线造成不美观等,通过合并同类项发现,这些是宿舍用电的安全隐患。通过不断探索,最终宿舍改造的核心需求是:通过怎样设计,可以满足宿舍六位成员有独立的空间并能保护个人隐私性、舒适性、安全性。

> **点拨:** 探索表面现象背后的动机,去粗取精、去伪存真,应用于创新设计中,这就是"重构"。只有敢于直面问题,敢于深度剖析,对问题穷追不舍,才能重构出最佳的设计任务。

知识解码

密钥 1　重构的含义

在设计思维流程中,"重构需求"环节的"重构"也称综合或界定,指对收集到的用户信息加以抽象,以获得有价值的创新工作目标。

用户通常在访谈现场表达出自己的需求,因而这些需求通常具有"量大而缺乏聚焦"的误导性。重构需求就是一个使用户需求从发散到收敛的过程,通过小组密集的讨论聚焦越来越少的几个真实需求,甚至有可能最终确定的仅有一个需求,在结合具体的应用场景的情况下,进行分析,并设定为创新工作目标。

密钥 2　重构的方法

在设计思维中,重构的目标让设计工作更明确、更聚焦,而聚焦后需要形成一句任务描述,即用户要点聚焦(POV)——既包含对特定用户(或提炼综合出的用户)的描述,又包含对用户的需求和我们关注的洞察,其中洞察往往较难发现,需要在众多信息中发现其中的关键模式。

基础训练

儿童牙刷创新设计——用户画像描述及用户要点聚焦

1. 训练清单

● 训练起点:理解设计思维中"重构"的有关知识点和应用场景。在观察阶段对用户群体进行观察获得的大量感性信息。

● 训练内容:通过对大量感性信息进行分类、组合,提炼儿童牙刷用户需求及用户画像,确定用户的浅层问题和深层问题。通过重构完成重构行动地图。

● 成果输出:通过重构确定"用户浅层问题""用户深层问题"及洞察关键发现;完成儿童牙刷核心用户群体及其父母的用户画像及用户要点聚焦;完成重构行动地图。

● 技能习得:理解并掌握设计思维中"重构需求"环节的方法和流程。

2. 训练流程

步骤1:拆包——信息复述呈现,共享团队信息。

拆包指团队成员之间分享在前面环节中观察到的信息并逐条记录下来,因为在调研中团队成员各有分工,访谈了不同用户,所以在拆包时需要团队成员分享各自观察的收获,共享调研的信息将成为下一步协同工作的基础。

① 信息精练化表达。一类信息用一种颜色的马克笔,方便分类。一个即时贴只记录一条信息。所有即时贴贴在一张白板(或画布)上,供所有团队成员观看,并可以随手排列组合调整位置。

② 信息可视化表达。绘制草图或者打印照片可结合一句简短的描述,或使用醒目的图形,这样可以让成员在众多信息中直接快速识别出有效信息。例如,与刷牙有关的细菌大王,可用图形表现。

③ 信息故事化表达。单纯罗列信息易产生疲倦感,通过讲故事让零散的信息之间建立联系,可以有效反映用户的情绪和情感,并能给团队成员带来共鸣和启发。讲故事用到的方法是时间顺序叙述,串联前后发生的事情、因果联系的事件,在每个节点上评估用户偏好,回想在观察和访谈中我们记录下来的用户在使用产品、接受服务的每个触点上的反馈,正面反馈为兴奋点,负面反馈为痛点。例如,父母提醒孩子刷牙时间,孩子磨蹭的动作反映了儿童不愿意刷牙的痛点;孩子费力地、乱捅着刷牙的行为反映儿童不会刷牙的痛点,刷牙是件很困难的事情;当孩子听到妈妈说你的牙齿上的"细菌大王"都被刷掉了,孩子很兴奋,是一种战胜的快乐。

阶段成果——团队共享彼此观察到的信息,并合力完成重构行动地图中的全部内容。

步骤 2:分包——信息分类组合,提炼用户需求。

分包指归类整理信息,罗列用户需求。完成了拆包信息回顾之后,白板上经常会有几十张甚至上百张即时贴,分包是按照不同的标准分类信息,其核心是提炼用户需求。其中确定用户所使用到的技能是"用户画像",对观察到的用户信息进行分类的技能是"共情地图",对分类信息和用户需求进行提炼的技能是 Why/How 楼梯。

解锁技能——用户画像。

用户画像是指对一组用户的特征、行为进行抽象总结后得到的具体体现,主要对用户是谁进行讨论和描述,制作用户画像的目的是使下一步的设计工作更有针对性。用户画像是一个虚拟人物,代表了具有某种特征的一类人群;同时用户画像是具体的,因为这个虚拟人物的呈现方式是使用某些具体真实存在的人来表示的,其性别、年龄、受教育程度和喜怒哀乐都非常具体而明确。

- 拆包信息陈述时描述一定数量的用户调研、观察信息。

- 归纳、整理、提炼用户特征,决定当前的目标用户群体。

- 根据实际设计问题,增加或省去相应类别,但至少包括用户身份(性别、年龄、职业等信息)、爱好、态度和行为。

● 填写用户画像。用户画像可由以上步骤归纳形成，是一些用户的综合表现，也可由一位真实且典型的用户为蓝本得出。如果涵盖用户面较广，则还可以制作多个用户画像。例如，儿童牙刷设计的用户画像就分为"牙小白""牙纠正"两类人群。

"牙小白"代表：小雅，4 岁，幼儿园中班小朋友。她正在从 U 型牙刷过渡到电动牙刷，抗拒刷牙，喜欢听公主和王子的故事。

"牙小白"代表的母亲：张章，32 岁宝妈群体，银行职员。她工作繁忙，注重品牌，追求时尚，面对孩子不配合刷牙感到头疼。

小雅和妈妈的用户画像如图 5-3-2 所示。

图 5-3-2 小雅和妈妈的用户画像

"牙纠正"人群代表：丁宝，6 岁幼儿园大班学生。他糊弄刷牙，使用电动牙刷，喜欢英雄打仗的故事。

"牙纠正"人群代表的父亲：丁丹青，36 岁宝爸，互联网产品总监。他注重生活品质，知识阅历丰富，有儿童牙齿护理的常识，正在努力纠正孩子错误的刷牙姿势，但收效甚微，影响亲子关系。

丁宝和爸爸的用户画像如图 5-3-3 所示。

图 5-3-3 丁宝和爸爸的用户画像

　　阶段成果——确定重构行动地图的"用户"和"初级需求"。例如,用户是"牙小白"和"牙纠正"典型代表,其需求分别是希望孩子配合刷牙,以及纠正孩子刷牙的错误姿势并养成爱刷牙的好习惯。

　　解锁技能——共情地图(用户信息分类)。

　　共情地图主要帮助团队成员梳理用户访谈中获得的数据,将信息分类,为下一步提供帮助。

　　● 在共情地图的中间是一个用户形象,代表用户主体地位,围绕用户分为四个主要栏目:所见——用户看到的;所为——用户采取了什么行为;所思——用户的想法是什么;所感——用户的感受如何。

　　● 将用户访谈和观察中获得的信息按照类别归类,其中看见、做了是事实,想了和感受是推断。例如,在设计儿童牙刷的训练中,所见——父母晚上帮助孩子刷牙而早晨则让孩子自己刷牙;所为——父母边为孩子刷牙边讲《牙齿大街的新鲜事》[①];所思——父母想在晚上将孩子的牙齿刷干净,这样孩子不容易长蛀牙;所感——父母感到很困惑和无助,不知孩子何时能掌握刷牙的动作并养成按时刷牙的好习惯。可以不断地进行归类,所见——孩子看到父亲满嘴蛀牙;所为——孩子认真数着或者询问父亲蛀牙的过程;所思——孩子想父亲一定是小时候吃了很多糖,以及奶奶没有给爸爸认真刷牙;所感——我要好好刷牙。

　　● 提炼用户的兴奋点和痛点,以及本次行动的收获。孩子的痛点是知道刷牙可以打败细菌,但是刷牙很困难而且不好玩,所以抗拒刷牙;孩子的兴奋点是刷出"细菌大王"和它的"百宝箱",孩子还是很有成就感和兴奋的。家长的痛点是告诉孩子刷牙的重要性,但是孩子还是不能认真刷牙;家长的兴奋点是展示自己的蛀牙或者讲个牙齿"细菌大王"的故事,对孩子刷牙还是有效果的。

　　阶段成果——重构行动地图的"用户浅层问题",即"父母晚上为儿童刷牙"等;重构行动地图的"用户告诉我们并希望我们做的",即"让儿童养成刷牙的好习惯"等;重构行动地图的"用户不希望我们做的",即"牙齿刷不干净""漏刷部分牙齿"。

　　召唤技能——Why/How 楼梯。

　　在梳理了用户画像和对大量观察信息进行分类之后,需要从用户场景中提炼用户浅层问题,通过逻辑推理出用户深层问题。

　　● 针对一个具体的用户场景提出问题:用户需要什么? 针对父母帮助 6 岁儿童在晚上刷牙,早晨则让儿童独立刷牙这一用户场景,团队提出的问题是:用户需要什么? 需要晚上边为儿童讲道理、复述类似于《牙齿大街的新鲜事》的故事,边为儿童刷牙。

---

① 《牙齿大街的新鲜事》由德国作家安娜·鲁斯曼(Anna Russelmann)所著,讲述了哈克和迪克两个牙细菌,梦想在不刷牙的小朋友口中修建豪华的龋齿大街,最后被牙齿警察赶出口腔的故事。通过这个故事,可以让孩子了解保护牙齿的重要性。

- 向上移动(更抽象):他为什么需要这样? 这一层的答案可能是父母认为晚上睡着后细菌更易蛀牙,担心孩子糊弄,因此代劳为孩子刷牙,而为了让孩子配合,想通过复述绘本故事的方法让儿童养成自己刷牙的习惯。

- 达到一定抽象程度后,问题从单一场景的需求上升到概括性的用户需要。例如,需要儿童睡前牙齿干净并且养成刷牙的习惯。

- 向下移动(更具体):可以用来探索问题的解决方案,"我们如何满足这个需要?"例如,我们可以精准地刷到每颗牙齿,从而确保睡前牙齿干净;牙刷内置故事,代替讲道理或者复述《牙齿大街的新鲜事》。

还可以继续通过向下移动来发现创新的设计方案,甚至延续到本项目任务 4 继续发散。Why/How 楼梯能帮助创新团队从更高的需要层面和更具体的创新实现层面对产品进行梳理。

阶段成果——牙刷重构行动列表(表 5-3-1)。

表 5-3-1   牙刷重构行动列表

重构行动	内容描述
成果:用户浅层问题	为什么在晚上帮助儿童刷牙
成果:用户深层问题	如何精准刷到每颗牙齿
成果:核心用户群体	4~6 岁儿童开始独立刷牙,主要包括"牙小白""牙纠正"和他们的父母四类用户画像
成果:核心需求	4~6 岁儿童希望刷牙"好玩",父母希望刷牙能更"精准"并养成刷牙的好习惯

步骤 3:挖包——信息提问检验,思考发掘洞察。

洞察是回忆用户访谈时的反思,用户倾向于说好玩有趣、奇怪反差等信息,从这些信息中挖掘价值,即探索洞察的过程,可以通过使用以下技能来完成。

召唤技能——用户动机分析。

通过对用户动机进行分析,我们对用户行为层面的"需求"和目前存在的"障碍"进行梳理,以寻找可以改进的空间。

创新团队迷失在用户各种需求中时,可能会沿着一个细小的需求走太远,如果团队意识到陷入了这种困境,则可以尝试做用户动机分析,围绕一个主要动机进行全面的拆解和描述。

- 选择要分析的某个用户动机或需要。在儿童牙刷创新设计训练中,分析宝妈群体"精准刷牙并养成刷牙好习惯"的用户动机。

- 将这个动机或需求进行拆解,列出其中包含的子动机或需要,分得越细越好。"精准刷牙"的用户动机可细分为总时间精准(刷牙两分钟)、每颗牙齿的刷牙时长精准、牙齿的每面(包括间隙处)都被精准刷到、牙膏量根据儿童年龄取量精准、牙膏将每个牙齿都覆盖均衡、刷牙的方法精准、刷牙的方法不伤牙齿等。"养成刷牙好习惯"的用户动机可细分为喜欢刷牙、了解刷牙的重要性和不刷牙的危害、能按时刷牙、能主动刷牙等。

● 针对每个细分的动机或需要,思考目前不能满足用户的障碍。每颗牙齿的刷牙精准时长是障碍,难以测定每颗牙的刷牙时间;牙齿的每面都精准刷到是障碍,难以测定每颗牙是否都刷干净了。针对"养成刷牙好习惯",目前的障碍是内置故事机并联网更新、故事有替代品(如故事机或者电话手表),因此儿童没有必要边听故事边刷牙,所以思考如何让刷牙和好玩/游戏进行关联。

阶段成果——重构行动地图的"精准刷牙"的"洞察/关键发现"共 7 个细分动机;重构行动地图的"养成刷牙好习惯"的"洞察/关键发现"共 4 个细分动机;重构行动地图的"目前主要障碍"的"洞察/关键发现",主要是精准测定刷牙的技术难以实现,以及刷牙和游戏进行关联。

解锁技能——洞察检验表法。

洞察检验表是理性反思用户行为的模式和张力,从而发掘洞察。

当难以发现新的洞察,创新团队陷入原有信息重复的环节时,可以启动一场被动思考发现洞察的会议。

● 用以下问题检视观察信息。

● 寻找模式和张力。思考这些问题的时候,我们就是在用户与场景之间建立深层联系,为用户的特定行为和情感寻找其背后潜藏的动因。更深入地理解用户群体,通过演绎、推理等逻辑手段,我们可以揭示用户洞察(表 5-3-2)。

表 5-3-2 牙刷洞察检验表

序号	检验内容和举例	成果——重构检验表对应项
1	成果:团队成员印象最深的是什么 宝爸向孩子展示自己满嘴的蛀牙	补充一些关于这个问题的事实 洞察/关键发现
2	成果:在观察中使人眼前一亮的是什么 儿童边刷牙边问妈妈,他刷出了哈克和迪克的什么(哈克和迪克是牙齿绘本故事中的人物)	补充一些关于这个问题的事实 洞察/关键发现
3	成果:哪些现象与预想有反差 儿童会边刷牙边笑,因为妈妈说你刷出了哈克的宝箱	补充一些关于这个问题的事实 洞察/关键发现
4	成果:多个用户身上共同的模式是什么 妈妈用电动牙刷的照明功能检查儿童牙齿 儿童喜欢妈妈和他做游戏刷牙	我们希望解决的问题 洞察/关键发现
5	成果:如果你是对方,则哪些东西是你会喜欢的 利用直觉思维,我会喜欢妈妈和我说刷出了"细菌大王"的宝贝,觉得很有趣、很真实	我们希望解决的问题

序号	检验内容和举例	成果——重构检验表对应项
6	成果:哪些是你无法接受的 　　不喜欢被强迫刷牙,牙刷抓起来硬硬的不舒服,学习刷牙的方法不简单且难以坚持等	我们不能/不希望做的
7	成果:为什么会是这样 　　刷牙是件无趣的事情,儿童牙刷是成人牙刷的翻版,没有体现儿童的生理和心理特征 　　宝爸展示蛀牙也是教育儿童刷牙的一种方式;刷牙和做游戏结合受到儿童欢迎;刷牙和检查口腔健康结合受到父母的欢迎	洞察/关键发现
8	成果:我们的每项发现都意味着什么 　　开发一款儿童牙刷,能让刷牙像做游戏,轻松好玩;开发一款真正适合儿童心理和生理的牙刷,使儿童刷牙更舒适、更有效	洞察/关键发现;机会领域

步骤 4:打包——用户需求洞察,重构设计挑战。

根据已有的信息对设计任务做重新表述,新的陈述建立在用户要点聚焦基础上,包含用户、需求和洞察,这为之后的创意设计做了行动指南。

通过四个步骤,团队对访谈信息了如指掌,同时把浩如烟海的信息进行了归类,并明确了用户画像、用户需求和用户洞察,现在需要对重构部分进行总结。

解锁技能——POV(要点聚焦)。

在 POV 中,我们需要精练地总结用户是谁,他需要什么,以及理解这种需要背后的动因。

● 用户画像。在重构行动地图中选择一个特定的用户画像作为今后设计的关注对象。

● 用户需求。在重构行动地图中选择 2~3 个在观察中出现最频繁或最有解决意义的需要,作为今后设计的导向。

● 用户洞察。在重构行动地图中选择洞察用户动机或者面临的限制,作为今后设计的启发点。

● POV 描述。设计挑战重新描述,以"我们怎样""我们如何"这样的关键词表述。例如,我们怎样设计一款牙刷,才能满足 4~6 岁儿童用户实现"游戏化"刷牙的需求,同时满足用户简单操作又有趣舒适的刷牙需求;满足家长对待儿童刷牙能够"安心+安全+精准"的需求。

挑战训练

完成对伴手礼核心用户的用户画像描述及用户要点聚焦

1. 训练清单

● 训练起点:理解并掌握设计思维中"重构需求"环节的方法和流程。在观察阶段对用户群体进行观察获得的大量感性信息。

● 训练内容:通过对大量感性信息进行分类、组合,提炼伴手礼用户需求及用户画像,确定用户的浅层问题和深层问题,通过重构完成重构行动地图。

● 成果输出:通过重构确定"用户浅层问题""用户深层问题"及洞察关键发现;完成伴手礼核心用户的用户画像描述及用户要点聚焦;完成重构行动地图。

● 技能习得:掌握设计思维中"重构需求"环节的方法和流程的应用。

2. 训练流程

步骤 1:拆包——信息复述呈现,共享团队信息。

"设计一款伴手礼"的创新团队成员各自为战,完成了每人的观察任务、访谈了不同的用户,但是彼此之间没有交流,观察内容被打包在每个观察者的包裹里,所以挑战的第一个任务是彼此之间打开包裹,进行信息分享,我们称之为"拆包"。

① 信息精练化表达。创新团队观察了大一、大二、大三的学生,可以用三种颜色对三类人群进行定义:绿色代表大一女生,朝气蓬勃;红色代表大二女生,红红火火;蓝色代表即将毕业,心态成熟。再用即时贴记录在观察中她们的需求表现,如喜欢分享、保持身材、爱拍照、喜欢与众不同、喜欢尝试新鲜事物、喜爱美食……每个需求用一张即时贴表现,既可以提高单一信息的可读性,也可以随手排列组合调整信息。

② 信息可视化表达。例如,闺蜜间手拿奶茶的合影,旅游中网红伴手礼打卡店,逛街时胳膊上挂着购物袋手里还捧着零食边走边吃的样子,等等。

③ 信息故事化表达。例如,小雅与闺蜜逛街时,买了一份关东煮,在吃的过程中,不慎将汤汁滴在了衣服上,小雅懊恼不已且逛街的心情变差。

阶段成果——团队共享彼此观察到的信息;将所有伴手礼观察对象信息进行可视化呈现(图 5-3-4),便于之后的信息重构。

步骤 2:分包——信息分类组合,提炼用户需求。

解锁技能——用户画像。

创新团队设计一款伴手礼的用户画像分别是"礼爱美"和"礼社交"两类人群。

● "礼爱美"人群。

代表:张小梅,大二女生。

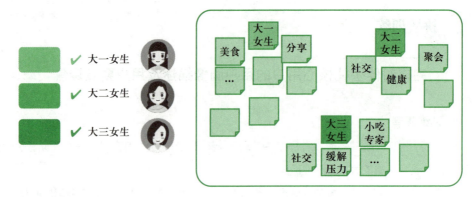

图 5-3-4　伴手礼观察对象分类图

爱好:和闺蜜逛街、参加社团活动。

特点:颜值控/爱尝试新鲜事物/爱美/乐于分享/可自由支配资金较少。

动机:逛街和闺蜜一起吃零食,成为逛街的仪式感;希望自己与众不同。

需求/期望:新鲜有趣、价格实惠、便于携带、美味、有仪式感。

痛点:大多零食热量太高,并且没有什么特点;轻食价格贵,也不够好吃。

● "礼社交"人群。

代表:杜天娇,大学毕业生,曾是社团负责人。

爱好:各种分享会、读书会、健身、美妆。

特点:开始注重品质/喜欢社交/需要保持身材。

动机:与同事和朋友沟通情感、增加人脉。

需求/期望:物美价廉、有颜有品、抓住对方胃口、吃起来优雅、与众不同。

痛点:奶茶没新意(心意)、高热量;轻食有品质但是价格高;酸奶口味不够时尚、不够丰富化。

"礼爱美"和"礼社交"代表用户画像如图 5-3-5 所示。

图 5-3-5　"礼爱美"和"礼社交"代表用户画像

阶段成果——用户典型代表是"礼爱美"和"礼社交"，其需求分别是希望伴手礼物美价廉、与众不同、富有仪式感、低卡、便于携带、美味可口、吃起来优雅、好玩有趣。

解锁技能——共情地图（用户信息分类）。

围绕"礼爱美"和"礼社交"的所见、所为、所思、所感分别如下。所见——和闺蜜逛街一起去买奶茶和关东煮所见，以及其他便利贴所见。所为——边吃边谈笑风生，关东煮容易洒落在衣服上，携带不方便等。所思——用户不希望我们做的是伴手礼成为愉悦后的负担，吃后因担心发胖而后悔不已，以及自己送的东西大家习以为常；用户希望我们做的是伴手礼能让他们成为"会吃专家"，送的伴手礼干净卫生、与众不同，令人羡慕。所感——周末花费太高，影响日常生活质量，这时需要充分的共鸣，需要召唤直觉思维。提炼用户的兴奋点和痛点，以及本次拆包的收获。

阶段成果——总结得出，用户的兴奋点是伴手礼让约会更有仪式感，能够增加感情，也会被对方认为是"讲究的人"；用户的痛点是价格昂贵、热量较高的伴手礼让他们犹豫，喷溅在衣服上的食物让他们担心不已。

召唤技能——Why/How 楼梯。

阶段成果——重构行动地图中的"用户浅层问题"，既满足味蕾欲望，还能保持身材；伴手礼好看时尚，价格合适。重构行动地图中的"用户深层问题"，即低卡健康，营养均衡保持身材；伴手礼体面且物美价廉。

在伴手礼设计训练中，分包后获得用户信息分类如表 5-3-3 所示。

表 5-3-3　伴手礼观察信息分类

成果	分包内容
1	确定重构行动地图的"用户"和"初级需求"，如用户是"礼爱美"
2	伴手礼成为愉悦后的负担，吃后担心发胖，后悔不已；自己送的东西大家习以为常
3	用户希望伴手礼能让他们成为"会吃专家"，干净卫生、与众不同，令人羡慕
4	用户的兴奋点是伴手礼让约会更有仪式感，能够增加感情，也会被对方认为是"讲究的人"
5	用户的痛点是价格昂贵、热量较高的伴手礼让他们犹豫，喷溅在衣服上的食物让他们担心不已
6	重构"用户浅层问题"：满足味蕾欲望，还能保持身材；伴手礼好看时尚，价格合适
7	重构"用户深层问题"：低卡健康，营养均衡保持身材；伴手礼有颜有面，物美价廉
8	核心用户群体为大一和大三女生，主要包括"礼爱美"和"礼社交"典型代表用户画像
9	希望零食伴手礼物美价廉、与众不同、富有仪式感、低卡、便于携带、美味可口、吃起来优雅、好玩有趣

步骤 3：挖包——信息提问检验，思考发掘洞察。

召唤技能——用户动机分析。

伴手礼创新团队通过尝试做用户动机分析,帮助团队把握整体意识,围绕一个主要动机进行全面的拆解和描述,具体描述如表 5-3-4 所示。

表 5-3-4　伴手礼用户动机分析表

序号	检视观察问题	洞察/关键发现	我们解决的
1	团队成员印象最深的是什么	关东煮食用不方便,易滴落在身上,让约会变得乐趣全无	食用方便
2	在观察中使人眼前一亮的是什么	与闺蜜逛街人手一杯奶茶,碰杯拍照发朋友圈	喜欢分享
3	哪些现象与预想有反差	对美的追求不是靠节食,营养均衡搭配才会更健康	追求健康
4	多个用户身上共同的模式是什么	朋友间边吃边逛边聊,拉近彼此距离	携带方便
5	如果你是对方,则哪些东西是你会喜欢的	喜欢朋友送我的专属伴手礼,充满仪式感	希望解决的问题
6	哪些是你无法接受的	价格昂贵、热量较高、太过普通、没有新意	我们不能/不希望做的
7	为什么会是这样	好喝的饮品大多热量高,送奶茶没有新意	需要挖掘新品类
8	我们的每项发现都意味着什么	开发一款有趣的零食伴手礼,使朋友间分享的不仅仅是乐趣,更是彼此的情谊	问题实质

解锁技能——洞察检验表法。

创新团队洞察最终获得的伴手礼洞察检验表如表 5-3-5 所示。

表 5-3-5　伴手礼洞察检验表

序号	检验内容和举例	成果——重构检验表对应项
1	成果 1:团队成员印象最深的是什么 关东煮食用不方便,容易滴落在身上,让约会变得乐趣全无	补充一些关于这个问题的事实洞察/关键发现
2	成果 1:在观察中使人眼前一亮的是什么 与闺蜜逛街人手一杯奶茶,碰杯拍照发朋友圈;对于美的追求不是靠节食,营养均衡搭配才会更健康	补充一些关于这个问题的事实洞察/关键发现
3	成果 1:哪些现象与预想有反差 寻找好玩有趣、奇怪反差、携带方便、能够增进友谊和乐趣的新品类伴手礼	补充一些关于这个问题的事实洞察/关键发现

续表

序号	检验内容和举例	成果——重构检验表对应项
4	成果2:多个用户身上共同的模式是什么 移动式美食	我们希望解决的问题 洞察/关键发现
5	成果2:如果你是对方,则哪些东西是你会喜欢的 专属伴手礼,充满仪式感	我们希望解决的问题
6	成果3:哪些是你无法接受的 价格昂贵、热量较高、太过普通,没有新意等	我们不能/不希望做的
7	成果4:为什么会是这样 好喝的饮品大多热量较高,液体用杯子盛装大多没有什么新意;携带方便、食用方便、喜欢分享、追求健康	洞察/关键发现
8	成果5:我们的每项发现都意味着什么 开发一款有趣的零食伴手礼,使朋友间分享的不仅仅是乐趣,更是彼此的情谊	洞察/关键发现;机会领域

步骤4:打包——用户需求洞察,重构设计挑战。

解锁技能——POV(要点聚焦)。

● 用户画像。在伴手礼设计训练中,创新团队将女大学生作为特定的用户画像(图5-3-6)。

图5-3-6 伴手礼用户画像

● 用户需求。经过重构行动地图,发现女大学生的需求是希望伴手礼物美价廉、低卡健康等。

● 用户洞察。洞察的关键发现:出现频率较高的是女大学生选择伴手礼的场合是赴约朋友,因此希望伴手礼携带方便和食用方便,希望从容赴约;其次是赠送伴手礼的核心目的是增强彼此之间的情谊。

● POV 描述。怎样为女大学生用户设计一款物美价廉、低卡健康的零食伴手礼,实现从容赴约,增加友谊。

 拓展训练

完成对钱包用户的用户画像描述及用户要点聚焦

1. 训练清单

● 训练起点:在观察阶段对用户群体进行观察获得的大量感性信息。

● 训练内容:通过对大量感性信息的分类、组合,提炼老年群体钱包用户需求及用户画像,确定用户的浅层问题和深层问题。通过重构完成重构行动地图。

● 成果输出:通过重构确定"用户浅层问题""用户深层问题"及洞察关键发现;完成钱包核心用户群体的用户画像及用户要点聚焦;完成重构行动地图。

● 技能习得:能够自主重构问题。

2. 训练流程

说明:自主完成该训练(具体步骤参照本任务中的"基础训练")。

 **素质养成**

创新精神涵养计划

荣耀时课:
重构需求

重构的过程是一个破旧立新、革故鼎新、不断超越的过程。两千多年前老子在《道德经》中提出"天下万物生于有,有生于无"的创新思想。1919 年,陶行知先生提出要培养具有"创新精神"和"开辟精神"的人才。作为新时代的青年我们如何培养创新精神呢?

首先,要具有创造意识和科学思维。每个人都应在竞争中强化自己的创造意识,要敢于标新立异,具有创新精神的人对事物会有敏锐的洞察力,在生活中善于发现问题,敢于提出问题,最终的解决办法就是一种创新。

其次,要不断进行自我提问。具有创新思维的人总能透过表象去寻找问题的本质,洞察事物内核。

再次,表达自己的想法。当我们有了脑洞大开的想法时要敢于表达,每次表达都能点燃一个创新的小火花,激励自己去更仔细地审视、探索、验证和发现它们真正的价值。

最后,要坚定信念和意志。

当创新活动误入歧途时,应调整方向,因为创新的道路不会一帆风顺,即使想实现一个小创意、小方法也会遇到种种困难,创新的过程更不是一蹴而就的,在创新的过程中应坚定信心,不断进取。

任务 4　构思创意

 **任务初探**

小牙刷　大智慧——创意

在"设计一款牙刷"的委托任务中,随着"重构需求"(重构)的完成,团队梳理观察到大量信息并提取具有一定抽象性和代表性的概念,重新界定了委托任务,让接下来的创意设计更有针对性和方向性。在"构思创意"(创意)环节中,创新团队面对重构阶段的 POV 描述:团队怎样设计一款儿童牙刷,才能满足 4~6 岁儿童用户实现"游戏化"刷牙的需求,同时满足用户简单操作又有趣舒适的刷牙需求;满足家长对待儿童刷牙能够"安心+安全+精准"的需求。

在即将开始的这一任务环节("构思创意")中,你们是否已经跃跃欲试了呢? 请团队成员先来到创新红房子进行思考。

 创新红房子:围绕该描述进行创意,应该如何进行? 你会做哪些创意的准备? 提出什么创意? 请针对创意阶段列出你要做的创意准备及创意想法的具体问题清单。

面对这个任务,运用设计思维,在创新红房子中团队得到以下启发。

① 创意主题是什么? 是否需要把复杂的描述进行拆分,分别进行创意?

② 创意的材料准备? 除了常规材料,是否还需要准备针对性材料?

③ 创意的环境准备? 运用发散思维,是否可以在洗漱室进行创意? 是否可以准备一些洗漱时儿童听的故事或音乐?

 创新绿房子:创意不仅在于发现问题,还要解决问题,需要通过基础训练的技能和流程,在创新绿房子中解决创新红房子提出的问题。同时,创意的迸发不仅依靠一个人的创意能力,还要借助周围环境的启发、创意主题的导引、创意流程的规范,因此创意并非天马行空的想象,需要在一定的规则和流程中进行创意。这就要求创新团队在这一任务中具备规则意识,给创意插上翅膀,但要以创意主题为牵引;让创意连连爆发,但须按照预先设定的创意规则有序发言表达。

 **场景导入**

应用场景：
构思创意

── 场景 1　生活中的创意　──

"创意"源于生活，善于创意的人总会让生活惊喜不断。生活需要仪式感，班级同学在毕业之际，准备举行一场毕业活动。创意题目就是"举办一次让全班同学难忘的毕业典礼活动"。第一轮提出想法，同学 A 说："去露营吧！"同学 B 说："去唱卡拉 OK 吧！"同学 C 说："在食堂联欢也不错。"第二轮针对其中一位同学提出的点子，首先肯定这个想法，并在此基础上增加新的信息，让创意更丰富。例如，同学 A 说："准备一个视频短片来纪念青春。"同学 B 说："好，应该在视频里放入同学们刚入校的模样。"同学 C 说："好，刚入校可以选择军训时的照片。"通过这样的方式，完成一场"充满仪式感的毕业活动"的创意连接。

> **点拨：**创意大部分时候不是某个人的突发奇想，他可能更多的是团队的集体智慧。因为某些问题存在种种现实因素的限制，所以有时情景化、具体化的描述更有助于启发创意。

── 场景 2　专业中的创意　──

在专业领域中要成为懂技术会创新的人才，需要我们兢兢业业，因为每道工序、每个工具的改变可能都会带来行业的巨变。火药整形在全世界都是一个难题，无法完全用机器代替。在火药上动刀，稍有不慎蹭出火花，就可能引起燃烧爆炸。全中国只有不到 20 人可以胜任这个极度危险的工作，而这里面最出色的一位就是来自中国航天科技的高级技师徐立平，为导弹固体燃料发动机的火药进行微整形，大国工匠栏目中曾介绍，经他之手雕刻出的火药药面误差不超过 0.2 毫米，堪称完美。为了杜绝安全隐患，徐立平发明设计了 20 多种药面整形刀具，有两种获得国家专利，其中一种还被单位命名为"立平刀"，28 年来，他冒着巨大的危险雕刻火药，被人们誉为"大国工匠"。

> **点拨：**把工匠精神和创新精神倾注于每个环节、每道工序、每项管理中，凝聚在技术创新和管理创新上，在传承中求创新，必将在全社会激发出创新的无限活力。

── **场景 3 创新应用设计中的创意** ──

在宿舍改造项目中，重构后的设计任务包含"独立空间""保护个人隐私""舒适性""安全性"等分任务，大家决定分别找出以上任务分项的解决策略。例如，在"安全性"分任务中，针对电线杂乱这个痛点，通过收纳师的指导，学生想出三种解决"杂乱问题"的办法。

① 把电线/插线板藏起来，可藏在抽屉里/盒子里等，减少明线，保持视觉上的美观，还可藏在鞋盒里、废弃水杯里等。

② 先把电线分类，如常用的/不常用的、固定的/可以动的等，再分别贴上标签/或涂色/或标上卡通动物/或贴上宿舍同学名字头像代表不同同学的电线。

③ 固定电线，用捆扎并粘贴的方式将电线固定在墙面上，或改造药瓶做电线收纳盒。

> **点拨：**通过头脑风暴法想点子，依次攻破，应用于创新应用设计就是完成"创意"的工作，通过联想和发散出各种奇思妙想的点子，充满好奇心，让解决方案更有期待和惊喜。

 知识解码

密钥 1 创意的含义

在设计思维流程中，"构思创意"环节的"创意"就是针对前期围绕用户需求形成的重构问题，形成创新点子的过程。

我们结合在观察阶段获得的灵感，围绕在重构阶段得出的核心判断，通过特定的创意流程，在短时间内相互激发，输出各种各样的解决方案。

创意需要打开思路，获得激动人心的点子来解决重构的设计任务。我们要以开放性的心态对待所有点子，让一个灵感激发另一个灵感，最终从中评估最有价值、最易实现、最高效解决主要问题、最有创意的方案，最终形成"金点子"描述。

密钥 2 创意遵守的规则

1. 追求数量，推迟判断

大量产生创意的点子才是解决问题的起点，创意的数量越多、跨度越大，有效的解决方案才越有可能出现。因此创新团队应暂且放下评论和判断，包容所有分歧，即使出现疯狂而独特的想法也值得提倡。

2. 团队协作，互相启发

不要离题，一次讨论一个主题。每次讨论一定把本次创意主题写在一个显眼的位置，让团队成员随时能够看到，否则信马由缰的讨论难以收敛。创意时，一人一次发挥的机会，不要七嘴八舌，否则就没有办法做记录。

3. 创意点子，视图展示

鼓励团队成员把想到的点子用图示的形式画出来，即使画得不好也没关系，将画好的便利贴贴到创意画布上。图画可以帮助成员二次创意和引发更多联想，同时图画也有助于回忆和理解。

 **基础训练**

儿童牙刷创新设计——完成创意

1. 训练清单

● 训练起点：理解设计思维中"创意"的有关知识点和应用场景。儿童牙刷用户画像及重构完成后的用户要点聚焦。

● 训练内容：通过拆分重构陈述，满足牙刷用户的不同需求来拆分创意命题，通过创意准备及使用合适的创意方法形成足够多的创意并对创意进行评估，完成创意行动地图。

● 成果输出：完成创意行动地图。

● 技能习得：理解并掌握设计思维中"构思创意"环节的方法和流程。

2. 训练流程

步骤 1：准备——分拆创意命题，让创意更高效。

在创意前，首先需要确定、修正创意命题，其次需要准备物料和布置创意环境，当然还要充分调动每个创意者的好奇心，让创意者以一种轻松愉悦的状态进入设计思维流程的"构思创意"（创意）环节。

① 分拆创意命题，让创意更明确。

创意命题的来源是上一关的重构 POV 陈述，这一步骤首先需要分拆重构陈述，以便一次创意活动只讨论一个话题，更具有针对性。在儿童牙刷创新设计训练中，重构陈述：我们怎样设计一款牙刷，才能满足 4~6 岁儿童用户实现"游戏化"刷牙的需求，同时满足用户简单操作又有趣舒适的刷牙需求；满足家长对待儿童刷牙能够"安心+安全+精准"的需求。分拆后的创意命题如表 5-4-1 所示。

表 5-4-1　牙刷创新创意表

序号	陈述	用户	需求
1			"游戏化"刷牙的需求
2		4~6 岁儿童	"简单操作"的需求
3	我们如何设计一款牙刷		"有趣"刷牙的需求
4			"舒适"刷牙的需求
5			能"安心"刷牙的需求
6		家长	能"安全"刷牙的需求
7			能"精准"刷牙的需求

分拆后还可以加入以下场景，让创意命题更加情景化、具体化，从而有助于启发创意。

● 儿童刷牙时会感到很无聊，甚至会逃跑，一般是应付刷两下就开始观察嘴角滴落的泡泡，此时家长生动地讲《牙齿大街的新鲜事》的故事会让孩子开心不已，因此我们如何设计一款牙刷，为 4~6 岁儿童实现"游戏化"刷牙的需求。

● 父母晚上帮助孩子刷牙，担心睡着后蛀牙会比白天严重；父母担心孩子不能刷到牙齿的每个面；因为刷牙时间不够，所以父母会着重多刷已经有蛀牙迹象的牙齿。因此我们如何设计一款牙刷，为家长实现 4~6 岁儿童能"精准"刷牙的需求。

以此类推，我们可以加工每个创意命题，使其更具象，并针对不同的原因，产生不同的创意。

② 准备创意材料，让创意得心应手。

● 创意工具。主要包括：即时贴——多种颜色，每张即时贴上仅写一个点子，方便分类整理；马克笔——多种颜色的笔可以激发想象力，也可区分点子的内容；白板/画布——用于张贴和书写创意主题、用户画像，供团队成员分享；计时工具——专人负责规定时间会带来压力，使大脑快速运转。

● 视听素材。要与主题相关。

③ 布置创意环境，形成氛围暗示。

不同的创意空间提供不同的氛围暗示：桌椅布置排列整齐的教室会让人有秩序感和正式感；智慧教室任意组合的桌椅让人感觉轻松自在和沟通顺畅；摆放长条形桌椅、挂有工作坊相关的图片、播放相关视频和音乐等，便于团队成员开启话题。每种环境布置都各有利弊，可以从以下方面改造你们的局部环境。

● 灵活可变化的空间规划。在儿童牙刷创新设计训练中，团队成员把团队 2 平方米的位置布置成洗漱室，准备儿童刷牙照片。

● 充足的光线、有创意的灯光环境。在儿童牙刷创新设计训练中，团队成员把台灯放在桌上,模拟洗漱间的灯。

● 色彩搭配设计。在牙刷创新设计训练中,部分团队成员头戴浴帽,空间中摆着不同颜色的毛巾,看起来很生动。

● 空间的装饰品、植物等。在儿童牙刷创新设计训练中,空间中摆放了牙刷杯、剃须刀、儿童玩具等物品。

● 营造氛围的音乐。在儿童牙刷创新设计训练中,播放着睡前故事或者有关刷牙及关于泡泡的音乐。

步骤2:Action——多种方法出动,创意流淌而来。

在创新思维与创新方法模块,我们已经介绍了很多创意方法,这个步骤可以使用前面的创意方法,也可以解锁新技能。

解锁技能——创意方法(列表/连线创意法)。

列表/连线创意法适用于创意主题有两个高级概念,需要对这两个概念进行融合与重组的情况。例如,在步骤1中拆分的创意命题是:儿童刷牙时会感到很无聊,甚至会逃跑,一般是应付刷两下就开始观察嘴角滴落的泡泡,此时家长生动地讲《牙齿大街的新鲜事》的故事会让孩子开心不已,因此我们如何设计一款牙刷,为4~6岁儿童实现"游戏化"刷牙的需求。其中两个概念是:牙刷、游戏。

首先分别把两个概念拆分为一些更具体、更底层、更易掌握的具体概念,然后在两个具体概念之间建立连接,从而创建新的想法和点子。

使用列表/连线创意法的具体流程如下。

● 找出当前设计命题的两个关键词,如牙刷、游戏。

● 针对每个关键词做一个列表,尝试用不同的形容词来形容它,或者列出与其密切相关的名词,最终应该获得两个列表,并将它们写在纸上或者白板上。列表由词语组成,词语可以是形容词或者名词,如图5-4-1所示。

● 在图5-4-1中分别从左右两边的列表中各找出一个词语,将它们用线连接起来,组成一个新的短语,看看这个短语是否能创造新的意义。例如,"巴氏刷牙法[①]"与"枪战"组合,可以碰撞出"枪战式巴氏刷牙法"游戏,即使用正确的开枪方法对准每个目标,刷牙如同枪战对抗敌人,作战目

牙刷	游戏
1. 刷头	1. 好玩
2. 软毛	2. 刺激
3. 刷柄	3. 紧张
4. 宽刷头	4. 合作
5. 牙膏	5. 竞技
6. 移动	6. 逃跑
7. 摩擦	7. 枪战
8. 巴氏刷牙法	8. 水枪
9. 上下	9. 规则
10. 左右	10. 赢
11. 前后	11. 车赛
12. 刷毛	12. 裁判

图 5-4-1 牙刷设计列表/连线创意成果

---

① 巴氏刷牙法又称龈沟清扫法或水平颤动法,是美国牙科协会推荐的一种有效去除龈缘附近及龈沟内菌斑的方法。选择软毛牙刷,将牙刷与牙长轴呈45°角指向根尖方向(上颌牙向上,下颌牙向下)。

标是干扰牙菌斑的形成,清除牙齿表面的食物残渣;"刷头"与"车赛"组合,碰撞出"赛车式刷头",即设计流线型的赛车刷头;"上下""左右""前后"与"车赛"组合,可以碰撞出"赛车式漂移刷牙"的游戏,即刷牙仿佛是开赛车,上下左右前后地漂移,牙齿是赛车道,各种复杂地形地貌,让刷牙既好玩又刺激。

不断重复这个组合,延伸出各种创意方案。也许连线产生的短语组合不一定总是有意义的,没关系,不断尝试列表插接和概念组合的过程更加重要,这是一个帮助我们打开创意思路的好方法。

阶段成果——创意行动地图的创意方法。

步骤 3:评选——创意分类和挑选,收敛再次优化。

这一步骤需要审核并挑选创意,将创意按照某种标准(IE 矩阵和 FS 矩阵)分类,团队成员投票(创意奥斯卡)选择好点子。最后,选择有潜力的方向,通过再创意进一步挖掘创意细节。

召唤技能——六顶帽思考。

可以参考六顶帽思考完成对创意的评选。

解锁技能——创意奥斯卡。

创意奥斯卡是创新团队在多个创意之间做出选择和做决定的一种方法。该方法的实质为投票,但团队成员在设计思维中经常使用的投票通常并不是综合判断,而是分别针对不同方面的评价。它的目的不在于评选出谁是第一名或是找出唯一的那个创意,而是选拔出在不同方面表现突出的创意点子。

具体行动包括以下流程。

● 将所有候选创意展示在白板上。

● 小组决定本次奥斯卡需要评选的奖项,可以使用以下备选项,也可以自拟评选条件,评选条件之间应相互独立。

创意奥斯卡备选项:最易实现——根据客观条件和科技水平,评选出最容易实现的创意;最具用户价值——考察创意为用户带来的价值,评选用户最喜欢的创意(这个创意一定充分体现出用户价值的某个方面);最具商业价值——考察创意的商业潜力,评选从商业角度来看最具实现价值的产品或服务;最有趣味——主要考察创意的趣味性、公司的品牌风格和品牌形象。

● 投票。

首先,根据小组决定的奖项数量,每位成员对应每个奖项有分别投票权利,对应以上四个奖项,每位成员对所有创意投出四票,分别是最易实现奖、最具用户价值奖、最具商业价值奖、最有趣味奖;其次,分别以不同贴纸代表不同奖项的选票,分发给所有成员;再次,所有成员同时进行投票,将对应投票贴在对应创意上;最后,对于获奖创意或是提名创意,小组成员分别阐述选择该创意的原因。

● 优化。

创新团队根据评选出的创意进行组合和改进,综合多个获奖创意,最终得到具有多方面适应性、综合能力更为优秀的创意。

阶段成果——创意行动地图的创意评价。

步骤4:表达——创意广而告之,引发受众共鸣。

解锁技能——创意故事。

创意故事有多种形式,可以通过以下载体形式呈现。

● 封面故事。封面故事创意展示就是用一张封面式的图像和简练的文字说明这是一个什么产品或服务,以及它能解决什么问题,并像杂志封面一样简洁有力,吸引注意力。

● 漫画。创新团队可以用四格漫画来讲述遇到该产品时发生的故事。四格分别为:之前用户的生活情景,用户遇到的问题,问题的解决方案,用户使用后生活发生的改变。创意封面故事与漫画示例如图5-4-2所示。

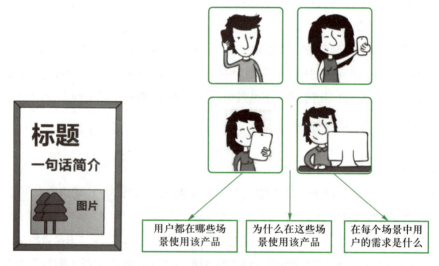

图5-4-2 创意封面故事与漫画示例

● 视频。视频表现的信息量大,而且能够更直观地表现创意,但制作成本高,创新团队可通过手机拍摄来完成,创意脚本可以按照漫画的四格组成故事线。

● 演讲。主要包括两类:一是按演讲的场景,闪电演讲。它是演讲者准备20页演示文稿,采用自动播放的形式,每页文稿用20秒时间完成创意的总演讲。闪电演讲内容必须简洁,并能有效表达观点。二是电梯演讲(图5-4-3)。创意观点须归纳为三条以内,以30秒内陈述完毕为要求,因此电梯演讲要高度提炼观点且短小精悍。

阶段成果——创意行动地图的用户故事四格(图5-4-4)。

图 5-4-3 电梯演讲

图 5-4-4 创意用户故事四格

 **挑战训练**

按照创意的步骤与规则完成对伴手礼的创意

1. 训练清单

● 训练起点:理解并掌握设计思维中"构思创意"环节的方法和流程。伴手礼用户画像及重构完成后的用户要点聚焦——确定伴手礼产品为内蒙古特色小吃酿皮。

● 训练内容:通过拆分重构陈述,满足伴手礼用户的不同需求来拆分创意命题,通过创意准备及使用合适的创意方法形成足够多的创意并对创意进行评估,完成创意行动地图。

● 成果输出:完成创意行动地图。

● 技能习得:掌握设计思维中"构思创意"环节的方法和流程的应用。

2. 训练流程

步骤1:准备——分拆创意命题,让创意更高效。

① 分拆创意命题,让创意更明确。

在伴手礼设计训练中,重构阶段我们的陈述是:我们怎样为女大学生用户设计一款"物美价廉、低卡健康"的零食伴手礼,实现在闺蜜赴约时分享乐趣和增加友谊。那么拆分后的创意命题可以是以下七个:价格便宜、好吃美味、低卡健康、携带方便、食用方便、朋友分享、沟通情感。

分拆后的创意命题如表 5-4-2 所示。

表 5-4-2　分拆后的创意命题

序号	陈述+用户	需求
1		"低卡健康"伴手礼的需求
2		"好吃美味"伴手礼的需求
3		"价格便宜"伴手礼的需求
4	我们如何设计一款零食伴手礼,为女大学生用户实现	"携带方便"伴手礼的需求
5		"食用方便"伴手礼的需求
6		"朋友共享"伴手礼的需求
7		"沟通情感"伴手礼的需求

以此类推,我们可以加工每个创意命题,使其更具象,并针对不同的原因,产生不同的创意。

② 准备创意材料,让创意得心应手。

在视听素材方面,团队成员准备了伴手礼图片,闺蜜逛街、看电影、桌游的视频素材,以便加深对女大学生用户的理解。

③ 布置创意环境,形成氛围暗示。

该项目可以运用的创意环境如下。

● 利用烹饪中西餐实训室及烹饪实训室中的菜品和食物,激发我们设计零食伴手礼的灵感。

● 利用学校智慧旅游实训室的虚拟现实(Virtual Reality,VR)技术,配合上氛围音乐,融入虚拟商场、酒店、餐厅、电影院,还原女大学生赴约环境,在沉浸式体验中激发创意灵感。

● 通过走访学院的校外实践基地,前往塞上老街,在本地特色小吃街身临其境地感受食客需求,寻找当地老味道,激发创意点子的迸发。

阶段成果——为团队拆分创意命题,准备创意材料和创意环境,为接下来的创意奠定基础。

步骤 2:Action——多种方法出动,创意流淌而来。

围绕表 5-4-2 中的 7 个创意命题,分别输出各种各样的创意点子。

① 围绕"挑战创意命题 1"——零食是女生的最爱,但满足口腹之欲后又感觉后悔,因此需要一款"低卡健康"的伴手礼。

召唤技能——头脑风暴法、六顶思考帽法。

阶段成果——创新团队通过走访塞上老街、美食一条街、商超等,寻找具备满足"低卡健康"的美食,形成多种数量的创意,如轻食、酸奶、沙拉,当地传统美食中相对低卡但广受欢迎的美食包括酿皮、吸果羹……运用六顶思考帽法选择出解决用户满足口福的同时需要"低卡健康"的美食,最终选择了内蒙古传统小吃——酿皮。

② 围绕"挑战创意命题 2"——减肥是女生一生的追求,但是轻食吃起来口感较差,女大学生喜欢多去尝试不同的美食,因此需要设计一款可搭配出不同美味口感的食物。

解锁技能——列表/连线创意法。

● 选择当前设计命题的两个关键词,分别是"酿皮"和"不同口味"。

● 针对每个关键词做一个列表,列表由词语组成,词语可以是形容词或者名词,如藜麦酿皮、火龙果酿皮、菠菜酿皮等,口味有咸香、酸辣、麻辣等,并将关键词写在纸上或白板上。

● 分别从左右两边的列表中各找出一个词语,将它们用线连接起来,组成一个新的短语。例如,藜麦酿皮和藤椒组合,碰撞出藤椒味道的藜麦酿皮;蝴蝶结酿皮和抹茶组合,碰撞出抹茶味的优雅女士蝴蝶结酿皮。

阶段成果——按照不同原料的酿皮与口味组合,碰撞出"用户 DIY 自由搭配"的酿皮创意方案(图 5-4-5)。

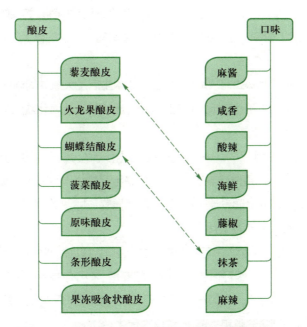

图 5-4-5 "用户 DIY 自由搭配"的酿皮创意方案

③ 围绕"挑战创意命题 3"——不要让伴手礼成为女大学生生活的负担,因此需要设计一份可实现伴手礼自由的产品。

召唤技能——六顶思考帽法。

阶段成果——酿皮分量是传统的一半,达到浅尝的"解馋"和低卡的目的,同时价格从原来的 8 元降为 6 元。

④ 围绕"挑战创意命题 4"——女大学生赴约,需要带着伴手礼乘坐公共交通工具,典型场景是边走边聊边逛,同时手里还会拎着其他购物袋,因此需要一款"携带方便"的伴手礼。

召唤技能——列举法,具体实操见本书项目 3 任务 2 有关内容。

阶段成果——从传统的袋装、碗装,创意为更为时尚的"杯装"酿皮,同时杯装酿皮和奶茶等饮品可组合携带;或者创意为可挂式包装酿皮,方便挂在包上。设计出防洒式包装,可放在包中。

⑤ 围绕"挑战创意命题 5"——女大学生在食用伴手礼产品时要避免食物滴落在衣服上或者把口红蹭花,因此需要设计一款"食用方便"的伴手礼。

召唤技能——形态分析法、类比法。

阶段成果——对传统的两指宽的带状酿皮进行创意设计,形成筷子厚度的条形酿皮,为使酿皮吃起来更优雅,可以用粗吸管,就像吸果冻一样吃酿皮;创意球形、心形、蝴蝶结形的酿皮,可以用叉子食用。

⑥ 围绕"挑战创意命题 6"——女大学生喜欢和朋友分享美食,购买奶茶喜欢不同的口味互相品尝,喜欢自拍、分享状态,因此需要设计一款具有分享性的伴手礼。

召唤技能——和田十二法。

阶段成果—— 一杯两味式盛放酿皮;广告专业学生启发大家共同创作了"一杯自己吃、一杯送朋友"等 50 条广告语;室内设计专业学生提出店面设计为北欧风等 10 种风格主题,迎合女大学生拍照打卡的愿望。

⑦ 围绕"挑战创意命题 7"——女大学生认为送伴手礼是一件增进情谊的事情,既可以增加朋友间趣聊的话题,也是情感表达的利器,但是手写的小卡片显得老套、不够时尚,口语直接表达又太显煽情,因此需要设计一款具有"沟通情感"功能的伴手礼。

召唤技能——假设法、启发卡片法。

阶段成果——将在小卡片上书写变为在纸杯上书写,根据酿皮的特点,对应不同的情感表达语,如藜麦酿皮是"××,藜轻情意重",菠菜酿皮是"××,你是我的菠菜";产品名称共拟了 15 个,如"筋斗云",代表一个筋斗十万八千里,天涯海角也逃不出对你的情谊。

步骤 3:评选——创意分类和挑选,收敛再次优化。

通过召唤六顶帽思考法,解锁新技能——创意奥斯卡,在小组内进行投票与创意优化,创新团队最终确定的创意方案如表 5-4-3 所示。

表 5-4-3　伴手礼创意方案

创意命题	低卡健康
创意对象	酿皮
不同美味口感	味道:麻酱、咸香、酸辣、海鲜、藤椒、抹茶、麻辣 原料:小麦粉、粗粮、藜麦粉 配菜:紫甘蓝、芹菜、水萝卜、豆芽、黄瓜、牛油果等 蛋白质来源:鸡丝、虾仁等 坚果:杏仁、桃仁等
具备分享性	① 一杯两味式盛放 ② 广告语"一杯自己吃,一杯送朋友" ③ 店面设计不同风格主题
沟通情感	① 杯上书写姓名,对应不同情感表达语 ② 产品名称:筋斗云
食用方便	① 条形 ② 吸食果冻式酿皮 ③ 叉食蝴蝶形酿皮
携带方便	"杯装"酿皮
价格实惠	6 元/杯

步骤 4:表达——创意广而告之,引发受众共鸣。

在"基础训练"中我们解锁了新技能——创意故事,可以通过封面故事、漫画、视频、演讲等形式和载体表现我们的创意。

阶段成果——创新团队采用演讲完成了创意行动地图的用户故事四格——小时候就听父母说,在他们那个年代家里如果做了饺子、炸糕这样的美食,就会给邻居端上一碗;长大后,一杯奶茶、一份小吃也能成为我和朋友间的日常问候;新冠疫情期间邻居在门口放的一袋菜会让我们觉得这份温暖弥足珍贵……今天我们也想用食物来传递彼此间的这份情谊,筋斗云酿皮改变了传统小作坊式的小吃,让小吃在解馋的基础上低卡更营养,优雅吃小吃的同时味道更时尚,能够共享有趣且送礼无负担。伴手礼用户故事四格如图 5-4-6 所示。

图 5-4-6　伴手礼用户故事四格

拓展训练

按照创意的步骤与规则完成对钱包的创意

1. 训练流程

- 训练起点:钱包用户画像及重构完成后的用户要点聚焦。

- 训练内容:通过拆分重构陈述,满足使用钱包的老年用户群体的不同需求来拆分创意命题,通过创意准备及使用合适的创意方法形成足够多的创意并对创意进行评估,完成创意行动地图。

- 成果输出:完成创意行动地图。

- 技能习得:如何提出创意。

2. 训练流程

说明:自主完成该训练(详细流程参照本任务中的"基础训练")。

 素质养成

自律习惯养成计划

荣耀时课:
构思创意

借助创意工具,在创意环境、主题及流程的引导下,可以形成创意点子,完成创新任务。因此创意并非天马行空的想象,更需要我们具备规则意识,在特定的规则和流程中,让创意迸流而出。在创意中,我们要依托规则;在社会生活中,我们要遵守规则。要培养自己的规则意识,先从自律开始。

人类大脑天生会追求舒适,如追剧、刷短视频。但如果人一直追求舒适,则他应对无聊和挫折的能力将逐渐降低;反过来,如果人能有意识地去训练自己接受不舒适,则他的忍耐力和抗压能力会越来越强大。

首先,培养自律的规则。我们可以走出舒适圈,尝试做一些让自己感到难受但有好处的事,刻意去培养自己的情绪肌肉,如尝试锻炼、尝试阅读、尝试深度思考、尝试冥想等,随着训练频次的增加,自律的意识和习惯也就慢慢形成了。

其次,给自己设定习惯公式,"只要做了 A 我就做 B"。培养一个新习惯确有难度,可以尝试在自己经常做的事情后面增加新的习惯,如只要洗了澡我就看会儿书,只要起了床我就背单词,只要吃了早饭我就听听力等,给自己设定一个触发事件,一旦做了某事,就开始做另外一件事情,借此来提高自己的行动力。

任务 **5** 制作原型

 **任务初探**

小牙刷　大智慧——原型

在"设计一款牙刷"的委托任务中,经过创意阶段,创新团队围绕重构命题诞生了大量的创意点子,并评选出几个最佳创意方案。在即将开始的"制作原型"(原型)环节中,创新团队面对优选出的最佳创意方案,需要将创意制作成有形可感知的原型。

创意"赛车式漂移刷牙"的游戏,即刷牙仿佛是开赛车,上下左右前后地漂移,牙齿是赛道,具有各种复杂地形地貌,让刷牙既好玩又刺激。同时这个创意获得了来自技术部门的支持,通过为儿童口腔建模,模拟出牙齿赛道,随着长牙和乳牙的脱落,赛道会产生变化,从而增强趣味性和科普性;伴随着牙齿是否有蛀牙和虫洞,也会使赛道面临崎岖和拦路"怪物"的挑衅,增加儿童刷牙的紧迫感和游戏感。牙刷内置感应头,只有通过建模出的牙齿各个面的赛道,才能闯关成功,增强了儿童刷牙的荣誉感和刷牙的精准性。这样的刷牙最终可通过手机屏幕看到,在游戏中实现"精准"刷牙。产品的优化可以根据孩子的兴趣和游戏的疲惫感,设置多套游戏模式,如"枪战细菌怪""海底寻宝""美化公主屋"等。

请团队成员先来到创新红房子进行思考。

❓ **创新红房子**:围绕以上创意我们是要马上开始原型制作吗? 你们打算如何制作原型?

面对这个任务,运用设计思维,在创新红房子中团队得到以下启发。

① 制作原型的准备阶段需要完成什么? 需要准备哪些材料?

② 利用什么制作原型?

③ 用什么方法来制作原型?

🏠 **创新绿房子**:创意不仅在于发现问题,还要解决问题,需要通过基础训练的技能和流程,在创新绿房子中解决创新红房子提出的问题。原型的制作让创新团队实现从用脑思考到用手制作的转换,如果你做事总拖延,或迟迟不愿动手,那么纵使有精美绝伦的创意,也不会有什么成果。因此在原型制作阶段,需要团队中每位成员的思考、贡献,更需要尽早行动起来,不断挑战、踏实肯干才是这一阶段的真谛。

 场景导入

应用场景:
制作原型

— 场景 1　生活中的原型 —

制作原型的目的,不仅是收到用户反馈,更是获得深度共情。在生活中,人们需要彼此包容和理解,但是没有设身处地地体会,难以感同身受、形成共鸣。设计师李丽为体会母亲养育自己的不易,观察父母带婴儿出行,访谈母亲回忆李丽小时候被背在背上的情景,于是李丽制作了一个原型—— 一个 3 千克左右的沙袋,通过把沙袋绑在前身或背上,体会一天从早到晚的生活,切身感受母亲劳作的不便、时时处处小心翼翼、举手投足的劳累等,这样一个深度共情的原型,让李丽通过关键体验有了从观察者到亲历者的内心触动,更感恩母亲的不易与伟大。作为设计师的李丽决定设计一款"抱孩子工具",经过创意发散和收敛,一款"多功能抱孩子背带"创意诞生了,李丽绘制了一个设计草图,从不同角度调整背带的设计,使之更轻巧方便;之后李丽没有故步自封,又制作了一个 5 千克重的原型背带,来体验产品功能,并通过不断优化调整,使之更人性化。

> **点拨:**这种共情原型帮助我们对产品和人们就某一方面的思想观念有更深入的认识。

— 场景 2　专业中的原型 —

"原型"应用于专业中的案例有很多,包括桥梁原型、建筑原型、模拟沙盘原型等,如图 5-5-1 所示。在商业领域,原型的案例也很多,如广告创意草图设计、烹饪菜品摆盘草图绘制等。

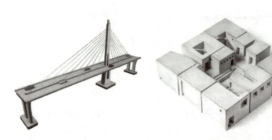

图 5-5-1　原型举例

点拨：在设计专业领域中，可谓"千言万语抵不过一张图""千万张图抵不过一个原型"，当我们有大量创意点子之后，要将创意落地，通过快速制作廉价原型让创意变得可见、可感。

── 场景3 创新应用设计中的原型 ──

创新应用设计来源于生活，并让生活更美好。面对宿舍改造各种奇思妙想的好点子，室友们感觉很欣喜，这些创意是否可以实现呢？小峰号召室内设计专业的学生绘制一个电线布局走线的效果图；其他室友自告奋勇地开始验证其他创意的实现可能性，如药瓶做电线收纳盒是否可行，通过找到废弃的药瓶进行改装，最终确定了钙片规格的药瓶最适合让各种电线穿过，同时方便固定于墙面。雪糕棍做固线器的创意想法，在广告设计专业学生的帮助下，不但实现了固定的功能，而且更加美观。在制作的过程中，他们又得到了很多好点子。例如，为了防止水杯中的水倒入插线板，小峰在动手制作的过程中想到把插线板立着固定在墙上，一个不费力的小改变，避免了这个安全问题，同时优化了原有设想，亲自动手、废物利用，从而强化了大家自己动手丰衣足食的思想，也让大家更认可自己的劳动价值。在这个过程中，他们没有拖延、尽早动手，让创意变为可能，并不断修正调整，通过绘制草图、旧物改造等手段，让创意从想法变为现实。

点拨：原型制作是指用低精度的概念原型探索创意实现的各种可能性，然后迅速进行二次迭代。创建出的低精度的概念原型及用户与之交互的简单场景，不仅能帮助我们探索改进原型的不同方向，还能帮助我们加深对创意命题的理解。

知识解码

密钥1 原型的概念

在设计思维流程中，"制作原型"环节的原型是介于创意和产品之间的过程性方案，是最终产品的雏形，它是一个线性可循环流程中的一个步骤、一个环节，从一个创意开始，经历"原型—测试—改进—原型—测试—改进……"直到最终完成。在"制作原型"（原型）环节，原型的对象是一个创意方案，理想的产出是对这个方案的不断完善和提升。

<h1 style="text-align:center">密钥 2　原型的作用</h1>

制作原型一方面可以帮助创新团队在内部将重要产品概念沟通清楚，使设计更加扎实、完善，另一方面可以发现哪些特性是最重要的，哪些是装饰性的，哪些是可以去除的。

 **基础训练**

<h2 style="text-align:center">儿童牙刷创新设计——制作针对性原型</h2>

1. 训练清单

● 训练起点：理解设计思维中"原型"的有关知识点和应用场景。"赛车式漂移刷牙"游戏创意的原型制作。

● 训练内容：熟悉原型的类型、适用领域与制作方法，制作出赛车款牙刷原型。

● 成果输出：完成原型制作行动地图的"用一种什么方式""为谁""目标问题""关键体验""关键功能"。

● 技能习得：理解并掌握设计思维中"制作原型"环节的方法和流程。

2. 训练流程

步骤 1：目的——确定测试目标，制作针对性原型。

创新团队一旦进入"制作原型"（原型）环节，就不得不开始思考关于原型制作的目的和细节，很多在创意阶段没有考虑的细节都会浮出水面，从而促使成员在原型制作过程中不但要利用合适的方式将创意表达出来，而且要边做边想，应对制作中随时出现的新问题。

在儿童牙刷创新设计训练中，最终评选出的创意是"赛车式漂移刷牙"的游戏，牙刷原型制作前主要考虑如下问题。

① 该原型的制作目的是什么？尝试要把牙刷的创意分成多个角度进行测试，包括合意性测试、可用性测试、实用性测试、可行性测试等。

② 应用场景是什么？应用场景主要是晨起和入睡前，儿童在洗漱间独立完成刷牙的全流程，包括主动刷牙、挤牙膏、刷牙过程、刷牙后整理牙具等，儿童在刷牙时感觉和做游戏一样，很有趣，并且能把牙齿刷得干净，最终养成刷牙的好习惯。

③ 用什么方式表达最恰当？纸原型和视频制作都是牙刷原型制作的恰当方式。

④ 人们如何与该原型进行交互等一系列问题？通过纸原型感受牙刷的五感体验、通过视频制作还原原型的使用流程。

阶段成果——完成原型测试行动地图的"用一种什么方式""为谁""目标问题"。

步骤 2：制作——多种方式制作，创意由想到做。

我们在本书项目 2 任务 6 中的批判思维部分已经介绍了快速原型的制作方法,本任务可以使用批判思维中我们训练过的原型制作方法。本训练介绍七种原型,即纸原型、分模块原型、制作原型、关键功能原型、关键体验原型、角色扮演原型、视频制作原型。

解锁技能——纸原型。

面对一个模糊的创意概念,需要快速建立一个原型,尽早迎接失败,没有什么比早期失败更有价值了,快速测试后取得经验能够尽早吸取教训,学习改进产品。

与其说纸原型是一个工具,不如说它可能更是一种思路,投入尽量小的成本、时间及资源,测试和探索想法的正确性。

具体方法应用流程如下。

● 准备材料。打印纸、卡纸、剪刀、记号笔、透明胶和其他物品,建立创意产品或服务的微缩版本。

● 开始制作。包括制作实体物品或产品的早期概念探索,如制作汽车牙刷的原型。如果涉及手机、平板计算机、个人计算机的软件和界面设计,则更加方便,只需要在纸上绘制线框,并画出初步想象中的界面即可,纸原型也被称为"低保真度原型"。在儿童牙刷创新设计训练中,通过折纸赛车、改造制造赛车牙刷,并覆盖保鲜膜,体验牙刷在口腔中的感觉。同时在纸上绘制手机屏幕中显示的赛车在牙齿赛道上的竞技场景,来体验产品创意的可行性。

阶段成果——依据纸原型展示设计思路。

解锁技能——分模块原型。

一个原型最好仅测试一个问题,这是分模块原型所倡导的,因此若创意包含多个测试内容,则可以制作分模块原型。

制作分模块原型需要把复杂问题拆分成不同阶段的多个简单问题,然后专注于每个问题建立原型并逐个解决,对于问题答案的探索可能更有效率。

具体方法应用流程如下。

● 依据不同原则拆分模块。标准可以是用户使用流程或步骤,也可以是探究问题的种类(依此将原型分为体验原型、功能原型、系统原型等)。在儿童牙刷创新设计训练中,可以拆分为赛车牙刷的五感体验原型、精准刷牙的游戏功能原型。

● 针对测试内容,分别制作原型。可以是纸原型、制作原型、视频制作原型等。

阶段成果——完成原型制作行动地图的全部内容。

解锁技能——制作原型。

在二维的纸上绘制原型难以体验产品,或者纸原型制作难度大,在有条件的创新工坊可以使用 3D 打印技术,将二维的点子在三维空间打印出来。

从一幅平面画到完成扫描、建模、打印等一系列步骤也只需要几个小时,并且费用较低。如果没有 3D 打印机,则可以利用身边的物品,如杯子、书本、花洒头等建立立体原型。本书重点介绍通过身边物品制作立体原型。

具体方法应用流程如下。

● 依据二维图形绘制三维原型效果。可以从多个角度绘制原型草图,包括俯视图、仰视图、侧视图等,确定每个角度的原型特征。

● 选取合适的材料制作立体原型。在儿童牙刷创新设计训练中,创新团队选择将小颗粒乐高组装成一把赛车款牙刷。

阶段成果——完成原型制作行动地图的全部内容。

解锁技能——关键功能原型。

关键功能原型需要制作创意中主要问题的核心方面,即如果这个部分不成功,则会极大影响产品的成型,如果测试不成功,则需要用其他手段替换。该原型用以探索产品能否满足用户的实用需求。

找到产品的关键功能,关键功能是设计提供给用户的必要功能,即用户使用产品或服务的功能性目标。

具体方法应用流程如下。

● 想要测试一种什么样的功能?在儿童牙刷创新设计训练中,需要测试儿童牙齿建模成型的功能。

● 为什么这个功能在整个设计中如此重要?因为不同人的口型和牙齿的位置各不相同,如果不建模,在刷牙过程中,探测仪难以准确采集到已经刷过和未刷过的牙齿位置,就会造成刷牙不精准这一主要问题。

● 用什么方式在测试中提供这种功能?创新团队通过联想自动扫地机器人为房间建模的思路,以及 3D 身材建模试衣间的思路,与打样公司探讨更加可行的方案。

● 想要从中获得什么样的反馈信息?在儿童牙刷创新设计训练中,创新团队制定关键功能原型需要反馈的信息是产品的可行性、成本价格等。

阶段成果——完成原型制作行动地图的"关键功能"。

解锁技能——关键体验原型。

关键体验原型需要制作创意中主要体验的核心方面,即如果这个部分不成功,则会极大影响产品的成型,如果测试不成功,则需要用其他手段替换。该原型用以探索产品能否满足用户的体验需求。

找到产品的关键体验,关键体验是设计提供给用户的核心体验部分,不需要涵盖体验设计的所有元素,用什么方式体验也不是当前的重点工作,而仅仅是针对关键体验的呈现和验证,可以包括氛围体验、风格体验、情感体验等。该体验不能停留于想象,而是实际存在的、可以触摸的、仿真的、可上手的体验。

具体方法应用流程如下。

- 想要测试一种什么样的体验？在儿童牙刷创新设计训练中，需要测试儿童牙刷移动可以实现赛车竞技的功能。

- 为什么这个体验在整个设计中如此重要？因为儿童不愿意刷牙，觉得刷牙恐怖、无趣、操作难及很难坚持，而游戏化的设置可以解决这个问题，因此这是儿童刷牙体验的核心方面。

- 用什么方式在测试中提供这种体验？创新团队通过联想赛车类游戏和体感类赛车游戏，并以此测试儿童的体验。

- 想要从中获得什么样的反馈信息？在儿童牙刷创新设计训练中，创新团队制定关键体验原型需要反馈的信息是产品的易理解性、易操作性等。

阶段成果——完成原型制作行动地图的"关键体验"。

解锁技能——角色扮演原型。

当解决方案是面向一种服务和流程时，而不是一个具体有形的产品，团队成员可以扮演该服务或流程中涉及的利益相关者，对用户的使用情景和步骤进行复盘。角色扮演原型生动形象，代入感强。

角色扮演需要充分代入不同利益相关者的情感和立场，以及充分模拟场景感。牙刷的角色扮演，需要充分理解儿童对于牙刷的使用心理和行为、父母辈对于儿童使用牙刷的心理和行为、爷爷奶奶辈对于儿童使用牙刷的心理和行为、其他小朋友对于牙刷的使用心理和行为等。

具体方法应用流程如下。

- 确定需要扮演的角色。在儿童牙刷创新设计训练中，需要扮演的角色是儿童、父母、奶奶等。

- 模拟不同角色的心理活动和行为。在儿童牙刷创新设计训练中，儿童对这一款牙刷感到好奇，他会勇于尝试，并从口中拿出来，尝试在不同地方使用。父母对于产品的科技感会感到惊喜，引导儿童使用，对于儿童能够精准刷牙感到欣慰，对于儿童尝试到不同地方玩耍牙刷感到无奈。奶奶看到儿童使用刷牙，感到好奇，同时担心这样刷牙会不会对牙齿和牙龈不好，以及担心儿童对着手机屏幕刷牙影响眼睛。

- 总结暴露的问题。在儿童牙刷创新设计训练中，暴露的问题包括：孩子把牙刷从口中拿出玩耍，需要占用父母手机，对眼睛有一定伤害等。

阶段成果——完成原型制作行动地图的"关键体验"。

解锁技能——视频制作原型。

无论是纸原型、制作原型或者角色扮演原型，都不太便于大规模扩散，如果希望能传播到一个比较广的受众范围，得到远距离和更大量的反馈意见，则可以考虑采用视频制作原型。

想拍出调性强的视频确实需要人力、技术、硬件等投入，但是制作原型的视频使用手机拍摄就能达到目的。

具体方法应用流程如下。

① 确定视频脚本。在儿童牙刷创新设计训练中,可以依据创意的用户故事四格确定视频脚本。

② 确定表现手段。表现手段可以是真人表演、动画方式讲述等。

③ 开始制作。

阶段成果——完成原型制作行动地图的"关键体验""关键功能"等(在儿童牙刷创新设计训练中,针对不同的测试角度,分别制作了纸原型、分模块原型、制作原型、关键功能原型、关键体验原型、角色扮演原型、视频制作原型);完成原型制作行动地图的部分内容,包括"用一种什么方式""为谁""目标问题""关键体验""关键功能"。

 **挑战训练**

按照创意阶段评选的创意制作伴手礼针对性原型

1. 训练清单

● 训练起点:理解并掌握设计思维中"制作原型"环节的方法和流程。针对内蒙古传统小吃酿皮,从产品的基本属性、产品体验、包装及情感属性等方面进行的原型制作。

● 训练内容:熟悉原型的类型、适用领域与制作方法,制作出酿皮的纸原型及角色扮演原型。

● 成果输出:完成原型制作行动地图的"用一种什么方式""为谁""目标问题""关键体验""关键功能"。

● 技能习得:掌握设计思维中"制作原型"环节的方法和流程的应用。

2. 训练流程

步骤1:目的——确定测试目标,制作针对性原型。

在"设计一款伴手礼"项目中,在创意阶段,我们最终评选出的创意方案是北方传统小吃酿皮,基本属性为好吃美味、低卡健康,产品体验为食用方便、价格便宜,包装上携带方便,情感属性为沟通情感、朋友共享。因此在实现创意原型阶段我们需要从以上维度将创意物化为有形的产品。

伴手礼原型制作前主要考虑如下问题。

① 该原型的制作目的是什么? 尝试将酿皮伴手礼的创意分成多个角度进行原型制作,包括产品包装原型、产品形状原型、产品体验原型、产品情景原型等。

② 应用场景是什么? 应用场景主要是朋友约见馈赠伴手礼。例如,大学室友约见逛街,馈赠一杯菠菜酿皮,杯身写着"你是我的菠菜",在共同分享中传递朋友间的情谊。又如,多

年未见的高中同学约见在对方校园中,馈赠一杯心形火龙果酿皮,杯身"留言区"写着"小雅,甜美如你,心火相依",用来传递多年未见的情谊。

③ 人们如何与该原型进行交互等一系列问题？我们制作原型时需要关注交互体验,可以通过纸原型,制作模拟酿皮,感受不同形状、不同包装的酿皮给人的感官体验;也可以通过角色扮演的方式,还原馈赠时的情境,站在购买者角度对产品进行感受,为任务 6("实施方案"环节)做铺垫。

通过以上步骤,创新团队完成伴手礼原型测试行动地图,如图 5-5-2 所示。

● 用一种什么方式	● 纸原型、角色扮演
● 为谁	● 核心用户
● 目标问题	● 为测试进行准备

图 5-5-2 "测试伴手礼原型"行动地图

步骤 2:制作——多种方式制作,创意由想到做。

(1) 酿皮包装和产品形状设计

① 准备材料。创新团队为项目针对性地准备了纸杯、吸管等原型材料。

② 开始制作。需要制作酿皮包装的原型,通过借助纸杯(包括办公室常用纸杯、奶茶杯、关东煮纸杯、咖啡纸杯等),体验何种高度/开口度不容易让食物外溅同时低头食用时保持美观？如何设计使产品携带方便？用什么工具(筷子、叉子、勺子、吸管等)食用方便、同时吃起来更优雅？尝试用粗一些的吸管,就像吸果冻一样吃酿皮,吸管多粗可以更方便、同时使用安全？需要制作酿皮形状的原型,可以手绘或者折纸设计酿皮的形状(球形、心形、蝴蝶结形状)需要制作纸杯的外观设计原型,可以在纸杯上做各种设计,在纸杯下方做一个简单的印章是否可行？在纸杯上做广告语设计排版,留下足够的空间做留言区,来体验产品创意的可行性。

(2) 关键体验原型制作

解锁技能——故事板。

在伴手礼设计训练中,目标用户是女大学生,她们对朋友之间的情谊传递是这个阶段的人群的主要需求,但在伴手礼价格方面希望更具有性价比,在特色方面希望产品有颜有面,希望在朋友之间树立"会吃专家"的形象。因此可以通过绘制故事板,列出新顾客购买伴手礼时的典型场景:两位许久未见的闺蜜相约一起逛街,相互间买杯饮料,又怕发胖;买个传统酿皮,食用不太方便,又怕影响形象;去咖啡店喝杯咖啡,价格有些昂贵……于是一个生动活泼的创新设计形象出现在她们眼前,上面可以书写"你是我的菠菜""一杯自己吃一杯送朋友"的宣传语言。杯底是一个魔盒语,藏着一句送给对方的话。或是一杯不知道口味的魔盒酿皮,给对方带来无限惊喜。

阶段成果——完成原型制作行动地图中的"关键体验"部分的填写。

(3) 关键功能原型制作

解锁技能——制作原型。

由于我们设计的伴手礼是一款食物,团队成员需要进入烹饪实训室,请烹饪专业的学生研制不同口味的酿皮,包括酿皮制作、摆盘制作、汤汁制作等全流程。为了让原型制作更顺利,创新团队邀请了参加烹饪技能竞赛的优秀学长加入团队一起制作,同时邀请了高技能工作室的教师进行指导,研发藜麦酿皮、火龙果酿皮、芥末味酿皮、咸香味酿皮等。根据主题,邀请广告设计专业的教师监制,学生根据不同味道体验设计形状和搭配的包装,形成主题,如魔盒主题酿皮、情侣主题酿皮、闺蜜主题酿皮。

阶段成果——完成原型制作行动地图中的"关键功能"部分的填写。

(4) 用户购买过程原型制作

解锁技能——角色扮演原型。

要制作朋友间传递幸福时刻产品,事实上我们需要测试用户在购买决策过程中的痛点,寻找痛点完成测试,从而进一步完善和提升我们的产品。可以按照以下步骤进入角色扮演原型之中。

具体方法应用程序如下。

● 确定需要扮演的角色。团队成员分别扮演购买产品的女大学生、收到伴手礼的朋友、档口的店员、制作的厨师等。

● 模拟不同角色的心理活动和行为。在伴手礼创新设计训练中,购买者对这一款伴手礼感到好奇:魔盒酿皮伴手礼会带来哪些惊喜? 酿皮除了面条状还会有什么形状? 送给朋友这样的伴手礼她会不会和我一样喜欢? 接受伴手礼的小伙伴,对朋友赠送的不一样的酿皮感到好奇:杯底藏了什么样的秘密? 杯身专属留言是什么? 不知道口味,不一样的吃法,让这杯简单的酿皮变得更加神秘,会不会口味不如想象中的美味?

● 总结暴露的问题。在伴手礼设计训练中,暴露的问题如:太多设计元素融合是否会让酿皮伴手礼太过凌乱和不统一,水果口味的酿皮是否能够被大家接受,等等。

(5) 视频制作

● 确定视频脚本。在伴手礼设计训练中,可以依据创意的用户故事四格确定视频脚本。

● 确定表现手段。表现手段可以是真人表演、动画方式讲述等。

● 开始制作。

阶段成果——完成原型制作行动地图的"关键体验""关键功能"等部分的填写,如图5-5-3所示。

● 关键体验	● 关键功能
太多设计元素融合是否会让酿皮伴手礼太过凌乱和不统一 水果口味的酿皮是否能够被大家接受	口味研发(藜麦、抹茶、酸辣、咸香) 包装主题设计(魔盒主题、情侣主题、闺蜜主题) 广告语设计

图 5-5-3 "制作伴手礼原型"行动地图

 拓展训练

按照创意阶段评选的创意制作钱包针对性原型

1. 训练清单

● 训练起点:针对钱包,从产品的基本属性、产品体验及情感属性等方面进行的原型制作。

● 训练内容:熟悉原型的类型、适用领域与制作方法,制作出酿皮的纸原型及角色扮演原型。

● 成果输出:完成原型制作行动地图的"用一种什么方式""为谁""目标问题""关键体验""关键功能"。

● 技能习得:自主完成原型的制作。

2. 训练流程

说明:自主完成该训练(详细流程参照本任务中的"基础训练")。

 素质养成

执行力培养计划

在原型阶段,我们将之前的创意付诸实践,把所想的变成所做的。我们经常说"人生应该有思想",但思想不是人生的目的;决定人生价值的不仅仅是人的美好的思想,更重要的是行动。墨子说"志行,为也",就是说意志付于行动,那是作为。我们应当如何提升自己的执行力呢?

首先,对于行动起来有困难的事,可以将其拆分泄压,化整为零,更方便执行。例如,制订了每天背50个单词的计划,但很难抽出整块时间完成,我们可以

荣耀时课:制作原型

将任务拆成早、中、晚三个时间段分别背15~20个单词,执行容易、压力倍减。

其次,当我们有很多想法的时候,不妨将这些想法写在纸上,应用逻辑思维部分介绍的时间管理矩阵(图5-5-4),将事情按照轻、重、缓、急四个维度进行分类,重新安排时间表。

最后,是执行力的培养。这需要我们平时注重执行力的养成,遇事不找借口、不拖拉,及时执行。人生的道路如同创新的道路一般,那些成功登上巅峰的人,他们选择的都不是捷径,而是非比寻常的道路。这种从想法到实践的过程,就是他们执行的过程,虽在这期间遭遇了无数次的困难和挑战,但终达成功高峰。

图 5-5-4　时间管理矩阵

任务 6　实施方案

 **任务初探**

小牙刷　大智慧——测试

在"设计一款牙刷"的创新设计训练中,经过创新思维流程的前四个环节,在第五个环节——"制作原型"(原型)中,创新团队面对优选出的最佳创意方案,将创意制作成一些有形、可感知的原型。在即将开始的"实施方案"(测试)中,需要对这些原型分别进行测试。

请团队成员先来到创新红房子进行思考。

❓ 创新红房子:我们的团队会如何进行测试? 有什么计划? 预判出了什么问题? 行动之前的思考尤为重要,请团队成员列出行动之前的思考。

面对这个任务,运用设计思维,在创新红房子中团队得到以下启发。

① 测试对象是谁?

② 需要测试哪些内容?

③ 测试环境设在哪里? 如何准备? 等等。

 创新绿房子:创意不仅在于发现问题,还要解决问题,需要通过基础训练的技能和流程,在创新绿房子中解决创新红房子提出的问题。测试是检验原型的第一把关者,如果你认为创新团队的原型十全十美,无须经历测试,或者你害怕测试的失败,还须从头再来,那么创新团队现在就应该对失败有一个重新的认识,失败只是找到了一万种不成功的方法。李时珍为撰写《本草纲目》多次亲身试验草药的药性,爱迪生发现钨丝能作为灯泡材料之前经过了上万次实验。因此,保持初心、接纳失败,为下一次创新设计迭代寻求突破。

🔷 场景导入

—— 场景 1 生活中的测试 ——

应用场景:
实施测试

"测试"在日常生活中频繁出现。例如,今年的年夜饭由你来贡献一道菜,为了让全家人吃得舒心,考虑周全的你可能在正式做之前试做这道菜并让家人尝菜,你发现奶奶仅尝了一口,你突然意识到老人血糖高不宜吃糖,但是这道菜放糖了,所以你及时调整了佐料配比。

> **点拨**:生活中的测试能让我们更关注细节,让更多的机会或改进方案在细节洞察中自然浮现。

—— 场景 2 专业中的测试 ——

"测试"在各个专业领域都得到广泛应用,最典型的是计算机软件行业,从早期的瀑布模型(项目开发架构)到迭代式增量软件开发过程,实现了软件开发的动态调整。另外,烹饪专业的新菜品开发,会有试菜的流程。广告行业中的文案测试,会对已经设计创作出来但还未发布的广告作品进行测试评估,从中选择效果较理想的广告脚本用于实际的广告投放中。摄影专业的样片打造、室内装修行业的样板间打造、文化旅游产品用户体验测试等,都属于测试在专业领域中的应用。

点拨：在专业领域，项目在正式实施之前进行小规模测试可以快速获得数据和相关反馈，从而验证假设并修正方案，因此"实施方案"（测试）环节能有效帮助创新团队提升创意投放市场的成功概率。

── 场景3　创新应用设计中的测试 ──

面对宿舍改造各种已经落地的原型，室友们早已迫不及待想要试试它们组合在一起的效果。于是先按照走线效果图重新布置了宿舍的线路，室友们再依次把各种收纳、归纳、标签的原型安置在电线上，实现它整齐、有序、美观的外观属性，以及实用性、安全性等内在属性。全部安装完毕之后，室友们纷纷尝试了新组装线路，依次测评了设计的美观性和安全性的既定目标之后，又邀请外援团、收纳老师、宿管工作人员等对方案进行测评。整齐划一的线路、人性化的使用体验，不仅实现了最初重构任务中的对用线安全性、美观性的需求，还受到了测评专家组和其他宿舍同学们的好评。小峰在想，改造任务结束了吗？似乎还没有完成重构任务的其他需求点，不过这一次线路的改造给了宿舍成员们极大的信心和经验，他们很快就投入到新的任务中。

在测试过程中，室友们按照测评目标依次对原型进行测试，并邀请专家团等其他人员进行测评。

点拨：通过对原型的测试，坦然接受原型的不完美，敢于接受他人的批判，并能优化完善，让原型更趋完美。

知识解码

密钥1　测试的含义

在设计思维流程中，"实施方案"环节的"测试"是新产品或者新服务在上市之前的必经阶段，在测试中不断完善和修正，并结合自身的独特优势才能获得成功。

密钥2　测试的注意事项

测试时要关注有启发性的用户反馈，同时要大胆剔除误差。测试的目的是发现问题并优化，而非推销。不要向用户输入太多信息，以免让用户发现产品的功能和使用技巧。

 **基础训练**

儿童牙刷创新设计——展开阶段测试

1. 训练清单

- 训练起点:理解设计思维中"测试"的有关知识点和应用场景。牙刷创意阶段的纸原型。

- 训练内容:分别对原型阶段赛车牙刷的纸原型进行概念测试、样品测试及试销测试。

- 成果输出:完成测试原型行动地图的全部内容。

- 技能习得:理解并掌握设计思维中"实施方案"环节的方法和流程。

2. 训练流程

在不同阶段有不同的测试任务,首轮是概念测试和团队交叉测试,确保重构概念和创意符合委托方及市场需要的产品和服务概念;二轮是样本测试,确保产品和服务符合前期概念且具备市场优势;三轮是试销测试,确保产品和服务正式执行的时候无偏差,能够实现既定的商业价值目标。

步骤1:首轮测试。

首轮测试一般在创新应用设计的全流程中会涉及,完成每个任务之后完成"行动地图"成果,并把该行动地图与委托方沟通,就是在完成首轮测试。在任务中完成重要节点后,与同委托任务的其他创新团队进行交流,就是在完成团队交叉测试。

首轮测试解锁的主要技能是概念测试和团队交叉测试。

解锁技能——概念测试。

告诉委托方需要用什么理念与目标市场上不同的产品或服务来区分,从而更好地满足客户需要。

- 来源。一般概念的来源是重构的界定和创意。在儿童牙刷创新设计训练中,概念是"游戏化+精准化刷牙"。

- 测试人群。一般为委托方、目标用户、产品销售人员、团队交叉人员。在儿童牙刷创新设计训练中,测试人群是委托方、4~6岁儿童和家长、产品销售人员。

- 测试环境。邀请委托方和用户到创新团队的工作空间,并把空间布置得友好而有暗示性。使用户来到这个空间很容易感受到项目氛围,从而自然地将自己代入到项目角色中来。例如,将牙刷的测试环境布置成家庭的洗漱室,洗漱台下放了一个小凳子(方便儿童站在上面刷牙),洗漱桌上放了计时工具(观察阶段发现家长会设定一个时间让儿童在规定时间内刷牙),旁边放置了儿童刷牙的绘本、母亲化妆卸妆的大量用品及洒落在地上的儿童玩具。

- 思考重点。思考重点为该理念是否能够满足目标用户的潜在需求,以及初步评估它能够带来的商业价值。在儿童牙刷创新设计训练中,进行概念评估时,邀请市场部人员和投资方人员初步评估产品的商业价值。

- 测试方式。通常会采取交流沟通的方式,准备多个概念进行测评。在儿童牙刷创新设计训练中,准备的多个概念是"赛车竞技""公主屋装扮""海底探险"等。
- 测试节点。该步骤可置于重构结束之后,就概念与委托方沟通,并进行一轮测试,测试完成后填写测试反馈表。

解锁技能——团队交叉测试。

团队交叉测试指多个创新团队之间相互测试,并分享反馈。这种方法可以运用于创新应用设计的全流程,如团队交叉观察心得、团队交叉创意等。对于同一委托任务,不同创新团队对任务的关注点、理解、观察和创意各不相同,因此团队交叉测试可以使方案多样化。

在儿童牙刷创新设计训练中,不同创新团队对于同一委托任务同步迎接创新应用设计六关挑战,每个阶段创新团队之间的分享和交流,保证了各团队能按同一节奏向前推进。在测试阶段,创新团队之间相互作为测试对象,给予内部反馈,往往能进一步提升原型的质量,优化测试方案。

召唤技能——反馈记录表。

用户测试后反馈的信息往往是没有头绪的,就如同用户采访环节的信息一样,因为用户在测试中无须整理逻辑,只需要用直观体验表达出即时所想。这时要求创新团队迅速收集信息并完成梳理,使用到的工具就是反馈记录表。该表的使用方法在创新思维中已经介绍,现在需要使用这个方法完成用户反馈记录。

阶段成果——完成测试原型行动地图的"用一种什么方式""为谁""目标问题""用户反馈",以及其他任务中的行动地图(图5-6-1)。

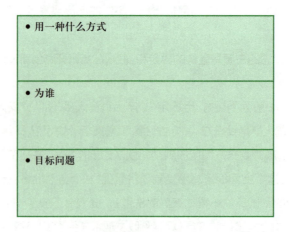

图 5-6-1　"测试'儿童牙刷创新设计'原型"行动地图

步骤2:样品测试。

创新应用设计的原型制作完毕后进行样品测试,其目的是告诉委托方最终的产品或者服务是以什么方式呈现的。

① 样品来源。"制作原型"(原型)环节中产生的大量的创意原型。

② 测试人群。一般为目标用户、委托方、专家、极端用户、团队交叉人员。儿童牙刷创新设计训练的测试人群是委托方、4~6 岁儿童和家长、产品销售人员、极端用户。

③ 测试环境。邀请委托方和用户到创新团队的工作空间,并把空间布置得友好而有暗示性。使用户来到这个空间很容易感受到项目氛围,从而自然地将自己代入到项目角色中来。例如,将牙刷的测试环境布置成家庭的洗漱室,洗漱台下放了一个小凳子(方便儿童站在上面刷牙),洗漱桌上放了计时工具(观察阶段发现家长会设定一个时间让儿童在规定时间内刷牙),旁边放置了儿童刷牙的绘本、母亲化妆卸妆的大量用品及洒落在地上的儿童玩具。针对产品销售人员,创新团队重新搭建了测试环境,环境以产品展柜展台的布置为主,旁边还会放置一些其他儿童牙刷。

④ 思考重点。需要测试产品的"原型功能性"是否满足用户需求,原型外观是否具有吸引力,产品或服务的设计带给用户怎样的感觉。发现当前原型存在的不足,精准定位未来目标市场,并进一步思考和评估商业价值。

⑤ 测试节点。原型制作完毕,测试完成后填写测试反馈表。

⑥ 测试工具。可采用原型功能性测试、极端用户测试、团队交叉测试、专家测试,下面重点介绍前两种。

解锁技能——原型功能性测试。

原型功能性测试主要测试用户是否理解和如何使用原型提供的功能。若原型具有多个功能,则可拆分功能分别进行测试,每测试一个功能,就针对测试结果做针对性优化和改进。在儿童牙刷创新设计训练中,分别测试了游戏功能、刷头精准到位功能、刷头按压强弱提醒功能、牙齿建模功能等。

解锁技能——极端用户测试。

极端用户测试指从对该领域有极端体验的用户群体身上获得启发。所谓极端用户,有可能是指特别频繁地使用产品的人,也有可能是过度使用产品,甚至超越产品设计载荷的人群。在儿童牙刷创新设计训练中,创新团队选择测试的极端用户是蛀牙严重的儿童和特别在意儿童口腔健康的家庭(每天检查儿童口腔卫生、吃过食物后会要求儿童立马刷牙等)。

特别在意儿童口腔健康的家庭对于儿童的牙齿健康需求特别迫切,所以他们在使用产品的过程中遇到的问题,或者因产品的不足而使得他们要用一些临时的补救方法,这些都容易被我们捕捉到。例如,父母需要举着打开照明功能的手机,观察儿童口腔,因此在产品优化中加入了灯光照明的功能;父母不确定儿童牙齿是否有蛀牙的倾向,通过手机拍摄儿童口腔内容,并用照片在互联网医院问诊,因此产品开发了牙刷拍照成像并上传给口腔医生的功能,免除家长的不便和担心。

儿童牙刷创新设计训练在原型功能性测试后,原型进入工厂进行打板出样,从而完成外观等测试。

阶段成果——完成测试原型行动地图的"用户反馈",并确定"最终方案"。

步骤3:试销测试。

样品测试结束之后,并不意味着马上可以进入产品的全面上市阶段,这时需要进行试销测试。

① 来源。试销测试的来源是样品测试后调整优化的产品。

② 测试人群。针对委托方、目标用户、利益相关群体、专家、团队交叉人员等。儿童牙刷创新设计训练的测试人群主要是专家和利益相关群体。

③ 测试环境。创新团队需要了解人们在日常环境中的真实反映,因此需要把测试放入真实环境。在儿童牙刷创新设计训练中,创新团队选择在目标用户的家里进行测试,观察朋友带孩子到用户家拜访时目睹"游戏化"刷牙的真实场景后的反映,产品在卖场陈列时,可通过旁边放置摄像头捕捉用户是如何阅读产品提示和如何操作体验的。

④ 思考重点。需要在小范围内对新产品进行试销测试预测该产品的销售前景和利润,以及验证或修订新产品的营销策略。

⑤ 测试节点。该步骤可置于样品测试结束之后和每轮产品优化迭代之后,测试完成后填写测试反馈表。

⑥ 测试方式。通常会采取观察、交流沟通的方式。这里重点介绍专家测试。

解锁技能——专家测试。

专家测试指将原型呈现给相关领域的专家,由他们给出专业性的反馈意见,专家测试可以在较短的时间内助力团队把握和优化设计任务的各个设计思维环节。创新团队不需要说服专家们接受方案,而是呈现出一种新的可能性;同时被邀请的专家要在这个环节中着重思考如何帮助该原型继续提升,营销方面的专家则思考如何帮助产品获得市场认可、减少教育成本和传播阻力,帮助产品适销对路,获得用户的认可。

阶段成果——完成测试原型行动地图的全部内容的填写。

挑战训练

完成伴手礼原型的测试

1. 训练清单

- 训练起点:理解并掌握设计思维中"实施方案"环节的方法和流程。酿皮伴手礼创意阶段的纸原型、角色扮演原型及视频制作原型。

- 训练内容：分别对原型阶段酿皮产品原型进行概念测试、样品测试及试销测试。
- 成果输出：完成原型测试行动地图的全部内容。
- 技能习得：掌握设计思维中"实施方案"环节的方法和流程的应用。

2. 训练流程

步骤1：首轮测试。

在本任务的"基础训练"中我们解锁了首轮测试的主要技能——概念测试和团队交叉测试，结合本训练，我们加以巩固。

解锁技能——概念测试。

- 来源。在伴手设计训练中，概念来源于"重构需求"（重构）和"构思创意"（创意）两个环节，即酿皮伴手礼，功能上"低卡健康"、口味上"味道多样"、包装上"携带方便""食用方便"、价格上"物美价廉"，情感上"增进友谊"，这些概念得到了委托方与测试人群的肯定。
- 测试人群。通过重构阶段的分析，确定了女大学生群体作为我们的核心用户，也是我们的测试人群之一，此外测试人群还包括委托方、专家团队及利益相关者。
- 测试环境。邀请委托方和用户到创新团队的工作空间。伴手礼的测试环境可以布置在学校烹饪实训室、产品包装实训室，并备有产品测试必需的吸管、牙签及纸杯等，测试环境要干净、整洁。
- 思考重点。在伴手礼设计训练中，创新团队得出的测试反馈表主要集中在产品的口味与社交属性上，因此后续产品在原型设计上就会有侧重点，测试完成后填写测试反馈表。
- 测试方式。该阶段通常会采取交流沟通的方式，需要提前准备多个概念进行测评。
- 测试节点。该步骤可置于重构结束之后，就概念与委托方沟通，并进行一轮测试，测试完成后填写测试反馈表。

解锁技能——团队交叉测试。

同期接受该委托任务的还有两组创新团队，他们从不同的角度进行观察和重构，在重构完成后创新团队之间进行概念测试。其中一组做"手办伴手礼"的创新团队对做当地美食酿皮的创新团队中提出的概念社交属性"共享"与情感属性"增进友谊"很感兴趣，还对"增进友谊"提出了自己的想法，如在包装方面可以提供杯装手提袋等。另一组做"蒙古包U盘伴手礼"的创新团队对"酿皮伴手礼"创新团队锁定女大学生日常送礼的场景比较有共鸣，对传统小吃如何能时尚化提出了质疑。

阶段成果——完成测试原型行动地图（图5-6-2）的"用一种什么方式""为谁""目标问题"。

• **最终方案** 注重产品日常送礼的消费场景，给产品赋予增进友谊的情感色彩	• **用一种什么方式** 概念测试，用沟通交流的方式
	• **为谁** 目标用户包括女大学生及同学、朋友、亲戚等
	• **目标问题** 产品的概念原型是否符合用户需求，通过测试发现委托方及目标用户的兴趣点、批评点、质疑点和潜在需求

图 5-6-2　"首轮测试伴手礼原型"行动地图

步骤 2：样品测试。

① 关键功能——低卡健康、口味美味测试。

测试的工具包括原型功能性测试、极端用户测试、团队交叉测试、专家测试。

解锁技能——原型功能性测试。

● 低卡健康。酿皮伴手礼测试中的目标用户十分感兴趣的功能性属性是低卡健康，创新团队在学校食品检测专业进行了产品卡路里和营养成分的量化检测，用数据说明产品是否符合低卡健康。通过检测发现，新研发的酿皮经过工艺改良后的确比普通酿皮在热量上减少了 5%，但热量减少并不十分明显，这就为产品在这一关键功能上的改进提供了方向，在后续的产品迭代上，创新团队将调整计划，实验新的产品制作工艺。

● 口味美味。在原型功能性测试中，创新团队专门组织核心用户、专家用户和极端用户进行了口味功能性测试，测试后发现水果味酿皮的反馈普遍不佳，创新团队对这一结果也有一定的预判。酿皮作为传统小吃，用户的口味偏好不容易被打破，创新团队计划对新口味不断调整试错并进行大量测试，更多倾向于对咸味酱料的进一步细化和丰富上。

② 产品包装和产品形状测试，检测产品携带方便和食用方便的特性。

解锁技能——极端用户测试。

在伴手礼设计训练中，极端用户是需要高频率与朋友社交聚会的人群，如社团负责人、本地社交达人及美食博主等，通过对他们进行携带方便、食用方便的功能性测试，发现吸管吸食酿皮的功能让他们感觉新奇有趣，很想尝试，但发现存在一定的安全隐患，为保留这种食用方式，创新团队后续还需要进行产品形态的改良以保证吸管吸食酿皮的创新设计的安全性。

③ 产品关键功能属性之口味测试。

解锁技能——专家测试。

创新团队邀请了餐饮行业协会的菜品研发专家、委托方及本地美食博主，主要针对样品原型的功能性属性（口感、口味、配料等）进行测试，专家在测试结果中建议进行麻椒、酸辣及芝士等口味的研发，适应目标用户的重口味需求。对于配料的搭配与选择，专家建议实现用户的自由选择,配料部分定制。

④ 对反馈信息进行梳理。

阶段成果——完成测试原型行动地图(图5-6-3)的"用户反馈",并确定"最终方案"。

● 喜欢 + 咸鲜口味酿皮 产品工艺的改良进一步降低产品卡路里	● 批评 − 甜味、水果味不受欢迎
● 想法! 麻辣、酸辣、芝士口味的研发 配料组合的自由搭配与设计,如蔬菜类、 坚果类、蛋白质类,实现配料的部分定制	● 问题? 用吸管食用酿皮怎样能更安全

图 5-6-3 伴手礼反馈记录表

步骤3:试销测试。

① 测试准备。

创新团队需要了解人们在日常环境中的真实感受,因此需要把测试放入真实环境。创新团队选择了学校食堂、城市网红街及大学周边小吃街,进行试销测试,如图5-6-4所示。试销测试除对升级产品进行测试外,还要对产品销售前景和利润有一个预判,因此要对产品的销售策略进行测试。测试方式在试销测试阶段通常会采取观察、交流沟通的方式。

图 5-6-4 伴手礼测试环境

② 对测试人群分别展开试销测试——目标用户、利益相关者测试。

通过在真实环境中的试销测试,重点获得目标用户、利益相关者对优化后产品的反馈,针对"增进友谊""共享"这类相对抽象的属性,核心用户很感兴趣,对创新团队创意广告语的设计感觉很新奇,对能自己定制给朋友的广告语特别感兴趣。这期间突然有用户问没有搭配喝的吗?引起了创新团队的兴趣,也启发了大家下一步研发对应饮品的设想。当用户在支付产品费用时,团队成员发现部分消费者会仅购买一杯一起分享,这也降低了客单价。

伴手礼试销测试如图 5-6-5 所示。

图 5-6-5　伴手礼试销测试

③ 对测试人群分别展开试销测试——专家测试。

此阶段专家测试除邀请了委托方、小吃研发专家外,还邀请了营销运营专家,他们对目标用户测试中发现的问题给出了建议。例如,针对价格较高,用户可能无法接受的问题,建议将产品容量改小,降低成本,也更贴合低卡的产品概念,把单价从 6 元一杯变为 10 元两杯,以提高客单量,同时符合产品的社交属性。通过头脑风暴法,"一杯自己吃,一杯送朋友"的广告语也应运而生。

当被问及产品名称构思时,专家们发现"筋斗云"中的"斗"在文字上有争斗之意,与我们原型的情感属性相违背,于是建议修改以体现创意的趣味性和沟通情感的核心要素。创新团队经过进一步创意将"斗"字改为"逗"趣的逗(图 5-6-6)。从"筋斗云"到"筋逗云"的优化过程,也是产品的迭代过程。

图 5-6-6　伴手礼专家测试结果之一

步骤 4:测试总结。

创新团队通过对酿皮伴手礼的不同阶段的测试、样品优化及进一步测试,最终得到的伴手礼测试行动地图如图 5-6-7 所示。

● 最终方案 (1) **好吃美味**：主打咸鲜口感酱料，如烧烤味、麻酱味等传统口味，藤椒、麻辣、酸辣、千岛酱等年轻人喜欢的偏重口味，以及芝士等新口味；配料设置蔬菜类、坚果类、杂粮类、肉类、蛋类等不同类型固定组合方式，用户可以自由选择配料搭配，也可以增加配料 (2) **低卡健康**：改良酿皮制作工艺，减少酿皮本身的淀粉含量，增加配料中杂粮的比例 (3) **方便携带**：杯装包装，可以选择一半饮品，一半酿皮的新式包装 (4) **食用方便**：酿皮由传统带状变为筷子状或珍珠状，搭配宽口径吸管，可以吸着吃 (5) **物美价廉**：一杯6元、两杯10元 (6) **朋友分享**：高颜值杯装包装，爱不释手；一杯自己吃、一杯送朋友 (7) **沟通分享**：设置自由书写式广告语，用小食品增进友谊，表达情感。产品名称——筋斗云改为筋逗云	● 用一 种什么方式 概念测试、样品测试、试销测试，采取观察、交流沟通的方式 ● 为谁 目标用户包括女大学生及同学、朋友、亲戚等 ● 目标问题 产品的概念原型是否符合用户需求，通过测试发现委托方及目标用户的兴趣点、批评点、质疑点和潜在需求

图 5-6-7 "最终测试伴手礼原型"行动地图

阶段成果——完成测试原型行动地图的全部内容。

 拓展训练

完成钱包原型的测试

1. 训练清单

● 训练起点：钱包创意阶段的原型、角色扮演原型及视频制作原型。

● 训练内容：分别对原型阶段不同类型钱包原型进行概念测试、样品测试及试销测试。

● 成果输出：完成测试原型行动地图的全部内容。

● 技能习得：自主完成测试原型。

2. 训练流程

说明：自主完成该训练（详细流程参照本任务中的"基础训练"）。

素质养成

荣耀时课：
实施测试

抗挫折能力提高计划

所有人都教我们怎么成功，但是有人教过你应该怎么失败吗？只有不惧失败，勇于突破困境，不断尝试，创新才会有更多可能，真正落地。那么我们怎样从失败中孕育新机呢？

首先要正确看待逆境和失败。这里给大家介绍一个方法——"FESU法则"，它主要分为以下四个步骤。

1. Focus（聚焦）

在工作和生活中，许多信念如果不断重复、强化，乃至大脑已完全接受了它们，就会变成我们的一种习惯，这就是自动化思维。同样，如果频繁面对失败，就会习得"习惯性失败"的信念，这种信念在心中萌发、生长，会不断暗示自己是个失败者。因此要克服"负面信念"的第一步，就是先觉察到它，也就是"聚焦"。当你感到这些"负面信念"正在心中萌发时，有意识地集中注意力，告诉自己：我正在用负面的信念，去解释身边发生的事情，需要注意和纠正，这是很关键的一步。

2. Easiness（放松）

大量的"负面信念"和"自动化思维"所导向的可能是过往负面、失败、不愉快的经验。例如，在公开演讲前，回忆起自己曾经红着脸、结结巴巴、想讲话却讲不好的画面；跟别人聊天时说错话，萦绕在心头的可能是曾经跟朋友因一个小误会而闹矛盾的回忆；被安排承担一项重任时，闪现在脑海里的可能是曾经搞砸了某个任务，被领导当众批评的经历。这些经历也许会继续强化我们的"负面信念"，不要让它们有机可乘。

当这些不愉快的记忆在眼前"闪回"时，需要做的是告诉自己：都已经过去了，抛弃那些让你感到沮丧的经历和回忆。试一试深呼吸，让自己平静下来，用正面的记忆（如听众的赞誉、朋友的肯定，领导的表扬）代替这些负面的记忆，慢慢调整和改善自己的状态，让自己放松下来。

3. Switch（转换）

改变"负面信念"最好的方式就是有意识地转变思维。用正面的、有效的信念来取代这些习惯性的"负面信念"，就像固定型思维的人总是将失败归因于自身能力的局限，而成长型思维的人总是在失败中发现机会。失败很有可能让你看到个人以外的世界，对事物重新进行理解和解读，能看到输赢之外的风景，就此学会用平视的眼光欣赏他人的成就，用开放的心态寻求他人的支持，我们将可能在与他人的合作中打开一个新的世界。

4. Update（更新）

用全新的、正面的信念及成长型思维代入具体的任务和情景中，实践、总结、反思后不断地重复、强化，并将这个新的信念和正向思维内化，彻底"替换"掉旧信念。

[1] 税琳琳,郭垭霓.设计思维行动手册[M].北京:人民邮电出版社,2021.

[2] 王可越,税琳琳,姜浩.设计思维创新导引[M].北京:清华大学出版社,2017.

[3] 吴晓义.创新思维[M].北京:清华大学出版社,2016.

[4] 黄明睿,张凤娜.设计思维实战[M].北京:高等教育出版社,2023.

[5] 黄明睿,张进.创新与创业基础[M].北京:高等教育出版社,2018.

[6] 冯林.大学生创新基础[M].北京:高等教育出版社,2017.

[7] 张崴,冯林.创意设计与专利保护[M].北京:电子工业出版社,2019.

[8] 李月恩,王震亚.设计思维[M].北京:国防工业出版社,2011.

[9] 迈克尔·勒威克,帕特里克·林克,拉里·利弗.设计思维手册:斯坦福创新方法论[M].高馨颖,译.北京:机械工业出版社,2019.

[10] 蒋里,福尔克·乌伯尼克尔.创新思维:斯坦福设计思维方法与工具[M].税琳琳,译.北京:人民邮电出版社,2022.

[11] 蒂姆·布朗.IDEO,设计改变一切[M].侯婷,何瑞青,译.杭州:浙江教育出版社,2019.

[12] 付志勇,夏晴.设计思维工具手册[M].北京:清华大学出版社,2021.

[13] 鲁百年.创新设计思维:创新落地实战工具和方法论[M].2版.北京:清华大学出版社,2018.

[14] 石川俊祐.你好,设计(设计思维与创新实践)[M].马悦,译.北京:机械工业出版社,2021.

[15] 哈索·普拉特纳,克里斯托夫·迈内尔,拉里·莱费尔.斯坦福设计思维课1 认识设计思维[M].姜浩,译.北京:人民邮电出版社,2019.

[16] 大泽幸生,西原洋子.斯坦福设计思维课2 用游戏激活和培训创新者[M].税琳琳,崔超,译.北京:人民邮电出版社,2019.

[17] 哈索·普拉特纳,克里斯托夫·迈内尔,拉里·莱费尔.斯坦福设计思维课3 方法与实践[M].张科静,马彪,符谢红,译.北京:人民邮电出版社,2020.

［18］哈索·普拉特纳,克里斯托夫·迈内尔,拉里·莱费尔.斯坦福设计思维课4　如何高效协作［M］.毛一帆,白瑜,译.北京:人民邮电出版社,2020.

［19］哈索·普拉特纳,克里斯托夫·迈内尔,拉里·莱费尔.斯坦福设计思维课5　场景与应用［M］.安瓦,潘娜,段晓鑫,张翔,译.北京:人民邮电出版社,2019.

［20］刘静伟.设计思维［M］.2版.北京:化学工业出版社,2018.

［21］汤姆·凯利,戴维·凯利.创新自信力［M］.赖丽薇,译.北京:中信出版社,2014.

［22］杜绍基.设计思维玩转创业［M］.北京:机械工业出版社,2016.

［23］罗杰·马丁.整合思维［M］.王培,译.杭州:浙江人民出版社,2019.

［24］比尔·博内特,戴夫·伊万斯.斯坦福大学人生设计课［M］.周芳芳,译.北京:中信出版集团,2017.

［25］英格丽·葛斯特巴赫.设计思维的77种工具［M］.方怡青,译.北京:电子工业出版社,2020.

［26］朱燕空.创业思考与行动［M］.北京:机械工业出版社,2021.

［27］税琳琳,任欣雨.神奇的设计思维游戏书:激发无限创造潜能［M］.北京:人民邮电出版社,2021.

［28］李欣宇.突破创新窘境:用设计思维打造受欢迎的产品［M］.北京:人民邮电出版社,2021.

［29］威廉·达根.哥伦比亚大学创新思维课［M］.宁峰,译.北京:中国人民大学出版社,2021.

［30］史蒂文·约翰逊.伟大创意的诞生:创新自然史［M］.盛杨燕,译.杭州:浙江人民出版社,2014.

郑重声明

高等教育出版社依法对本书享有专有出版权。任何未经许可的复制、销售行为均违反《中华人民共和国著作权法》，其行为人将承担相应的民事责任和行政责任；构成犯罪的，将被依法追究刑事责任。为了维护市场秩序，保护读者的合法权益，避免读者误用盗版书造成不良后果，我社将配合行政执法部门和司法机关对违法犯罪的单位和个人进行严厉打击。社会各界人士如发现上述侵权行为，希望及时举报，我社将奖励举报有功人员。

反盗版举报电话　（010）58581999　58582371

反盗版举报邮箱　dd@hep.com.cn

通信地址　北京市西城区德外大街4号
　　　　　高等教育出版社法律事务部

邮政编码　100120

读者意见反馈

为收集对教材的意见建议，进一步完善教材编写并做好服务工作，读者可将对本教材的意见建议通过如下渠道反馈至我社。

咨询电话　400-810-0598

反馈邮箱　gjdzfwb@pub.hep.cn

通信地址　北京市朝阳区惠新东街4号富盛大厦1座
　　　　　高等教育出版社总编辑办公室

邮政编码　100029

防伪查询说明

用户购书后刮开封底防伪涂层，使用手机微信等软件扫描二维码，会跳转至防伪查询网页，获得所购图书详细信息。

防伪客服电话　（010）58582300

AI问答

AI问答使用说明

手机扫描AI问答二维码登录后，在AI问答窗口输入您的问题，大语言模型将根据本书内容给出解答。注意：AI问答仅限于回答本书内容范围内的问题，对于超出本书内容的问题，可能无法提供准确或完整的答复；每个账户每天对话轮次上限请见对话页面提示。

如有账号问题，请使用平台的提问功能留言，我们会及时给您回复。